本书是云南省哲学社会科学规划重大项目"南亚东南亚国家媒介传播史研究"（批准号：ZDZB201913）阶段性研究成果。

老挝广播影视传媒研究

冯晓华　熊永翔　杨　颖　张　倩　著

科学出版社

北　京

内 容 简 介

本书从电影、电视、广播、新媒体四个方面对老挝广播影视传媒发展进行了首次梳理。通过实地调研，结合老挝社会历史发展背景，以及不同历史阶段法国、越南、中国、泰国等对老挝广播影视传媒的影响，梳理了老挝不同历史时期电影、电视、广播的发展历程及特点，并对每一阶段的主要影视、广播作品做了归纳总结，对新兴发展的老挝新媒体也给予了一定关注。其中着重关注研究了中老两国广播影视、新媒体的交流与互动，分析了两国影视的互融共鉴及前景。

本书主要面向影视传媒研究、东南亚研究的研究者，以及影视传媒行业的从业者、管理者，高校影视传媒专业学生。

图书在版编目（CIP）数据

老挝广播影视传媒研究/冯晓华等著. —北京：科学出版社，2023.6
ISBN 978-7-03-075166-9

Ⅰ.①老… Ⅱ.①冯… Ⅲ.①传播媒介-研究-老挝 Ⅳ.①G219.334

中国版本图书馆 CIP 数据核字（2023）第 044912 号

责任编辑：王　丹　赵　洁 / 责任校对：张亚丹
责任印制：赵　博 / 封面设计：蓝正设计

科学出版社 出版
北京东黄城根北街 16 号
邮政编码：100717
http://www.sciencep.com

北京凌奇印刷有限责任公司印刷
科学出版社发行　各地新华书店经销

*

2023 年 6 月第 一 版　开本：720×1000 1/16
2024 年 3 月第二次印刷　印张：15 1/4
字数：263 000
定价：108.00 元
（如有印装质量问题，我社负责调换）

序

缘　　分

关于老挝的影视调研项目，我们已经准备了很长时间，感觉这真是一种缘分，学院分组的时候，把我分到了老挝影视调研组。碰巧的是，学院并不知道，15年前，在云南电视台工作的时候，我们曾经拍摄过老挝。大概是2004年，因为拍摄纪录片《大通道》，我带着一个刚刚大学毕业的年轻助理和一位司机，扛着DVCPRO50摄像机——这是当时云南电视台最好的一批模拟摄像机，还千方百计地租到了一支f/4.5的广角镜头，带上了自己买的12.5公斤重的大脚架，3个人驾驶着一辆黑色越野车，从我国西双版纳的磨憨口岸出发，到了人地生疏的老挝。这些影视摄影设备组合在一起，不低于25公斤。那时是4月份，和2019年12月出发时的冬季相比，天气热得真的很像火炉。

我们驱车从西双版纳的磨憨口岸出发，6个多小时以后到了老挝北部的城市琅勃拉邦（Luang Prabang）。一路上看到好几个背着步枪的年轻军人，草绿色的军装，咖啡色的皮肤，枪斜挎在左肩上，因为太热，他们的军服松散地开着，黑色的头发黏乎乎地贴在额前。毫不回避地盯着人看的眼神，让我们初见时感觉危险逼近。遇见他们的时候，我们特意把车开得不缓不急。等到他们靠近的时候，我们打开车窗，送给他们司机随车带着的云烟，他们很开心。实际上，他们不回避的眼神是因为单纯的好奇。因为这条从中国延伸而来的柏油路上，很少有车辆，而且车牌号还是中国的。我们的车并没有开窗，将空调开到最大，隔绝了外面炙热的空气，所以这些年轻的军人其实根本看不见贴着车膜的车窗内的一切。有一次我们停下休息的时候，还和一位18岁左右的军人"手聊"，不知道聊了什么，但能感觉到他对中国人的友好，他总是有些腼腆和渴望地盯着司机手上的烟，所以我们送了一包给他，之后就看到了太阳下好灿烂的笑容，他黑色的眼眸里清晰地映着我们，让人迅速感觉到这不是一个军人，而只是一个阳光的少年。我们有惊无险地走了很长时间，什么也没有发生，然后就被琅勃拉邦迷住了。

到达琅勃拉邦的时候，夕阳将沉，这个散发着诱人魅力的小城正笼罩在金黄色的日光中。虽然热，但眼前的一切让人平静。炙热掩盖不了它的美：法式红顶黄墙的建筑掩映在绿色的丛林中，湄公河环绕而过，花开得茂盛，有幽香在热腾腾的空气中一阵一阵地掠过，呈现出静谧的美。皇宫有着佛寺的尊严和人间烟火交织的气息，精致，优雅。随后万象的拍摄也给我留下了深刻的印象。金色的塔銮在烈日下显得更热，太阳和金色的反光让置身于光芒中的我们像片片烤肉，汗水真的是像水一样流，身兼导演和摄影师的我头顶着一块蓝色的毛巾，毛巾是浸透水的，大约20分钟就干了。那应该是我最经典的工作照。2004年的4月，我们小组拍摄到了一组魅力老挝的视频。15年后，再次邂逅老挝，莫名地，像见到了久久不见的故人。这样的感觉似乎在告诉大家：我们的调研应该会有很多收获。

有时候我很相信缘分的力量，我们和老挝有一种冥冥之中的缘分。当老挝影视的资料在前期案头调研中被发现极度缺乏，大多数人都觉得项目不可做的时候，还好我们没有放弃。为什么在15年后，还能再次邂逅老挝？这应该就是缘分。

地处中国西南的云南与中南半岛上的国家山水相连，既有地缘的千里联系，又有历史的千年关系。中国对这些国家的政治、经济、文化曾经有着深远、深入的影响，然而，近代以来，双方的交流和互融由于各种复杂的国际关系而充满变数，尤其是复杂的政治、经济、外交关系，让文化交流互融也随之出现了较大疏离。

从历史的视角来看，文化的交流、交融、互鉴产生的影响，才是持久的，即使其他方面有了中断，长期形成的文化的影响力却不易消失，影响持久。反过来，良好的文化互融基因的存在，往往有助于经济、政治等方面实现复合或者深层次交流与合作。遗憾的是，近百年来，中国文化的影响力，无论是传统的还是现代的，在中南半岛国家，都不容乐观。属于现代文化的广播影视传媒文化，与这些国家的交流和互融更少，影响力甚微。在现代，广播影视媒体的互融，是文化产生浸润影响力最为自然和有效的方式。这从学术研究的层面也可以一窥全豹。由于自身发展曲折缓慢、经济长期滞后等，老挝对自己的历史文化研究比较缺失，尤其是对广播影视的研究。而且，不仅是中国对老挝广播影视、新媒体的研究较少，从文献梳理来看，亚洲、世界对老挝影视领域的研究也长期处于极为薄弱的状态。

另外，老挝至今没有自己的影视史方面的记载，其他国家的学者也少有研究。这是由老挝的国情决定的，这个饱经沧桑的国家，曾经在暹罗、越南的入侵中历经磨难，它曾经也是清朝时期中国的属国，1893年又成了法国的殖民地。很长一段时期，老挝没有过完整独立的自己，直到1975年。这些动荡的历程让老挝还来不及梳理、修整自己的历史，更何况是新兴才一百多年的影视产业。反过来想，我们在无意中成了某个领域的开拓者，这没什么不好。关键要做好前期案头准备工作和实地田野调查。

虽然老挝成文的影视资料极其缺乏，就像这个国家的历史资料一样，相对于中国来说，都是稀少的，影视方面可参考的相关研究论文也非常稀少，但老挝正在经历某种变化，在融入世界的进程中，它的发展是跳跃的，所以这个正在经历的过程应该是精彩的，我们需要及时通过田野调查，通过有效可靠的访问，写出影视发展的历史脉络和故事。为了提高这次调研的权威性和准确性，针对老挝的现状，我们的调研首先应该在他们的相关业务、管理部门中重点进行，与业内人士交流，得到真实的情况和权威数据。和很多国家不同，老挝的知识阶层、精英阶层几乎都在政府部门，民间和企业分布较少。这也是这样确定调研对象的原因。从2019年1月开始，我们就在前期做了大量的案头工作。在项目人员缺乏的时候，阮艳萍先生参与进来出谋划策，给我吃了颗定心丸。然后是杨颖和张倩，她们的积极参与，让这个调研团队重新充满了生机。1月份我们访问并请教了时任云南广播电视台国际频道[①]常务副总监张晶，她管理的频道已和中南半岛上的国家影视部门有了很多交流和合作，还准备建立以湄公河为纽带的云南澜湄国际卫视（Lancang & Mekong International Channel，LMIC）。张晶给我们提供了很多信息，包括人物和事件，以及交流当中的一些真诚的忠告，打开了老挝影视调研之门。

3月份我们去拜访了刚刚从老挝回国的康文元先生。他曾经是云南广电传媒集团有限公司派驻老挝数字电视有限公司的总经理，在老挝待了整整6年，对自己的工作充满热情，学会了老挝语，对老挝的人文风情、影视广播状况有很深入的了解。3月5日我第一次见到康先生，他的热情让我们的调研计划变得非常明

[①] 2019年9月6日云南广播电视台国际频道呼号正式变更为"云南澜沧江湄公河国际卫星电视频道"，简称"云南澜湄国际卫视频道"。

朗，我们谈了整整一个上午，回来之后，我很快就作出了调研的日程计划及调研重点。我们确定了万象、占巴塞（Champasak）、琅勃拉邦 3 个调研地区，这是老挝经济、文化、广播影视媒体发展最好的 3 个地区，是广播影视及媒体最为集中的区域，而且是老挝历史最为悠久的 3 个地区，它们曾经都做过历史上某个王朝的都城。这是我们选择这 3 个地区作为主要调研城市的原因。

让我们的调研变得更加可行的，还有原来云南电视台的老同事卢颖女士。她是云南广播电视台著名的翻译，英文十分流畅，我们戏称她是云南广播电视台的首席翻译。工作的原因，她很熟悉中南半岛上各个国家的影视部门，4 月份的时候，她为我们联系了老挝国家电视台台长本造·皮基先生，本造·皮基先生是老挝影视人当中的精英和专家，他曾经是老挝国家电影局局长，对老挝影视的发展有着卓越的贡献。十分巧合的是，在卢颖为我们联系后不久，本造·皮基先生就带着老挝影视团队来到了昆明，因为中老两国即将拍摄一部关于中老铁路建设故事的电视剧，还请了云南师范大学传媒学院的教授郝朴宁先生担任编剧。这是老挝国家机构参与拍摄的第一部电视剧，如果成功的话，将具有里程碑式的意义。我作为老挝影视调研组的一员，参与了这次关于拍摄电视剧的研讨会，这是一个非常奇妙的开始。因为研讨会在学院举行，我有了和本造·皮基先生面对面交流的机会。因为有卢颖之前的联系和介绍，本造·皮基先生对我十分亲切，我们交流十分愉快，本造·皮基先生很快就答应邀请我们去老挝，这真是一次意外的收获。

2019 年暑假，我们收到了本造·皮基先生请老挝新闻文化旅游部发来的调研邀请函。老挝新闻文化旅游部是老挝电影、广播电视、媒体等的主管部门，凭借这份邀请函，我们可以访问老挝国内广播影视所有相关部门，保证了田野调查的权威性和广度。细心的本造·皮基先生还指定了他的助理彤素木先生专门和我们联系，通过微信交流，我发现，助理彤素木先生是一个靠谱的人。从微信上看，他是一个典型的东南亚长相的小伙子。前期搜集资料时，书籍、论文等科研资料的匮乏带给我们太多的阴影，而顺利接到了邀请函之后，阳光洒向了我们……

老挝民族众多，全国有 50 个民族，因此，语言是调研当中一个较大的障碍。此外，老挝的媒介生态环境及报纸、广播、电视等大众媒体的发展都较为缓慢，前人研究成果稀少，在东南亚、南亚国家中，老挝新闻传媒业十分薄弱。但是，在实地调研之后，老挝的广播影视传媒史也呈现出了令人感兴趣的、独特的一面。因此我们采用了通俗易懂的语言，用带有实地调研情感的笔调，夹叙夹议，按照广播、影视、新媒体等发展的时间线，以及它们的发展与历史、文化、社会环境的关系，敲下了文字。

2020 年 2 月 15 日

目　　录

- 第一章　邂逅 ·· 1
  - 第一节　冬阳里的老挝 ··· 1
  - 第二节　朦胧的传媒印象 ·· 5
  - 第三节　不能确定的答案 ·· 9
  - 第四节　等待书籍的国家图书馆 ·· 10
- 第二章　老挝国立大学 ··· 15
  - 第一节　被热爱和兴趣点燃的教室 ·· 17
  - 第二节　随风潜入夜，润物细无声 ·· 20
- 第三章　艰难求存的百年电影 ·· 21
  - 第一节　不平坦的历史孕育了曲折发展的老挝影视 ······························ 21
  - 第二节　年轻人的电影院 ·· 24
  - 第三节　《爱你》，看懂了一场老挝题材电影 ···································· 26
  - 第四节　12 万个胶片拷贝 ·· 32
  - 第五节　殖民中的萌芽 ·· 34
  - 第六节　昙花一现的商业电影 ··· 35
  - 第七节　倾向性鲜明的政治纪录电影 ··· 37
  - 第八节　低迷和停滞（1975 年到 20 世纪末）···································· 38
  - 第九节　过渡期的纪录电影（20 世纪末至 21 世纪初）······················· 41
  - 第十节　生机重现（21 世纪初期）··· 42
  - 第十一节　勃发生机的现实主义电影 ··· 43
  - 第十二节　电影业的希望 ·· 45
  - 第十三节　不同风格的导演和多种类型片 ·· 49
  - 第十四节　老挝第一位女导演 ··· 52
  - 第十五节　沟通、影响的纽带：电影节和影视交流活动 ······················ 55
  - 第十六节　未来之路 ·· 61
  - 第十七节　合作的动力 ·· 64
  - 第十八节　中老影视存在的默契 ·· 66

第四章　筚路蓝缕的广播电视……71
- 第一节　老挝传媒中的"老大"——广播……71
- 第二节　战争中诞生的国家广播电台（1960～1975年）……72
- 第三节　发展与危机并存（1975～1993年）……76
- 第四节　媒体新政策，激发新活力（1993年至今）……77
- 第五节　法式建筑里的老挝国家广播电台……80
- 第六节　中国国际广播电台——最佳合作伙伴……84
- 第七节　迟来的老挝电视……86
- 第八节　政策的催化……88
- 第九节　井然有序的老挝国家电视台……98
- 第十节　艰难维持的地方广播电视台……102
- 第十一节　开放的广播影视经营管理……108
- 第十二节　没有明星的老挝……110

第五章　中国标准落地老挝……114
- 第一节　老挝最早的影视开拓者……114
- 第二节　中国DTMB标准首次落地国外……116
- 第三节　融入与竞争：中国影视持续融入的思考……118
- 第四节　最美的科技公司……127

第六章　一南一北，天然的摄影棚……136
- 第一节　一南：遥远的占巴塞……136
- 第二节　一北：影视的天堂——琅勃拉邦……149

第七章　命运多舛的老挝平面媒体……157
- 第一节　老挝平面媒体的初创……157
- 第二节　老挝平面媒体的重生……161
- 第三节　老挝平面媒体的现代化改革……163
- 第四节　老挝平面媒体发展的展望……171

第八章　活力十足的老挝新媒体……174
- 第一节　老挝通信业发展的一只看不见的手……174
- 第二节　跳跃式发展的老挝通信业……176
- 第三节　互联网新媒体激发传统媒体新活力……182

第九章　老挝影视传媒的对外关系……197
- 第一节　法国、越南与老挝大众传媒的关系……197

第二节　泰国节目在老挝……………………………………… 200
第三节　与中国媒体的合作渐入佳境…………………………… 205
第四节　外媒传播对老挝的影响………………………………… 216
第五节　老挝媒体对外合作面临的困境………………………… 220

参考文献……………………………………………………………… 227
后记…………………………………………………………………… 228

第一章 邂 逅

第一节 冬阳里的老挝

12月的万象还是很热，尤其是对我们这些刚刚从昆明阴冷的冬雨中过来的人而言。冬天的太阳对于我们的皮肤来说，有点像"毛辣丁"，这是一种小小的软体昆虫，大部分黑黄相间，全身长满了绒毛，这种绒毛接触到皮肤时，令人不舒服，有一种伤人的刺痛感，这样的感觉，和我们完全暴露在万象的冬阳里是相似的。

老挝万象　冯晓华 摄

初到万象，预订的酒店派车来机场接了我们，司机穿着黑色整洁的制服，他是一个皮肤呈咖啡色的年轻老挝人，一动不动地站在机场出口的门边，双手举着写有我们名字的中文牌子。我们四处寻找的时候，远远就看见了这位像雕塑一样站着的年轻人，并没有看清字，但凭直觉应该是，走近仔细一看，果然。估计他已经像雕塑一样在这里站了二三十分钟，简单而尽职。我们完全不知道接下来的调研会是什么样子的，但是见到这位司机的时候，有担心，也有了强烈的希望。

目前东南亚国家与中国的关系日趋紧密，2009年，中国还与老挝建立了全面战略合作伙伴关系。2019年4月30日，老挝成为第一个与中国签署命运共同体计划的国家。老挝是中国西南边的一个内陆小国，但是，对于当下的中国来说，它具有重要的战略位置。建立良好的中老关系，有利于连接与中国没有接壤但关系亲近的泰国和柬埔寨，使中老泰柬市场、经济连片并形成一体化格局，利于中国另辟蹊径，突破瓶颈，趋向印度洋，从而改善中国在亚洲或世界的战略环境。文化是政治、经济的反映，又在一定程度上反作用于的政治、经济，并产生重大影响。在现代，广播影视媒体内容的交流与互鉴，是国家之间文化产生浸润影响力最为自然和有效的方式。加强文化的交流、互鉴，建构良好的周边关系，有必要对老挝的广播影视传媒现状、发展做全面、深入研究，而老挝广播影视传媒研究，目前仅处于起步阶段，前人研究稀少，对于我们来说，这是一次微小但又任务艰巨的调研。

我们调研组就3个人，年近50岁还长着娃娃脸的我，以及两位年轻美丽、精力充沛的老师——杨颖和张倩。她们两个是"80后"，虽然比我年轻超过15岁，但都是教龄超过我的老师，对调研充满了热情和期待。我当时是一个仅有3年教龄的"新老老师"。万象是老挝的首都，与泰国仅隔着一条河——湄公河。

湄公河岸边的千佛洞　冯晓华　摄

世界上现有5个社会主义国家，其中，中国和越南因经济快速发展引起全球关注，朝鲜和古巴因为与美国"对抗"闻名世界。相对而言，老挝是一个鲜为人知的社会主义国家。老挝同时还是个多民族的国家，与老挝接壤的中国云南省是中国民族最多的省份，有26个民族，人口4000多万，老挝的国土面积只有中国云南省面积的一半多一点，人口仅700多万，但老挝有50个民族，其中老龙族、老听族、老松族是老挝人口最多的三大民族，大多数国民信奉佛教。有着众多的民族、优美的生态环境、朴实的民风，老挝是一个内向而又有故事的国家。对于喜欢幻想和做梦的影视创作者、喜欢发现特别与另类的媒体人而言，深入老挝，就会被它慢慢吸引。

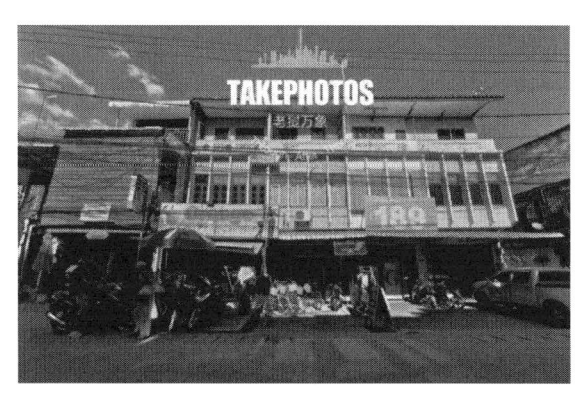

万象街景　冯晓华　摄

万象金塔銮　冯晓华　摄

翻开历史，镌刻在老挝近代史时间线上的一百多年，也是世界广播影视诞生、快速发展的一百余年。老挝，这个鲜为人知的社会主义国家，它的百年近代史，却充满着颠簸、战争和曲折：老挝历史上曾是真腊王国的一部分，在14世纪建立澜沧王国（中国称"南掌"），18世纪初分裂，曾受暹罗和越南入侵，后来又受法国入侵，1893年沦为法国殖民地，1940年被日本占领。1945年独立，随即1946年，卷土重来的法国势力让独立运动遭遇失败。琅勃拉邦国王西萨旺·冯在法国的扶持下，合并其他王国，建立了独立的老挝王国。自1953年开始，老挝经历了长达22年的内战。

1954年，法国在奠边府战役中失败之后，签署了关于在印度支那地区停战的《日内瓦协议》。协议承认老挝独立，随即撤走驻挝法军。自法军撤走，美国就积极介入，在老挝扶植亲美势力。10年后，老挝亲美势力破坏联合政府并进攻解放区，老挝内战之火又开始燃烧。1963～1974年，美国在老挝发动了"秘密战争"。1960年，时任美国总统艾森豪威尔关注到了东南亚的老挝。当时的华盛顿十分担心东南亚诸国会发生多米诺效应，担心老挝会变成共产主义国家。因此，在1961年1月，艾森豪威尔命令中央情报局（Central Intelligence Agency，CIA）开展了一个"秘密战争"计划：美国在老挝找到反对共产主义的代理军队，这支队伍就是著名的老挝苗族军队。这支队伍隐藏在美国公众和大多数国会议员视线之下，"秘密战争"也随之成为美国历史上CIA组织的规模最大的准军事作战行动。英国《卫报》于2008年调查统计，美国在"秘密战争"期间，在老挝境内总共扔下2.7亿颗炸弹，超过了第二次世界大战期间美国向德国和日本投掷炸弹数量的总和，其中2/3没有爆炸。经历这样高密度的狂轰滥炸之后，老挝很多城市沦为废墟，大片的村庄遭到毁灭，数万人因此遇难，更多的百姓被迫躲进深山避难。战争对老挝造成的创伤过于严重，尤其是大量"哑弹"的存在，每年都会有很多人伤亡。根据老挝政府部门统计数据，从1975年到2008年，有5万多名老挝的平民被这些炸弹夺去了生命，老挝社会经济的发展受到严重影响。美国国会自1997年开始拨款，帮助老挝进行清除炸弹的工作，但是，直到现在，只有少部分未爆炸弹被清理出来。[1]这场"秘密战争"，成为后来老挝为数不多的影视作品中的一个沉重的现实主义题材。悲伤，也能迸发力量，尤其是经过影视艺术的渲染之后。

1975年12月，历经磨难的老挝废除了君主制，终于成立了老挝人民民主共和国。1997年7月，老挝加入东南亚国家联盟，已同144个国家建交。直到今天，老挝的经济依然以相对原始的农业为主，工业基础非常薄弱。

2016年9月，奥巴马访问了老挝首都万象。他随之成为第一位在任期间访问老挝的美国总统。当时奥巴马在演讲中称，美国将在未来3年，把援助老挝的资金增加至每年9000万美元，用来协助老挝清除未爆炸弹。

当我们在2019年12月15日到达万象的时候，热烈的冬阳使万象的冬天变得明媚，热带的植物生机勃勃地吐着绿色，一百多年的曲折与不幸似乎都被阳

---

[1] 单册. 2016. 奥巴马首访老挝拉关系欲解越战遗留难题：将宣布"拆弹计划". http://www.mnw.cn/news/world/1357646.html[2016-09-06].

光和绿色融掉了。我们只看到了万象街头的居民平和地迈着步子，似乎一切都从未发生。

万象街头　冯晓华　摄

万象街头出租车"嘟嘟车"　冯晓华　摄

第二节　朦胧的传媒印象

到达万象之后，我们有种邂逅的亲切感。和国内不同，现在的万象和15年前相比并没有发生太大的变化。建筑格局变化不大，还可以看到15年前的街道，但在老挝凯旋门前，两棵很美的大树消失了。这大概是热带地区的植物已经完成了它们的生命周期。但车子比起15年前明显增多，让冬天的万象显得更热，只穿一件衬衫就足够了。老挝国家电视台台长助理彤素木先生来机场接我们，因为早早见到了宾馆来接我们的司机，我们居然错过了和彤素木先生的会面。

老挝万象凯旋门广场　冯晓华　摄

老挝凯旋门　冯晓华　摄

翻译阿力在宾馆等着我们，我们很快做了一次自然的访谈。阿力30岁出头，曾经在中国西双版纳读书，所以会讲中文。据他介绍：擅长中文翻译的本地导游在老挝很缺乏，全国能力较强的中文翻译导游只有30个左右。随着中国和老挝的交流日益增多，中文翻译成了老挝收入很高的职业。阿力还说，老挝人十分喜欢看泰国的节目，因为无论电视剧还是电影，只要是泰国的，他们都能看得清楚和明白。老挝语和泰语近似度很高，两个国家的人交流几乎没有什么障碍。历史上的暹罗，也就是古时候的泰国，曾经多次入侵老挝，民族与文化习俗的交融成了常态。老挝基于历史原因，经济、文化发展较慢，一直没有形成影视产业，老挝自己创作的影视剧非常少，老挝人因此大量选择了语言相似、容易理解的泰国电影和电视剧。老挝目前对新闻、媒体的管控比较松，所以在老挝可以自由使用谷歌、百度等搜索引擎和各种浏览器，交流使用的应用程序（APP）也是多种多样：微信、Facebook、YouTube等。老挝的年轻人大约90%都使用智能手机，而且大部分都使用Facebook

作为社交的工具。2018 年，在总人口 701 万的老挝，移动用户数量大约 565 万，占总人口的 81%。互联网用户达 270 万人，占总人口的 39%。活跃社交媒体用户达 270 万人，占总人口的 39%。移动社交媒体用户达 260 万人，占总人口的 37%。[①]但是，仅 2.4%的老挝人使用互联网做生意，远远不及东盟的其他国家。互联网的影响，已经开始浸入老挝，而且是在一个相当宽松的信息管控环境下。

阿力说大量的老挝年轻人也非常喜欢泰国的电视剧和电影，和他这个"80 后"一样，年轻人受泰国影视的影响很大，泰国影片中明星的生活方式和穿衣习惯都会影响到他们。这和老挝只有为数很少的电影（1988 年才独立制作了第一部电影），没有自制的电视剧，少有自制的电视节目相关。泰国的影视语言和人文习俗与老挝近似、节目制作有一定的水准，在老挝这样影视几近空白的地带，泰国文化在其民间产生了巨大的影响力。中国的影视节目经过老挝语翻译并加上配音，也能引起老挝人的兴趣。目前中国的节目有十套直接在老挝落地，但全中文的落地方式让老挝人缺乏观看的热情。除了学习过中文的小部分知识阶层，观看中文节目的老挝民众十分有限，可以说是稀少。包括阿力这样的懂中文的年轻一代也更倾向于观看泰国影视节目。尽管老挝 50 个民族中很多民族与中国云南地区少数民族的风俗习惯是相同的，思维的方式也是相通的，甚至与中国一些少数民族的语言也是相通的，但是由于中国的影视节目转播到老挝后绝大部分仍然是汉语，汉语对于老挝精英阶层来说，都有较大的学习难度，更何况民间没有文化基础的老挝民众，语言的障碍将中国影视拒之门外。但是在老挝的广播节目中，老挝国家广播电台开设的汉语广播调频台 FM94.3，就很受老挝听众欢迎。在老挝广播电台的节目收听率排行中，FM94.3 名列前茅。

下午还有充足的时间，我们临时雇用阿力的车到万象城边的香昆寺走访。阿力的车上就能听到 FM94.3 的节目，下午 3 点多钟的时候正播放着流行音乐，偶尔还有中文歌曲。阿力说他十分喜欢中国的流行歌曲，旋律和味道都十分吸引人。我们一路听着歌，一个多小时以后就到了香昆寺。

香昆寺有很多高大的石头佛像，虽然只有 60 多年的历史，但是由于日晒雨淋，佛像变得灰黑相间，似乎历经了岁月的沧桑。阿力介绍说香昆寺建于 1958 年，公园里的雕像都是由当时一个很有想象力的僧人设计的，他学习过佛教和印度教，塑

---

① WeAreSocial：2019 年数字东南亚之老挝. http://www.199it.com/archives/836988.html[2019-03-07].

造了很多造型奇特的塑像。每一组塑像，都蕴含一个佛意的故事。热带的芭蕉叶下，各座佛像或卧或立，或端坐，神色宁静。心中有喜，看到的就是祥和的微微一笑；心中有事，看到的就是肃穆尊严。不知道的话，会误以为是数百年的遗址。

万象香昆寺　冯晓华　摄

万象香昆寺　冯晓华　摄

偶有身着橘黄色袈裟的僧人走过，是风景，更具佛意。这是影视拍摄场景中很吸引人的地方。近年来，泰国、老挝的多部电影和电视剧都曾经在这里取景。我们走在其间，12月的太阳在下午4点已经变成金黄色，光线在佛像周围的芭蕉叶中舒缓地透过，宛如从天空洒下一把宁静的种子。热，但因为静而安详。纪录影像的韵味，往往需要在光影的帮助下才能实现。不像文字的韵味，是通过描述呈现出来的，影像的韵味，是光影和摄影师、导演的心结合之后，流淌出来的。老挝的魅力，还等待着影视人去感觉、挖掘、呈现。在阿力的车上，FM94.3 的音乐，一直在我们的耳朵里舒缓地流淌。这样的感觉，就如同这个时候我们正在寻找的老挝的广播影视的历史痕迹——时隐时现，似乎离我们很远，但又时时萦绕在身边……

第三节 不能确定的答案

我们了解到，老挝人当中的精英阶层留学一般会汇聚到几个国家：越南、俄罗斯、中国和其他国家。不同的留学方式对国家治理和文化传播有着不同的影响。中国和越南在历史上就与老挝有着密切的关系。但是，由于紧密的地缘关系，老挝的民众与泰国往来密切。比如说老挝首都万象与泰国仅湄公河一河之隔，老挝富裕阶层或者中产阶层度周末，驱车跨桥到泰国是非常自然的现象。两国百姓互通集市，走动亦很频繁。泰国是中南半岛经济发展最好的国家之一，老挝与泰国的语言相似度极高，重合度约 80%，民间大多数受到泰国文化影响，而且这种影响是潜移默化的。暹罗曾经在历史上多次入侵，并在战火中毁灭了老挝的很多历史遗迹；同时老挝没有接受过教育的人占了很大的比例，加上历史书籍的缺乏，很多老挝人并不知道自己国家的历史。包括翻译阿力这样学习到一定程度的人，他是 20 世纪 80 年代出生的"80 后"，对老挝 1947~1975 年的君主制国家制度其实也并不了解。最后一位国王被坊间传说的王子杀害代替。我们并没有了解到老挝的小学至大学的教育过程中历史方面的教育占据多大比例，或者说在老挝 700 多万的人口中，究竟有多少人上过学，接受过教育。这需要我们仔细查找资料。历史、文化和神话、宗教，在世界影视广播的发展过程中，水乳交融，产生了不小的影响力。在老挝，很多时候听到的是口口相传的传说，多是不太确定的表达，很少听到历史记载的确凿故事。

万象街头水果商贩　　冯晓华　摄

第四节　等待书籍的国家图书馆

很快，我们的调研遇到了一个难以想象的问题。被我们寄予很多希望的老挝国家图书馆，外形非常美观，白墙红顶，既有东南亚建筑的特点，也有法式建筑的特色，但储藏的书籍、资料是很有限的，更缺乏与影视相关的资料。偌大的国家图书馆藏书量极少，看上去，还没有中国一些县级的图书馆藏书充裕。彤素木先生一直告诉我，现在的老挝人不太喜欢读书，我们先前并没有在意他的话。到了图书馆，我们才知道彤素木先生的话并不是自谦，的确是这样的。但是国家图书馆的布局让人相信，随着老挝最近几年越来越快地发展，未来的老挝人会用更多的新的知识和记载，去装满这个美丽、安静的建筑。

老挝国家图书馆　冯晓华 摄

老挝的文盲率很高，大概近似于20世纪50年代以前的中国。老挝似乎也没有具体推行过扫盲计划，因此老挝也缺乏文字记载的历史，经济和文化、教育发展极度缓慢，各行各业需要的人才和资金极度缺乏，这当然影响到老挝自己的广播影视业和传媒业的整体发展。老挝民众痴迷于泰国广播影视节目的一个重要原因，就是不用看字就能听懂屏幕故事和广播故事。除了精英阶层，现在老挝的普通民众缺乏对知识的热情。但娱乐是人的天性，除了电视剧和电影，互联网和智能手机上的海量信息，尤其是音乐、图片、短视频信息吸引了老挝人，特别是年轻人。他们从智能手机上学到的东西远远超过前辈的教育。电脑在老挝民众中的持有率非常低，智能手机的持有量远远超过了电脑。老挝的年轻人对智能手机有高度的热情，与中国的年轻人一样，他们攒下自己工资或者各种收入中很大的一部分，就是为了得到一部智能手机，而他们的父辈却很少舍得在智能手机上花钱。

湄公河畔玩智能手机的老挝青年　冯晓华　摄

湄公河畔卖手机配件的店面　冯晓华　摄

由于大部分人不懂本国的文字，加上老挝自己的历史文献也比较少，看上去老挝民众并不在意自己国家的历史，他们可能更注重当下的生活。一些伤痛很快被遗忘，他们乐于享受生活，平和而愉快。因此，老挝人也很喜欢看带有喜剧色彩、结局美好的影视剧。

注重当下生活的老挝织布艺人　冯晓华　摄

从建筑上看，我们没有料到国家图书馆的馆藏图书会那么少。国家图书馆的副馆长和管理人员接待了我们。由于提前有了联系，他们早就准备了一些资料。只有不到十本书籍，都是关于老挝历史的传说和资料。影视广播传媒方面的资料和书籍都没有找到。老挝国家图书馆的电子化程度很低，所有查找、整理工作都需要人工操作，还好，这里的资料和图书很少。我们想买其中的一些，但是大部分只有一本，因此都没办法买到。

老挝国家图书馆内　冯晓华 摄

由于整个国家图书馆的藏书十分有限，我们决定到万象的书店看看能不能收集到多一些的文字资料。彤素木先生和翻译阿力把我们带到了万象的书店。这里的书店也让我们感到惊讶，它们并不是我们头脑中的书店模样，它们和万象的农贸市场结合在一起，看上去更像一个个摊位。这是在我少年时期的记忆中都没有过的场景。20世纪七八十年代，中国一个小县城至少都会有一个新华书店，至少有100平方米，里面有木头玻璃柜，书就摆放在柜子里。回忆起少年时光，我自己觉得那时的书籍是非常少的，常常会把妈妈给的早点钱，1角或2角钱，积攒下来，去买早就盯了几十遍的小人书。没想到老挝的图书更少，还是在首都万象。我们之前几乎很难查到影视相关资料，到万象的这个时候完全明白了。老挝需要有自己的学者去梳理、记录自己的历史，没有历史，未来也许都是模糊的。

彤素木先生后来告诉我们他的中文名字：阿木。他30岁，看上去只有20出头的模样，他曾经在中国的山东省留学，所以起了一个中文名字，但学习的是英文。阿木很喜欢中国人，他做事认真，人简单而且真诚，我们很快成了朋友。傍晚我们吃过晚餐之后，在湄公河边散步，在真诚的交流之中，我们告诉这位年轻人：老挝的各类历史，一定要你们自己来写，你们也有能力来写。阿木说是的，但是老挝的年轻人大多不爱看书。我说，你们写了，写多了，书里有很多有趣、有意思的故事，他们自然就会去学习、去看书了。

万象的书店　冯晓华　摄

夜幕降临，万象的灯火在湄公河沿岸比较绚烂，对岸就是泰国。万象居民夜晚的生活还是很有意思的。河边的开阔地上也有跳舞的人，但和中国的广场舞还是有区别，领舞的是一位漂亮的女孩，有很火辣的身材，她站在台上，随着音乐起舞，应该是健身舞蹈一类的，音乐非常有动感，台下的随舞者有五六十人，看上去都很年轻，跳得奔放而热烈。我看着旁边的杨颖都要随着音乐跃跃欲试。

万象湄公河岸边夜市　冯晓华　摄

湄公河边的领舞女孩　冯晓华　摄

临近河边还有年轻人电吉他伴唱团队的演唱，歌声悠扬，就像老挝人不紧不慢的节奏，但演唱团队的年轻人装扮时尚，加上电吉他，很酷，很时尚。还有很多玩各种小玩意的年轻人，三五成群，无忧无虑。这样的氛围，怎么可能少了影视呢？这些渴望表达的老挝年轻一代，终究会把他们的生活和梦想搬上银幕，这只是个时间问题而已。

湄公河边的乐队　冯晓华　摄

湄公河岸边，很多年轻人都在用手机拍摄照片和视频，他们和中国人、欧美人不同，我们的年轻一代首先接触到的是大银幕、中型屏幕（电视机），在电视机相对缺乏的老挝，老挝的年轻人接触更多的是小屏幕，这样的小屏幕更具有开放性、自由性、多样性、互动性和交流性，对于很多没有读过书、上过学的老挝人来说，小屏幕是他们获取各种信息和知识的来源。老挝目前的互联网管控比较宽松，欧美和老挝周边国家的很多应用程序都能在老挝使用。也许，最终这个特性产生的影响，将会让老挝未来的影视更具有包容性、多样性和创造性，这是激发影视作品创造力的内在因素。

第二章　老挝国立大学

在前期做案头准备工作的时候，我们没有找到关于老挝高校教育有影视学科的任何资料，但是老挝国立大学却给了我们一个惊喜。我们到达万象的第一站就是访问老挝国立大学（National University of Laos），这是一所综合类的大学，是老挝最好的大学，全国排名第一。老挝全国有 4 所大学以及多所类似于技能培训的学院。老挝国立大学位于万象市塞塔尼县东都村，所以老挝人又称它为东都大学。根据找到的案头资料，调研之前我们仅仅是想了解老挝的高等教育情况、将来是否会开展影视传媒方面的学科建设、学校对国家影视传媒有否研究之类的问题。

老挝国立大学　冯晓华　摄

时任老挝国立大学的副校长颂珍女士是一位气质优雅、知性温和的老挝学者，英语非常流利。她向我们介绍了老挝国立大学，她说 2018 年 11 月的时候，她曾经受邀带团队到昆明，参加云南师范大学的八十周年校庆，云南师范大学给他们留下了很美好的印象，今天很高兴我们来老挝国立大学访问。

老挝的大学很长一段时间没有影视方面的学科、专业设置。老挝国立大学文学历史学院有 10 个专业，文学专业是其中之一。文学专业的课程包括 3 个部分：语言、历史和文化。2004 年，文学专业增设了大众传媒相关课程，老挝国立大学将文学历史学院文学专业改名为文学-大众传媒专业。按照老挝教育与体育部和

与时任老挝国立大学的副校长颂珍女士（右三）交流　阿力　摄

老挝国立大学的教育发展计划，在未来人才、器材和场地足够的条件下，文学历史学院再单独分设大众传媒学系。

老挝国立大学文学历史学院从2004～2005学年正式进行大众传媒教学以来，一直采用1+4年教学制和5年教学制。2011～2012学年，老挝教育与体育部及老挝国立大学教学体系改革，才将教学制度改为4年教学制。

老挝国立大学文学历史学院进行大众传媒教学以来，第一批只招收到7名学生，其中女生5人。7人中有来自沙拉湾新闻部和老挝新闻文化旅游部的职员各1人。2004～2017年，老挝文学-大众传媒专业共培养了208名学生。

2017年开始，老挝国立大学文学历史学院设立了单独的大众传媒学系。系主任是30多年前在俄罗斯学习过影视创作的万卡先生。第一年招生时感兴趣的学生并不多，到了2019年秋季招生的时候，报名的学生增加了很多，仅万象就有50名学生报名，最后录取了30名学生。截至2019年12月，大众传媒学系共有4个年级，每个年级有1个班，共有118名学生。2020年9月有16名本科学生毕业，这是老挝高校自己培养的第一批影视专业的学生。但是，由于老挝没有设置过影视教育学科，老挝的影视专业人才十分稀少，老挝国立大学大众传媒学系最大的问题仍然是师资力量远远不足，招生反而不是问题。互联网和智能手机在老挝年轻一代中普及，年轻人中使用智能手机的人数已经达到90%。通过这些智能工具，越来越多的年轻人熟悉了传媒，喜欢传媒的年轻人也越来越多。这是我们了解到的新情况，即老挝终于在2017年6月建立了自己的影视教育学科。愉快的交流之后，颂珍女士送了我们一件学校的手工艺品。这次交流打开了我们顺利调研的第一扇门，远远比我们的想象和预期要好。我想，老挝会给我们很多意想不到的礼物。

第一节 被热爱和兴趣点燃的教室

这所老挝最好的大学没有高楼大厦，建筑古朴简洁，校区分为两片。我们随着万卡先生来到大众传媒学系的教室。让我们感到惊讶的是：老挝国立大学的教室是木结构的，干净整洁，一尘不染。学生们穿着蓝色的校服，老师们上课的时候，看不到低头族，看不到手机，看到的是20多张干干净净的脸、20多双乌黑发亮的眼睛，尽管来这里读书的年轻人都有智能手机。

与老挝国立大学大众传媒学系二年级学生交流（右三：万卡先生） 阿木 摄

这些学生并不知道我们会来。我们3人一走进这间简单到只有黑板和粉笔、木桌和木椅，没有窗帘，没有电器，没有多媒体的教室时，瞬间就被感动了。当我们与这些孩子交流纪录片、影视信息的时候，真的很希望自己是他们的老师。干干净净的教室，干干净净的脸，年轻的学生们兴趣十足，生机勃勃地看着你，你就有想要把所有的东西倾倒给他们的渴望。在这种氛围里教书，应该是很幸福的。

这是老挝最好的学校，能在这里上学的，应该是这个国家非常出色的年轻人。教这样的学生，省心省力不省脑，但却可以与他们一起越山过海，一直向前。与这些年轻人在一起，虽然仅仅不到一个小时，但毫无疑问，可以感受到他们的自信、他们渴望知识的热情。他们当中有英语说得很流利的孩子，与他们交流的时候，他们对未来将要从事的影视工作充满憧憬。他们是因热爱而来。我说有多少同学喜爱影视传媒专业，所有的孩子都热切地举手了。学生中还有穿着袈裟的少年。热爱是学习的强大动力，如果这些学生能有机会参与到一些大的影视实践项目中，我想他们的进步应该是飞速的。我们以个人的名义邀请这些年轻人到中国参观学习，让他们可以参与到一些项目中，因为我们坚信，这些优秀的年轻人一旦得到实践的机会，再加上理论的提升，一定会有飞速的进步。作为老师，谁不希望带那些有潜质并有强烈学习愿望的年轻人呢？但我也给他们定了一个条件：至少会简单的中文。看到这一群生机勃勃的青年，我突然想到了通过20世纪80年代开始的项目——中美联合培养物理类研究生计划（China-U.S. Physics Examination and Application，CUSPEA）而留学美国各大高校的那一批中国青年学子，当年的他们也是知识的渴求者，40多年后，这一批当年外出求学的年轻人，已经成为世界一流的科学家、学者和金融家。时间就是在知识的渴求中变得厚重有力的。其实，我们也渴望参与到现在老挝这些渴求学习的年轻人的培养过程中，变成一个有意义的历史符号。

与老挝国立大学大众传媒学系二年级学生交流纪录片　阿木 摄

到了2020年9月即将毕业的第一批学生的教室，有16位同学正在上影视创作课，讲课的是一位非常年轻的教师，系主任万卡先生对他赞赏有加。年轻的老师非常腼腆，和我们交流时很沉默，讲课时却神采飞扬。学生们和我们的交流更加顺畅，他们热爱自己的专业，并且把自己平时做的短视频拿给我们看，拿出来的时候，自信，并且十分礼貌，让人欣喜。

老挝国立大学培养的大众传媒学系第一届毕业生（2020届）　阿木 摄

　　这些年轻的学生把制作的短视频上传到 Facebook 和 YouTube 上。平时在电脑和智能手机上就可以看到很多影视作品，和中国的年轻人一样，他们几乎不看电视，更专注于电脑和手机。老挝对新闻媒体并没有严格管制，所以能用来上网学习、娱乐的应用程序很多。他们可以用微信，可以用谷歌，可以用 Facebook 等，有了很多可以借鉴的作品和影像。在观看他们的作品的时候，可以看得出他们有扎实的基础和丰富的想象力，非常善于模仿。我们想他们如果能有北京大学的条件，学习的效果能更胜一筹。自信而不傲慢，专注但不死板。第一批老挝的影视专业学生，给我们留下了深刻的印象。在下一个15年之后，相信老挝一定会出现优秀的影视专业人才和自己的专家。

老挝国立大学培养的大众传媒学系第一届毕业生（2020届）　冯晓华 摄

在这里，我们有一种发自内心的感动，因为，遇到了年轻的他们。我们已经开始感觉到，看似影视资料极度匮乏的老挝，只是缺乏整理的时间和整理的人，深入发掘之后，会有更多内容跳跃出来，让我们收集、梳理、思考。

第二节　随风潜入夜，润物细无声

由于2017年以前老挝一直没有建立自己的影视教育学科，影视专业人才的匮乏既体现在一线，也充分地体现在教育师资力量上。随着老挝社会经济的发展，国家对于影视传媒的发展也给予了越来越多的重视，一线影视传媒机构急需人才，但目前老挝影视传媒人才远远满足不了现实的需要。因此，在影视传媒学术、教育、培训交流方面，老挝有着迫切的需求。

鉴于老挝对影视传媒教育的刚性需求，以及老挝目前与我国的密切关系——中老两国不是一般意义的双边关系，而是具有战略意义的命运共同体，以及我国文化影响力的提升需要，双方在广播影视传媒方面开展多种形式和多渠道的教育、培训等方面的合作，具有现实意义。从大学教育、学术研究的交流互鉴开始携手合作，我国与老挝共同开创老挝国家广播影视传媒发展领域的未来，随风潜入夜，润物细无声，真正提升中国的国家文化影响力。

第三章　艰难求存的百年电影

在老挝实地调研的强度是比较大的，这是因为相关资料的稀少让我们的项目完成情况变得模糊，为了减少这种模糊性，前面的调研时间排得很紧张，调研的实际天数也只有 15 天。这对于几近空白的老挝影视学术研究来说，时间十分短暂。好在我们前期就有了大量的案头准备，并在国内访问了与老挝影视相关的很多学者和一线工作人员，还得到了很多朋友的帮助。在近一年的国内资料收集和访问过程中，我们感觉到：我们的影视调研，也必然和老挝电影的发展一样，充满曲折，但总会柳暗花明。事实上，孕育了老挝电影的老挝历史，本身就是曲折艰辛的。

第一节　不平坦的历史孕育了曲折发展的老挝影视

老挝国家的历史，是充满曲折艰辛的。老挝在中国古籍中被称为越裳氏、南掌，历史上长期被紧邻的柬埔寨统治，1353 年才建立起第一个统一的多民族国家——澜沧王国。三百多年后，1707 到 1713 年，老挝分裂为占巴塞、琅勃拉邦、万象三个王国，先后遭受越南、缅甸和泰国的入侵和控制。1893 年，老挝沦为法国的殖民地，随后与越南、柬埔寨一起合组"印度支那联邦"。1940 年 9 月，老挝被日本占领，直到第二次世界大战结束。

1945 年 8 月，在日本正式投降后不久，印度支那共产党老挝支部举行武装起义，于 10 月 12 日宣布独立，并组建革命政权——"伊沙拉阵线"政府。然而很快，这一政权的存在引起法国和老挝境内各王室的不满。因此，在法国的支持下，琅勃拉邦国王西萨旺·冯合并其他王国，在 1947 年建立起老挝王国。同年，法国军队入侵老挝，迫使"伊沙拉阵线"政权解体，满目疮痍的老挝再燃烽火。从 1953 年开始，以王室、法国为一方（法国撤军之后美国加入），以老挝人民革命党（由印度支那共产党老挝支部改组而成，1955 年建立，原名老挝人民党）为一方，老挝开始了长达 22 年的内战。

1975 年 12 月，老挝人民革命党在首都万象召开全国代表大会，随即宣布废除君主制，并成立老挝人民民主共和国。新政权成立后，宣布实行社会主义制度，并确立人民革命党作为唯一政党和执政党。

新政权建立之初，老挝全面推行苏联的经济模式，直到 1986 年才开始推行"革新开放"，在调整经济结构，取消高度集中的经济管理体制的同时，还积极引进外资、先进技术和管理方式，并致力于改善投资环境，期望改变经济长期落后于世界的面貌。在 1991~1996 年，老挝创造了国民经济年均增长 7%的纪录，直到 2018 年依旧保持着增长 6.5%的强劲势头。[1]

老挝的电影发展和老挝的历史一样，充满了曲折艰辛，但也萌发着自己的特色和希望。

最初的时候，我们首先寻找的是，在历史的长河中，作为电影诞生地的法国，究竟在影视领域给老挝带来过什么，想要了解老挝影视与法国影视之间的交流。我们想追问法国对老挝影视究竟有多大影响的原因是：法国与世界影视的发展血脉相连，1893 年老挝成为法国的殖民地。就在法国殖民老挝之后的两年，世界上第一台电影机就由法国的卢米埃尔兄弟创造出来了。1895 年 12 月 28 日，他们在巴黎咖啡馆的"印度沙龙"，放映了第一批自己拍摄的影片——《工厂大门》《火车进站》等，观众在黑暗中，看到了白布上的逼真画面。当时法国的一位记者这样报道：一辆马车被飞跑着的马拉着迎面跑来，我邻座的一位女客看到这一景象竟十分害怕，以至于突然站了起来。[2]这一天被认为是世界电影的诞生日。从此，充满奇思妙想、爱冒险的欧洲摄影师乘坐火车、轮船、热气球，开始了探索、记录世界的旅程。通过影像记录，揭示事件本来面貌，把隐蔽在世界各个角落的事物推向前台，把不可能变为可能……人类真正开始了通过影像创造，把梦想变为"荧幕现实"的历程。中国最为时髦的城市上海，也在 1896 年 8 月 11 日，在徐园内的又一村放映了"西洋影戏"，让中国人第一次获得了活动影像的体验。1905 年，北京丰泰照相馆创办人任庆泰，拍摄了由京剧名家谭鑫培主演的《定军山》片段，该片成为中国人自己摄制的第一部影片。

遗憾的是，我们一直没有找到世界电影诞生之初，老挝影视的相关痕迹。电影

---

[1] 陈定辉.2018.老挝：2017 年回顾与 2018 年展望.东南亚纵横，（1）：40-46.
[2] 杨皓.2019.光之子：卢米埃尔兄弟.检察风云，（5）：70.

最早诞生于法国，然而到今天为止，在曾经作为法国殖民地的老挝，仍然没有发现与法国影视相关的记载。我们想至少应该有法国人在老挝拍摄过影片的相关记载，毕竟法国在老挝殖民长达半个世纪之久。那个时候的老挝人有没有参与过这项在当时地球上最为新奇时尚的活动呢？各种英文资料、老挝资料都没有记载，这是非常遗憾的空白。这与老挝长期处于战争状态，缺乏自己的历史记载和经济文化发展滞后有关。但我们仍然期待会有意外的惊喜发现。我们不知道法国的档案馆会不会有相关的记载和那个时期关于老挝的影像。调研经费的缺乏使团队不可能前往欧洲。在数小时的访谈过程中，由于时任老挝国家电影局的副局长索姆西先生和业务人员对那段历史并不熟悉，电影局也缺乏相应的文字记载，因此未得到有价值的资料。

老挝国家电影局资料室　冯晓华　摄

老挝国家电影局资料室　冯晓华　摄

但有意思的是，索姆西先生和业务人员给我们介绍了一批老挝现在的导演。这些导演大多有留学背景，一般在俄罗斯、法国、印度、中国、泰国或者德国学习过传媒影视，都有 Facebook 的交流账号。但是，索姆西先生说，这些老挝籍导演中只有一位导演马蒂·多的影视作品是深受观众喜爱的，也只有她赚了钱。而且，这位吸引了观众目光的导演，是一位可爱的女性。其他导演的作品虽然较多，但都没有过多的影响力，也没有创造过什么收入。

老挝国家电影局资料室存档的电影资料　　冯晓华　摄

电影是一门综合性的艺术，它通过特定的镜头表达和视觉传递，以历史和文化内涵为背景、基础，能够形象地展现出特定国家或区域的社会状况，给人以启迪。在当下的文化消费时代，电影成了现代文化产业发展的重要构成门类，是文化社会力量（体现为物质力量向精神力量的转化）的重要体现。电影通过这种特定的艺术形式，巧妙地跨越政治、经济、文化等界限，一方面实现文化的经济化，另一方面又以文化的方式，灵活地处理着文化与政治的关系，从而成为一个国家综合实力的重要组成部分。[①]老挝的经济基础极为薄弱，文化发展进程滞后，缺乏电影产业规划，电影业核心人才匮乏，市场基础尚未形成，对历史资料的全面收集整理、学术研究尚待启动，这些仍然是制约老挝电影发展的关键因素。

第二节　年轻人的电影院

这次老挝之行给了我们很多"礼物"，远比坐在家里的书房得到的信息、资

[①] 宋磊. 2018. 论印度电影的艺术表现风格. 南亚东南亚研究，（2）：97-102.

料多得多。因为缺乏前人的收集和整理，这些一线实地调研得到的信息是零散的，很多还需要我们去结合史实查证，进行有逻辑的分析。有些时候甚至感到信息接收过多之后有些疲劳。

烧脑的访谈之后，大家又马不停蹄赶到当地的电影院实地调研。到了万象中心电影院，发现它与我们想象的老挝电影院还是有很大不同的。万象中心电影院与政府机构相比，显得十分华丽和时尚，与中国很棒的电影院相差无几。万象中心是万象的商业娱乐中心，老挝全国最大的商圈就在这一带，万象中心电影院也在其中。

万象中心电影院是老挝年轻人喜欢的电影院之一，是泰国投资建设的，老挝政府部门占一定的股份。在万象中心电影院看电影的都是年轻人，其中学生很多。我们来时并不是周末，很奇怪为什么中午就有这么多的年轻人来到电影院。阿木说大概是瞒着老师出来的。老挝的年轻一代对电影有着高度的热情，尤其是他们看得清楚明白、文化习俗接近的泰国电影。老挝有一大批泰国电影的忠实影迷。在电影院很显眼的位置，我们看到了2020年在中国热映的电影《花木兰》的老挝语海报[①]，不知道《花木兰》是翻译成了老挝语版本，还是仅仅只有老挝语字幕。

中国相关的影片，我们在万象中心电影院里只看到了这一部。这是因为老挝票房的限制，还是缺乏老挝语的译制片？如何通过电影的有效发行，来传播中国的文化？为了实现中老两国的文化和经济的交流、互融互鉴，这是值得思考的问题。泰国影片能在老挝广泛发行，除了文化习俗、语言相通之外，是如何解决票房、投资问题的？

翻译阿力说，其实中国影视剧，老挝的年轻人也是喜欢的，但就是要译制成老挝语。我们了解到：老挝的中老年人几乎不到电影院，万象中心电影院的电影平均票价为21～33元人民币。在老挝的大多数老百姓看来，电影院的票价高，在家里看电视就足够了。很多公职人员也舍不得花钱去电影院看电影。但年轻人就管不了那么多了，加上电影院对学生还设置了优惠价。阿力告诉我们，老挝的年轻人打工就可以赚到电影票钱，他们大多数不喜欢储蓄，赚到钱很快就会花掉。

电影院还有欧美电影的海报，但仍然是泰国电影海报更多。我们调研的那几天，有一部老挝和泰国合作的电影《爱你》正在上映，男主角是位泰国影星，女

[①]《花木兰》在老挝的上映早于中国。

主角是位老挝演员。卖票的小姑娘介绍，这部电影的取景大部分都在老挝，所有的故事情节都发生在老挝，是一个很有趣的爱情故事。

老挝的电影院完全属于年轻人，我们到了万象的两家电影院，看到的都是这个情况。老挝全国5家电影院，其中万象有3家：万象中心电影院、老挝国立大学附近的电影院，还有位于另一个商业区的艾顶电影院。此外，占巴塞有一家，沙湾拿吉（Savannakhet）有一家。2019年底，老挝全国共有16块大荧幕，最大的放映厅可以容纳300多人，最小的可以容纳100人，呈现的场景全是年轻人的梦想世界，他们对电影有着超乎想象的热情。所以，尽管电影在这里似乎举步维艰，但一定是有未来的。

老挝年轻人痴迷的电影院　冯晓华　摄

第三节　《爱你》，看懂了一场老挝题材电影

尽管听不懂老挝语，白天的调研访谈结束，晚饭之后我们还是观看了当时刚刚上映的电影《爱你》。为了体验和了解老挝的各个电影院，我们选择了艾顶电影院来观看影片。老挝的艾顶电影院超出想象地舒适，座椅符合人体工学，室内的温度适宜，让我想到昆明的某个电影院。2019年夏天的时候我去看《美国队长3》，放映厅的座位十分不舒服，坐得腰酸背痛，而且放映厅闷热难耐，看得汗流浃背，放映还不到一半只得落荒而逃。出了电影放映厅的门，我去咨询了一下闷热的原因，得知是没开空调，不开的理由是人少。我想，这就是人少的原因，将来可能会更少。闷热，椅子还直挺挺地难坐，让人腰酸背痛，来这里看电影不是欣赏、放松，而是活受罪，即便这个电影院就在家门口，谁愿意去受罪呢？吸引

人去享受，需要关注到相应的细节。这大概也就是老挝电影院吸引年轻人的重要原因。和在万象中心电影院看到的一样，艾顶电影院观影的也都是年轻的观众，我变成了场子里观影的"奶奶"。

老挝万象的艾顶电影院　冯晓华 摄

调研组在艾顶电影院

我们虽然一句也听不懂，但是连看带猜，还是看明白了电影情节：一个泰国的小伙子因为家境贫困不得已与心爱的女友分手，失恋的小伙子失魂落魄，让母亲十分难过，她忍不住告诉儿子，自己原是老挝的富家女，因为不顾一切爱上了年轻英俊的穷小子，于是与家族割裂。她的父亲虽然赶走了她，但其实一直思念着她，去世后给她留下了一笔财产。于是沮丧的小伙子踏上了去老挝的寻亲之路。在老挝寻亲过程中小伙子被骗，后来去了一家做老挝蘸酱的人家偷师学艺，老挝酱食是老挝百姓餐桌上不能缺少的一份菜品，这家人制作的蘸酱非常受欢迎，以至于被贪婪的商人觊觎，他们想偷取制作秘方，占为己有。在与主人家相处的过程中，小伙子受伤的心逐渐复原，并且不知不觉地爱上了能干、漂亮的酱食传承人，并和主人家一起，破坏了商人的"偷方计划"。经过一系列的曲折，小伙子终于找到了真爱，继承了遗产。

情节并不烧脑，剧本也不复杂，但是设计了好多转折，节奏与好莱坞的电影相比，缓慢很多，影像拍摄手法也简单，用光不是很讲究，人物造型甚至有点纪实片的感觉。场景大部分直接用了民房和老挝的自然风光。演员的表演方面，喜剧角色保持了泰国电影一贯的夸张，旁枝末节的角色很多。泰国男主角的表演很普通，老挝女主角的表演自然、大方，令人欣赏。但泰国影视人是非常注重影片的营销宣传的，线上线下都有各种推广，因此，该影片在老挝和泰国都有一定热度。

翻译阿力是被我们拉来电影院的，他说他从不在电影院看电影，而且到32岁了都没有看过老挝自己拍的电影，也并不想看。他更喜欢泰国和中国的电影、电视剧，在家里看电视既省钱又舒适，来电影院干吗呢？其实，阿力的收入已经远远超过了一般的老挝百姓，他不去电影院最主要的原因，还是觉得老挝的电影并不吸引人。但这场电影让观影的人们开心地过了一晚，老挝的年轻人很容易就被剧中的笑点戳中，全场笑声不断，准备睡觉的阿力也被逗乐了。他说，这是他第一次看老挝电影，还是很有意思，以后可能会经常关注了。阿力告诉我们，他们平时常看的泰国电影，情节大多是富家女爱上穷小子，不能顺利结合，最后穷小子逆袭成富翁，再抱得美人归，或者是富家公子爱上灰姑娘，等等。情节简单，幽默愉快，但是老挝人就是爱看，相反，中国的影片在他们看来，情节太复杂，情感表达又很隐晦，老挝人反而觉得不过瘾，或者看不明白。比如说《甄嬛传》里果郡王和甄嬛之间的感情就是如此。老挝人更喜欢简单直接的，不过阿力自己很爱看中国电影和电视剧。

这大概就是语境之间的差异。相对于欧美国家，亚洲国家处于高语境的环境中。"语境"概念是由英国人类学家布罗尼斯拉夫·马林诺夫斯基于1923年提出的，1976年，美国人类学家爱德华·霍尔在《超越文化》一书中对语境与文化的关系做了较为详尽的分析阐释，研究凝练出了"低语境"和"高语境"的概念。霍尔认为，在高语境中，信息很大一部分要么存在于物质语境中，要么内化在交际者个人的行为当中。在低语境中，情况则大相径庭，大部分信息的传递都需要依赖编码清晰的媒介。这相当于在低语境人际交往中，人们达到交际目的会更加依赖语言表达本身。在高语境人际交往中，语言表达信息的作用可能就较为微弱，人们对于微妙的环境、动作、语境提示等更为敏感。汉语是高语境的典型代表，虽然中国人与东南亚国家的人民都同处于高语境，但东南亚国家相较中国还有细微差异。相较于中国的含蓄，东南亚国家的人民更喜欢直接、清楚的语言表达，而往往难以理解"言外之意"。当然，也不像欧美语境中的人群那样奔放热烈。

在老挝和泰国合拍的电影《爱你》中，随处可以看到老挝百姓生活的影子：吃生菜用的蘸酱、声名远扬的虎牌啤酒、嘟嘟车、简单直接的表达爱的方式……我们在万象的日子，阿木带着我们在这个城市的东南西北调研和采访，为了节约时间，中午几乎都是去街边的小摊或者小店吃饭，这让我们体验了老挝普通人的一部分市井生活，也品尝到了老挝藏在民间的特色小食品。其实真正的美食，就是藏在这些小街小巷的小摊或小店中。老挝人很喜欢吃生的蔬菜，上面可以看到很多虫眼，那些绿绿的苦菜、豇豆，带着虫子爬过的痕迹，但一咬上去，吃在嘴里是甜的，番茄就充满了浓浓的番茄味道，青菜就充满了青菜的清香，豇豆就有一种甜甜的、嫩嫩的口感，还有各种各样的野菜，只在清水中一漂，就拿来吃了。真的，品尝到的是久违的味道，太爽了。童年的时候，在乡间的奶奶家，奶奶自己种的菜，就是这样的味道。吃这些口感超好的蔬菜时，老挝人最喜欢的、一年四季都离不开的一种食物配料——蘸酱就上桌了。《爱你》的女主人公，就是制作蘸酱的高手。这部影片成了老挝和泰国两国当时热映的影片。虽然在我们看来，电影的情节不是那么丰富，镜头语言不是那么精彩，但是，那些两国百姓熟悉的生活场景，通过银幕的提炼和升华，成了观众们产生代入感最自然的纽带。

老、泰合作的电影，除了他们共同拥有的文化习俗，相互理解的语言，泰国电影常有的幽默、温情外，合拍电影中老挝人熟悉的生活场景，都能令老挝观众产生情感的共鸣。这是两国电影人深入交流后制造的美好场景。中国与老挝曾经合拍过一部电影《占芭花开》，电影描写了爱情，彰显了人性的光辉，但却缺少老挝人熟悉的生活场景。我们在调研的过程中，发现了放在老挝国家电影局角落的《占芭花开》首映仪式海报，但也发现，几乎没有老挝人看过这部电影，阿木和阿力都没有听说过。2019年1月，该电影在中国上映，我们对此也毫无印象。这不得不让我们的影视人思考：究竟要用怎样的表现形式和内容，才能赢得两国观众，甚至东南亚观众的青睐？

《爱你》电影中呈现了老挝生活里一些美味的食物，其中还有老挝人的最爱——虎牌啤酒。我们三个都是极少饮酒的，但在阿力的鼓动下略微尝了一点，真的非常好喝，因为并不善酒，哪里好，我们说不出来，就只觉得好喝。阿力总结了一下，老挝的水好，酿酒用的是山泉，周围没有工厂，没有污染。他说中老铁路一开通，他就把老挝的蔬菜卖到中国，当然，还有虎牌啤酒。头脑灵光的阿力，"油嘴滑舌"的时候，不像个老挝人。生活就是蓝本，中老即将开始合作拍摄、老挝人参与制作的第一部电视剧《占芭花下的约定》，就是讲述和中老铁路相关的故事。我们希望，中老合拍的第一部电视剧，也能成为一个经典的故事。在这部电视剧中，也能让观众看到热爱当下生活的老挝人，以及老挝人自然、平和而又生动的生活场景。艺术作品无论怎样去宣扬崇高，都要落到生活的实处，这样才可能在真实的平凡中，挖掘出共情的美好，植根于生活中的故事情感才能升华，才能让艺术的感染力长出翅膀，飞进观众的心灵，引起观众内心的愉悦。

老挝啤酒　冯晓华　摄

第二天去老挝国家博物馆寻找老挝历史痕迹的时候，在老挝的建国领袖苏发努冯的塑像前，我们三人还被一群穿西装的老挝朋友邀请，一同照相，被陌生人群邀请合影，很有趣。他们全穿着黑色的西服，一起游览国家博物馆，头发梳理得一丝不苟，估计他们把漂亮的杨颖老师认成明星，而我还抬着佳能 5D Mark Ⅳ 单反相机，因此认准调研组是剧组，觉得新鲜所以这样。邀请我们拍照的时候，他们彬彬有礼，不卑不亢，没有疯狂，只有温和的欣赏。当然了，是欣赏两位年轻、知性的漂亮老师。我记得第一天到万象，阿力就说过，老挝人面对明星很淡定，并不会有什么疯狂的举动。我们连着访问了国家电视台和广播电台，发现果真如此。人们对明星的态度是温吞吞地，没有沸点，也没有冰点。在街上行走时看到的老挝人，在寺庙里的僧人，大多是很温和地微笑，走路不急不缓，很少看到严肃、躁动、急急行走的老挝人。

老挝建国领袖苏发努冯的塑像　冯晓华　摄

老挝国家博物馆雕塑　冯晓华　摄

老挝政府计划 2020 年脱离不发达国家行列，受疫情等影响，目标仍未实现。很多投资、项目在老挝受到了政府的欢迎。我们看到，中国到老挝的商人很多，中老之间会有很多故事在这个变化的年代产生。但大部分老挝人在变化之中却一直从容，少了躁动。

老挝国家博物馆展出的大部分是老挝独立建国的历史事件和相关人物资料，甚至有关于啤酒、饮料的实物展览，但似乎没有与文化艺术相关的展厅，广播影视的资料在这里也没有踪影。我们仅仅看到了与广播影视有些远亲关系的电信实业成果彩色图片、实物展览。而老挝国家博物馆展览以照片为主，大多都是黑白的。有单独的一个展厅，展出了老挝建国领袖苏发努冯的所有相关照片、事迹、遗物，有老挝文和英文两种介绍文字。博物馆是珍藏历史记忆、文化艺术记忆的地方，希望将来，全世界的博物馆都能有中文文字介绍。希望来自中国的游客或者商人等，也都能够对博物馆感兴趣，通过旅行和停留，真正了解一个国家、一个民族，或者不一样的文明。包括所有想了解老挝影视的人、想投资老挝影视的人，都要了解影视产生的环境、背景和文化，分析现象产生的原因和未来的趋势。

老挝国家博物馆电信实业成果展　冯晓华 摄

第四节　12万个胶片拷贝

老挝的电影业发展非常缓慢，拍摄过的影片寥寥可数。在老挝，没有片场制度、明星制度，数量稀少的影片也还没有催生出影视明星，至2023年，老挝大概每年会拍摄一两部电影。

老挝国家电影局胶片拷贝库房　杨颖 摄

老挝国家电影局的工作人员让我们看了他们珍藏的12万个胶片拷贝,这是他们第一次向国外的研究团队展示这批胶片。他们特别布置了一间专门储藏电影胶片的库房,一进门我们就闻到了消毒水的味道。库房并不大,有150多平方米,铁架子上很整齐地摆放着电影胶片。胶片的外壳上几乎都是老挝文字,我们很想仔细看一下这批胶片,但是参观的时间只有大约30分钟,非常有限。老挝国家电影局对胶片也并没有进行严格的分类,我们问有没有法属时期的胶片,管理人员并不知道。

老挝国家电影局胶片拷贝库房管理员　冯晓华 摄

他们对这些胶片十分在意,但遗憾的是,这些胶片没有来得及整理和记录,大概是因为缺乏整理的相应设备和经费。处在这些旧日胶片中,恍似与从前相遇,其中有1988年老挝独立拍摄的第一部影片《红荷花》。这部影片的导演是宋欧·苏提鹏,影片时长83分钟,讲述了一个发生在革命前夕的爱情故事。这部电影曾经在日本和其他地方上映。在2001年山形国际纪录片电影节新闻文献第12期中,印有宋欧·苏提鹏关于老挝电影状态的文章。他说,他只能确认到2001年为止,老挝已经制作了12部故事片,而且,这当中仅有3部作品的胶片仍然被保留着,其中之一就是他的电影作品《红荷花》。宋欧·苏提鹏还说,政府每年都会制作一到两部电影,而电影总是以全国代表大会或节日为主题,故事片很缺乏。因此,宋欧·苏提鹏决定使用他从面包店业务中赚来的现金,建立一个独立的制片厂。因为经济基础薄弱,老挝缺乏对电影产业的明确规划和支持,也没有影视历史的记载和总结,老挝的电影人举步维艰。但是,从各种尽可能访问到的信息中,我们还是找到了老挝电影发展的蛛丝马迹。

老挝 1988 年独立拍摄的第一部黑白电影长片《红荷花》胶片拷贝　　冯晓华 摄

第五节　殖民中的萌芽

与我们前期的想法一致，老挝的电影虽然很少，但是它毕竟和电影的诞生国法国有着半个世纪的联系，而这段曲折复杂的关系，就开始于世界电影的诞生之初。1895 年 12 月 28 日，卢米埃尔兄弟的电影在巴黎一家咖啡馆的"印度沙龙"放映，后来这一天被定为世界电影诞生之日。当时东南亚各国几乎都和欧洲国家有着密切的关系，东南亚大部分国家都处于英法两国的殖民当中。老挝是 1893 年成为法国殖民地的。在电影诞生之后的 1895~1897 年，电影开始传入东南亚，1897 年传入的是菲律宾、泰国，1990 年传入印度尼西亚，1902 年传到新加坡和马来西亚，大约在 1900~1910 年传入越南。"印度支那三国"（越南、老挝、柬埔寨）的电影业在殖民地时期就落后于缅甸、泰国、印度尼西亚等东南亚其他国家。在这一时期，仅有越南和柬埔寨的电影业开始起步。东南亚各国电影业一开始发展就不均衡，有很大的差异，直到现在，这样的状况也一直没有改变。

随后，法国殖民势力逐渐渗透老挝，因此在电影发明的初期就有世界电影传入老挝。但事实是，一直以来，在发展独立的民族电影方面，东南亚国家里最不发达的就是老挝。发明电影的法国并没有把老挝看作这个时尚产业的发展基地，老挝人接触电影相关技术的记载几乎是一片空白。这一段时间老挝境内电影的产量及质量较低，处于忽略不计的状态。这种忽略的状态也影响了老挝影视片的保存，我们实地调研了解到，1893 年之后的几年，法国人对老挝进行殖民统治后，殖民政府当局曾经拍摄过一些电影，大部分是纪录片，但现在这些早期电影资料已经很难找到了。虽然老挝政府相关部门很希望找到这些早期影视资料，便于对社会历史、文化进行研究，一些电影研究人员甚至希望从法国搜集到这方面的材料，但是，直到现在，仍然没有任何乐观的发现。但没有疑问的是，在世界电影诞生不久之后，老挝电影就萌芽了。

第六节　昙花一现的商业电影

第二次世界大战期间的 1940~1945 年，老挝被日本占领。1945 年 10 月 12 日老挝宣布独立。然而，渴求安宁的老挝一直处于动荡之中，1946 年，法国势力卷土重来，老挝的独立运动宣告失败。很快，在 1947 年的 4 月，法国扶持琅勃拉邦国王西萨旺·冯成立了老挝王国，并在王国实行君主立宪制。法国对外虽然声称老挝是法兰西联邦内的独立国家，但仍然牢牢控制着老挝的国防、外交大权。然而，王室的统治并不稳固，主张建立社会主义制度的老挝爱国力量，以苏发努冯亲王为首，在 1950 年组建新老挝伊沙拉，成立寮国抗战政府以抗击法国殖民者，并力图推翻王室统治。

西萨旺·冯塑像　冯晓华 摄

从 1953 年开始，以王室、法国为一方，以老挝人民革命党为一方，其间又有美国秘密战争的介入，老挝进行了长达 22 年的内战。

由于两个政权都有各自不同的政治主张和宣传目的，政治倾向鲜明，因此他们各自制作了迥然不同的新闻宣传片和纪录片。影片制作受到经济发展、资金支持的影响，因此在经济状况较好的王国政府领域内电影的拍摄制作较为活跃。王国政府为巩固王权、美化王室形象，制作了很多王国政府宣传影片和一些关于王室活动的纪录片。这一时期，虽然拍摄政治宣传片是项重要的任务，但由于受到法国的影响，王国政府对商业电影的兴趣很高，扶持力度也较大，尽管仍然受限于情况并不乐观的国家经济。《真假朋友》是具有象征意义的老挝第一部故事影片，由王国政府军队拍摄制作。继这部开山之作以后，第二部故事电影《我们的土地》很快又制作完成。这两部电影被视为老挝商业电影的开端。但现实却是：在这一时期，老挝商业电影的拍摄、运作十分艰难，老挝电影人缺乏拍摄设备，缺乏必要的电影工作场地，什么都需要租借，老挝电影的后期制作都是在泰国完成的。因此，泰国电影对老挝影视的影响一开始就根深蒂固。这一时期拍摄的商业电影从数量和质量上看，在老挝电影的发展史上均达到了一个高度。因为在以后较长的一段时期，直到20世纪末，老挝都没有代表性的商业电影问世。

1954年，法国在奠边府战役中折戟，被迫签署了关于在印度支那地区停战的《日内瓦协议》，承认老挝独立并撤军。然而，老挝并没有因此获得宁静。老挝独立后，美国期望代替法国，在老挝扶植亲美势力，唆使王国政府军队进攻寮国战斗部队，即"巴特寮"①，力图控制老挝。这一时期，老挝国内存在老挝王国政府军、寮国战斗部队、富米·诺萨万军队三股势力；政权交替频繁，先后出现富马为首相的第一次联合政府、萨纳尼空政府、富米政府、文翁政府。1962年，《关于老挝问题的日内瓦协议》签订后，老挝成立以富马亲王（中立）为首相、苏发努冯亲王（左派）与富米（右派）为副首相的第二次联合政府。1964年，美国策动亲美势力破坏联合政府，老挝内战再起。9年后，1973年2月，老挝各方签署了"关于在老挝恢复和平与民族和睦的协定"。

1960~1975年，面临内忧外患的老挝，虽然独立制作的电影不多，但题材却很广泛，主要涉及的题材是爱情、生活、社会现实、古典文学等，如《女孩的命运》《沙拉湾女孩的情思》《深山猛虎》《流浪女的眼泪》《湄公河两岸》《当云雾消失的时候》《伦潘的黑泰人》。这一时期，老挝国内还演出了根据老挝古代长篇史诗《卡拉吉》改编的舞台剧《卡拉吉》和爱情剧《昆鲁与娘蜗》。这些影片或舞台剧没有过多的政治色彩，带有浓厚的商业色彩。

这一时期的王国政府设立了老挝王国电影局，对老挝生产和国外进口的影片进行管理，并支持鼓励建设了多家电影院。截至1974年，老挝建有16家电影院，

---

① 由1956年成立的老挝爱国战线领导，始建于1949年1月20日，1965年10月改名为老挝人民解放军，1982年7月改称老挝人民军。

大部分建在经济较为发达的万象市，而且基本上是私营的。这些电影院的建立，无疑为老挝商业电影的发展奠定了一定的基础。但随着战争的演变和政权的更替，私营影院和制作机构被取消，商业电影没有得到延续和发展，老挝的商业影片，犹如昙花一现，很快消失。

第七节　倾向性鲜明的政治纪录电影

1956～1975年，控制着边远农村山区的老挝爱国战线由于尚未掌握政权，各方面条件十分艰苦，没有经费和机会拍摄商业电影。挤出窘迫的经费，拍摄的电影用于宣传鼓动老挝人反抗君主专制和殖民显然更为重要。因此，老挝爱国战线拍摄的革命题材影片与王国政府影片迥然不同，于是在老挝出现了两种风格、形式完全不同的电影。

老挝国家电影局拷贝库　冯晓华 摄

1956～1975年这一时期，虽然经济窘迫，但老挝爱国战线仍然意识到电影的宣教作用和特殊的感染力，拍摄了反映现实战争、政治斗争，反对王国政府，反抗外来侵略和干涉等主题的电影，以激发老挝人的爱国热情。1956年拍摄的纪录电影《集结在两省交界》，是老挝最早的纪录片。这部纪录电影得到了越南的技术支持和资金援助，主要在华潘（Houaphanh）和丰沙里（Phongsali）两省放映。这一时期的代表作品还有1965年出品的《二十年的革命历程》，1970年出品的《旱季的胜利》及《自由的土地》。创作背景紧贴当时老挝内战的大事件，讲述老挝革命者不屈不挠、坚持斗争的精神，有一定的艺术感染力，成为老挝电影史上革命电影的经典。影片在当时老挝爱国战线控制的解放区引起了强烈的反响。

爱国战线拍摄的这些电影，无论思想形态、创作形式都具有强烈的政治倾向，迥异于王国政府统治区的电影文化和氛围。这一时期，老挝电影的领军人物坎京·班达萨的作品《三个轮子》成为老挝电影的代表作。[①]

在 20 多年的内战中，由于政权、地域的隔阂，两类电影虽然共存，却没有办法形成交流与沟通，都延续了各自的创作方向和态度。从艺术的视角而言，王国政府时期的商业电影受美法的影响，题材较为广泛，表达方式也较为多样，对观众更具吸引力。这一时期，老挝电影由于国内的地缘政治，形成了两条特色鲜明的创作路径，同时这一时期也成为老挝电影历史上不可或缺的特色时期。

第八节　低迷和停滞（1975 年到 20 世纪末）

1974 年 4 月，以富马为首相的第三次联合政府和以苏发努冯为主席的民族政治联合委员会成立。随着印度支那三国抗美战争日趋胜利[②]，老挝爱国战线自 1975 年 5 月开始在老挝开展夺取政权的运动。1975 年 12 月 2 日，老挝人民民主共和国成立，在万象召开的全国代表大会宣布废除君主制，组成以苏发努冯为主席的最高人民议会和以凯山·丰威汉为总理的政府。

建国初期，老挝百废待兴。由于财政紧张，政府无暇顾及国家电影业的发展，更令人惋惜的是，当时新政权相关人员对公有制的理解片面，导致政府既无力发展电影，还盲目取缔了电影制作及发行的私营部门。这对刚刚萌芽、正要开始发展的老挝电影来说，无疑是一次打击。

由此，从 1975 年一直到 20 世纪末，受政策和经济的制约，老挝的电影业陷入了持续 20 多年的低迷和停滞。政府部门制作的影片多数是纪录电影，记录和宣传国家的政治事件和政策，缺乏艺术特色和创新，仅有屈指可数的几部故事片。1975～1985 年，老挝只拍过 1 部故事片《查尔平原的枪声》和 31 部电影新闻纪录片，1996～1999 年所拍摄的影片也很少。

---

① 覃海伦. 2012. 老挝电影发展历程及前景探析. 东南亚纵横，（6）：62-66.
② 印度支那战争，指第二次世界大战结束后，发生在亚洲中南半岛越南、老挝、柬埔寨三国以越南战场为主体的三次局部战争，即支三国 1946 年至 1954 年 7 月的抗法战争、1961 年 5 月至 1973 年 1 月的抗美战争和 1979 年 1 月 7 日到 1989 年 9 月 27 日越南对柬埔寨的军事入侵。国际上将中国的对越自卫反击战视为第三次印度支那战争的一部分。

1976年，老挝文化新闻部下设电影局，对全国的电影生产、发行进行管理，在经济、文化、意识形态等的制约下，这一时期的老挝电影，大多是新政府宣传片和纪录片，如1976年的《全国代表大会》，1980年的《老城的新生活》，1982年的《猎象者的家园》，1985年的《老挝人民民主共和国成立十周年纪念》，1987年的《第四次党代会》《建设国家》等。新政府相关部门拍摄记录了老挝各地的大水灾等自然灾害和社会事件，以视频资料的方式保存。这一时期，除国产纪录片外，老挝主要从苏联和越南进口影片。之前法国殖民当局和老挝王国政府拍摄的影片由于意识形态与新政权有冲突，被禁止放映，而且在当时特定的历史背景和意识形态下，大部分遭到破坏。据老挝电影人回忆，留下来的仅有200部电影，但在1985年万象市突发的大洪水中，遭到了严重损毁。直到了解到这些情况之后，我们才找到了老挝影视诞生时期及内战时期电影资料极度缺乏、难以找到的原因。无限放大、对立的意识形态，摧毁了历史原本应该有的客观记忆。

1983年，老挝拍摄完成了彩色故事片《查尔平原的枪声》，这是老挝建国后摄制的首部电影，由老挝国家电影局与越南政府联合拍摄，于1982年4月11日开拍。这部影片由老挝人宋吉·喷色纳和越南人范祈南共同执导，越南中央电影制片厂提供了5万元人民币的经济援助，29名越南专家对影片的摄制进行了技术援助。由老挝中央话剧团的演员和政府部门的职员出演。影片讲述的是，1958年，在老挝川圹省查尔平原（石缸平原），老挝爱国战线军队的一个排被王国政府军围困，战士们机智战斗，奋勇突围，最后赢得了战争胜利的故事。这部影片拍摄、制作技术不够成熟，意识形态宣传生硬，艺术表现、叙事结构、视听语言都不尽如人意，因此没能引起观众的青睐，市场反应冷淡，甚至连成本都没能收回。

老挝老电影拷贝　冯晓华 摄

1988年，经历5年的打磨，老挝国家电影局决定不再与外界合作，计划独立拍摄故事片《红荷花》，由老挝影视人宋欧·苏提鹏执导，宋欧·苏提鹏在捷克接受过影视正规培训。影片由老挝中央话剧团的演员出演。这部黑白影片，以1972年老挝国内战争为背景，讲述了一个普通老挝家庭在战争中亲人离散的故事，艺术地再现了战争给国家造成的分裂，以及给民族造成的灾难和痛苦，现实感强烈。影片用曲折的叙事、个性的人物塑造，凸显老挝传统习俗和当代价值之间的矛盾，聚焦内战、经济贫困、家庭暴力导致的骨肉分离的悲剧，在视听艺术方面和现实主义价值方面，都引人瞩目。故事是大多数老挝人过去20多年来现实生活的反映，给观影的受众带来了强烈的心灵冲击。影片被译成英语和日语在其他国家上映，直到现在，这部影片仍经常在老挝国家电视台播出。这是老挝独立制作的第一部剧情故事片，深受老挝民众的青睐。同一时期的电影还有越南资助拍摄的《象王桥》等，但影响力较小，票房很少，没有形成影响。

1980~1985年，老挝对国外电影的管制是宽松的，并且从1983年开始，每年进口包括泰国、英国、印度、法国、意大利、美国等国生产的70部外国影片，但是到了1985年，因资金和技术的缺乏，国营电影院无力经营，到了20世纪90年代初，只有寥寥可数的电影院能勉强维持。到了1995~2003年，老挝全国见不到一个专门的电影院。

老挝国家电影局保存的电影资料　冯晓华　摄

这一时期，由于没有国家政策的有力支持，创作资金缺乏，电影作品少有，创作和演艺人才不足，加上老挝经济发展缓慢，电影很难形成观众基础。而且由于这一时期老挝的国家政策限制，没有私营企业的投入和私营电影公司的经营制作，再加上这一时期老挝封闭的国家政策，电影产业缺少国际合作，老挝电影的发展日趋萎靡。1988年，老挝撤销了国家电影局，由国家电影公司对进口的外国电影进行管理。在窘迫的经济条件下，老挝政府没有能力设立电影生产部门，老挝的电影事业停滞不前，陷入沉寂期。

第九节　过渡期的纪录电影（20世纪末至21世纪初）

1991年，老挝人民革命党第五次全国代表大会确定了"有原则的全面革新路线"，提出六项基本原则，包括坚持党的领导和社会主义方向等，同时实行对外开放政策。老挝国家电影资料和视频中心也在这一年成立，开始重视收集保护原有的电影资料，但是仍然主要从事纪录电影的生产制作。遗憾的是，一些历史影视资料的损毁已经无法弥补。

2000年后，老挝电影开始得到恢复和发展。2004年，老挝经济发展的政策转变为计划经济和市场经济并行。这项新政策对老挝的电影业发展产生了很大的影响。私营资本和国际资本逐渐加入老挝的电影行业。与此同时，日本政府向老挝提供了不少影视设备以及技术方面的支持，极大地提高了老挝国家电影资料和视频中心的工作效能。但这些设备一直沿用至今，老挝政府仍然没有能力进行自我更新。

2004年日本政府援助的设备　冯晓华 摄

老挝国家电影资料和视频中心的大部分纪录电影，都是在老挝政府的指示下摄制的，如2001年摄制的《老挝人民革命党第七次全国代表大会》、2002年摄制的《老挝第五届国会选举》。2003年，老挝国家电影资料和视频中心制作了《澜沧王国 650 年纪念》《世界文化遗产瓦普石庙》《古老名城万赛》《孟孔与老挝民族文化》等 8 部纪录片，内容涵盖国家庆典、旅游、时政新闻集锦和健康养生等。同时，汲取经验的老挝国家电影资料和视频中心，也更加重视影视资料的收集留存，对原有的影片进行拷贝，如 1980 年拍摄的《古都琅勃拉邦》、1980 年拍摄的《国家主席苏发努冯》、2000 年拍摄的《老挝人民民主共和国成立 25 周年纪念》等。

第十节　生机重现（21 世纪初期）

当 20 世纪的尾声接近，历经波折的老挝电影业也开始出现了春的迹象。一些具有艺术性的电影创作也开始出现。20 世纪末至 21 世纪初由老挝小说改编的电影引人注意，虽然只有 3 部，但是却给老挝长期停滞不前的电影业注入了一股新的活力。这 3 部电影分别是 1997 年摄制的故事片《魅力森林》、2002 年摄制的故事片《雨后的天空》和 2004 年摄制的故事片《得意忘形》，均由老挝导演维吞·山达拉执导。[①]

电影《雨后的天空》时长 2 小时 28 分，讲述的是老挝留学生西提德刚刚从越南河内本科毕业，就回到万象市的农业部工作的故事。在老挝从事农业基础性的工作，改变家乡的面貌，是西提德一直以来的愿望。但是，西提德从未忘记自己的同学妲丽，在越南河内读书期间，西提德就偷偷写信给妲丽并向她求婚。妲丽也爱上了勤奋朴实的西提德。他们许下了爱情的约定，但是两人天各一方。隔着遥远的距离，妲丽一直帮助着遇到很多困难的西提德……《得意忘形》时长 1 小时 23 分，电影的主人公耿培曾经是一个关心家庭、醉心工作的青年男子，后来他与公司的女秘书相爱，这段办公室恋情，使得这个曾经给予家庭温暖的人在性欲和酒精中迷失了自己。

维吞·山达拉是老挝 20 世纪末 21 世纪初最活跃的电影导演，是那个时期老挝国家电影资料和视频中心的副主任。维吞·山达拉致力于发展老挝电影事业，与中国等国家的影视人交流接触，希望用各种方法提高老挝电影创作水平。他还

[①] 覃海伦. 2012. 老挝电影发展历程及前景探析. 东南亚纵横，（6）：62-66.

积极推动老挝国家电影资料和视频中心吸引国外资金，通过合作促进老挝电影业的发展。2018年，他成为老挝国家电影局局长，经常出席亚洲各类电影节，为老挝电影谋求发展。

第十一节　勃发生机的现实主义电影

进入21世纪，在老挝电影萌发新的生机之后，老挝影视人面对国家及国际形势的巨大变化，表现出了敏锐的创作热情，针对老挝社会现实，他们相继出品了几部反映社会热点问题的电影。他们密切追踪社会现实，并用电影艺术揭示了社会状况，引发了观众热情。

2007年，以老挝当时暴发的禽流感为背景创作公映的《父亲的心肝宝贝》，通过类似纪实的影视语言，展示了禽流感疫情的严峻现实与老挝一些民众因缺乏必要知识而麻木、不以为意之间的鲜明对比。老挝的电影人期待通过镜头反映的残酷现实，引发民众的关注，用来防范疫情对社会生产生活造成更大破坏。影片得到了老挝国家卫生部的资金支持。老挝电影人运用类似纪实的人文创新理念，通过一个个与现实对应的故事情节，结合恰当的影视语言，呈现出一部现实意义强烈的影片，同时这部影片还是一部公益宣传类的影片，在老挝全国免费公映。这些影视创作理念、技术方面的变化，改变了老挝人对国产纪录电影刻板宣传的固有认识。

在老挝独立建国以来的很长一段时间，老挝民众对老挝电影的印象是程序化的、呆板的、灌输式的说教，你说我听，缺乏情感的共鸣，观众与银幕之间隔着的不仅仅是几米或几十米的观影距离，而是无法共情的万水千山。老挝观众的注意力，也因此更多地转向了更具人文性和娱乐性的泰国电影。《父亲的心肝宝贝》改变了1975年以来大多数影片的创作模式和思路，加入了人文情节，做主题宣传时，运用了讲故事的手法，再加上国家相关部门的大力宣传，影片的收视率和宣传效果都取得了不错的成绩。接地气的叙事，让老挝民众体会到了国家的关怀，理解了政府为使民众避免受到更大伤害所做出的努力，因此愿意接受国家的防疫措施和指导，国家解决了防疫措施的推广、实施问题。这部影片，也让老挝民众燃起了对国产影片的兴趣。

《父亲的心肝宝贝》是老挝电影发展当中很重要的一个节点，这部影片相当于2012年中国的美食纪录片《舌尖上的中国》。《舌尖上的中国》的出现，刷新了中国人对纪录片的认识，引发了中国民众对纪录片的关注和观看热情，自此之后，中国的纪录片形成了越来越稳定的观众基础。《父亲的心肝宝贝》也让沉寂了20多年的老挝电影重新提升了民众关注国产电影的热情，改变了老挝民众对国产电影的刻板认识，同时也启发了老挝电影人的创作思路。另外非常有意义的一点是，在影视表达上，《父亲的心肝宝贝》重启了长久以来老挝纪录电影缺乏的艺术性和人文性。

同一时期上映的现实主义题材影片《生活的教训》，以时有发生的拐卖妇女儿童案件为背景，通过一个个故事，告诫淳朴的老挝民众不能轻信人贩子的花言巧语，警惕盲目崇尚国外的生活方式，而跌入人口拐卖的陷阱。影片同时鼓励人们在自己的家园自立自强，用智慧和勤劳创造出属于自己的幸福生活。《生活的教训》播出后，其中生动的现实场景、取材于现实又高度凝练的故事，获得了良好的社会反响。

现实主义电影是电影创作中的一个重要分支。它展现现实社会生活，批判社会不良现象，运用简洁的电影语言，艺术地还原本真的世界。现实主义电影就是要让现实生活中的各种社会现象，通过影片的故事和艺术表达，反映到观众心中，让观众与影片浮现的情感、理念产生共鸣，感受社会的发展、变化、问题和希望。老挝为数不多的现实主义电影，体现了对现实社会的观照，同时具有人文关怀和一定的创作艺术水准，是宣传，更是一种润物无声的浸润，不是灌输，而是牵引和吸引。所以在公益的基础上，这些影片获得了老挝观众的喜爱。老挝目前正处于社会发展、变化较为快速的时期，紧扣现实，讲述基于现实的故事，是吸引老挝人关注本土电影的一个重要引擎。

任何一部好电影，都需要电影人在深入现实、了解现实、理解观众的精神及心理需求、提升现实理想的基础上架构好故事，在技术上不断创出新招，在审美上追求永恒的艺术。融人文性、艺术性、新颖性于一体，才是电影吸引人，具有永久魅力的关键。不论是虚构的，还是现实主义的影片，都要真诚，故事要动人，尤其是在喜欢大团圆的亚洲文化圈，影片结尾还要有希望，这才是讲好影视故事、吸引观众的不二法宝。

第十二节　电影业的希望

2008年，老挝政府重新设立国家电影局，隶属于老挝新闻文化旅游部。政府开始放松对电影产业经营的管制，开始允许国家以外的实体和个人投资拍摄电影，老挝的电影事业希望重燃。

老挝国家电影局　冯晓华　摄

2008~2011年，老挝和泰国影视人合作摄制了被称为"爱在老挝三部曲"的影片，包括《你好，琅勃拉邦》、《巴色没有答案》和《老挝婚礼》。自电影诞生以来，泰国影视对老挝电影就有着密切的影响。泰国和老挝因为语言、民俗相近，地域相连，在沟通交流上有天然的优势。同时泰国作为东南亚各国中首先接触电影的国家之一，有着独立制作、探索电影的较长历史，加上泰国是东南亚国家中经济发展最快的国家之一，电影发展积淀深厚，电影艺术方面建树较多，因此一直是东南亚各国电影产业中的领跑者。泰国电影人制作了大量的影视作品，内容丰富，很受东南亚受众的青睐。在20世纪80年代，泰国年均生产故事片曾经高达300多部，不仅领跑东南亚，还远远超过同时期的中国。同时泰国电影人不断探索，20世纪90年代后半期，泰国电影界掀起了"新浪潮"运动，在电影拍摄手法上强调紧跟影视科技潮流，积极利用先进的影视、美工技术，增强美术设计和摄影的艺术性、创新性；在内容上展现泰国独特的民族文化，并以商业化的时尚包装发行。在东南亚，泰国的电影影响力持久，尤其是对仅一河之隔、文化习俗相近的老挝来说，泰国影视文化方面的影响更是深远。老挝的电影院及银幕数量有限，但老挝60%的家庭拥有电视，老挝人收看的电视节目以泰国的节目为主，包括通过电视转播的电影，已经形成收视习惯和观众基础。因此老挝电影的创作手法、艺术展现样式都更多地倾向于借鉴泰国电影的模式。2000年后，泰国电影更是取得了新的发展，甚至在世界也有了一定的声誉和影响。老挝电影人与泰国电影人合作，不存在交流和文化的障碍，是快速学习建立自己电影创作模式的一条有效途径。随着外部资本和民间资本的加入，老挝电影也开始走市场化的道路。

2008年出品的三部曲之一——《你好，琅勃拉邦》，是老挝非官方投资的第一部电影。影片由泰国、老挝两国的电影人联手执导，由老挝艺术传媒公司和泰国私营电影制片商斯巴达公司合作共同拍摄。同时它也是1975年老挝独立建国以来，老挝电影人与外国机构首部合作拍摄的电影，因此在老挝电影发展史上具有重要意义。影片讲述的是一个集风物与爱情于一体的故事：一名老挝裔澳大利亚摄影记者，在执行老挝采风拍摄任务时，遇见并爱上了一位美丽的老挝导游。影片开头就是富有东南亚韵味的喜剧式相遇，带有轻喜剧的风格和略微曲折的戏剧性。影片以两人在采风拍摄中，由误会、相识到相爱的过程为主线，将老挝绮丽的自然风光、人文风貌作为摄影元素，并使之贯穿始终，如有殖民地时期的法式古楼、盛大又带有强烈民族风味的老式婚宴、老挝南部潮湿温润的雨林和朴实无华的传统民风……影片将浪漫的情感与对家国的眷念，恰当地融合到电影中，吸引了大批老挝影迷。影片观照了老挝人内敛的性格特征，故事的表现手法与传统的泰国电影不同，影片中弥漫着欲说还休、朦胧的爱情氛围，淡雅清新而又掀起人内心的点点涟漪，女主人公娴美而矜持，男主人公懵懂而阳光，故事情节虽简单但动人，与泰国爱情电影类型片三翻四抖、曲折折腾的情节和直接热情的情感表达相比，形成不同风格。影片更多地展现了老挝电影人的意图，在这部老泰首部合作的电影中要表达的不仅是浪漫的爱情，更重要的是展现老挝的自然风光，展现老挝人质朴善良的品质和诚信、内敛的性格，展现老挝世外桃源般的生活画卷，提升老挝的国家形象。

《你好，琅勃拉邦》开启了老挝现代商业电影的进程。《你好，琅勃拉邦》由泰国导演萨克猜·迪南、老挝导演斯里萨柯达联合执导，片长90分钟，影片有泰语和老挝语两种语言。电影于2008年6月5日首映。这个浪漫的故事是这样展开的：职业摄影师颂是老挝和澳大利亚的混血儿，他的父亲是老挝人，从颂记事起父亲就常常给他讲述老挝的风土人情，而颂却一直没有到过老挝，但他也并不在意。一天，颂任职的杂志社派他去老挝拍摄。颂不情愿地来到老挝，并聘请了当地导游内带他去游览老挝和协助拍摄。内是第一次做导游，所以经常迷路。在旅程中，颂探访了十多年没有联系，仍住在老挝的亲戚。曲折的拍摄旅程不仅让颂逐渐对内产生了爱意，最终也让颂逐渐了解了自己的国家，终于与老挝融合在一起。

导演迪南和斯里萨柯达数次耐心与老挝政府部门沟通，接受了政府的意见，对故事情节做了调整，删去了部分具有争议性的情节。之后一位老挝政府的官员参与了拍摄，最终双方融洽地完成了这次老挝影视史上历史性的合作，影片也获得了良好的社会反响和经济效益。

泰国导演迪南曾经来过老挝，在当地恋上一名女子，这段经历成为迪南执导《你好，琅勃拉邦》的灵感来源。第一次国际合作经历了很多值得回忆的历程。迪南曾在拍摄之前一年，就将剧本交给了老挝政府，在他们做出部分修改后才打开了在老挝拍摄电影的绿灯。影片的男主角曾经透露，电影本来讲述的是一名泰国男孩爱上一名老挝女孩的故事，但老挝政府认为两个主要角色均需代表老挝，所以导演将男主角的身份由泰国人变为老澳混血的老挝人。老挝导演斯里萨柯达说，电影旨在呈现老挝文化，并展示老挝美丽的风景和城市，电影主要想通过影片打开泰国电影市场，同时提高老挝著名城市琅勃拉邦的知名度。就像很多国家发展初期的电影业一样，拍摄这部电影时也遇到了资金问题，剧组的一名监制还抵押了自己的房产。因为拥有老挝血统，男主角阿南达自荐参演了这部电影，女主角是老挝演员卡姆丽·菲拉旺。《你好，琅勃拉邦》是一部小制作电影，资金不足，并没有搭建场景，需要很多真实场景，所以，这支国际摄影队需要经常叩门，向民居请求拍摄许可。这种君子之风，使拍摄团队每到一处，都成为当地的重要事件，无心插柳柳成荫，很好地宣传了影片。

从1975年老挝人民民主共和国成立至这部电影上映之前，老挝拍摄过的影片大部分是宣传电影和爱国电影。虽然出现了几部密切追踪反映社会热点问题的电影，但还是以宣传影片为主。《你好，琅勃拉邦》这部影片不仅仅打开了老挝影视视角，拓展了老挝影视题材，电影开始关注国家政治宣传、革命故事以外的人文故事，而且是开启老挝现代商业电影模式的起点。至此之后，老挝的电影虽然没有像泰国、印度尼西亚、新加坡一样快速发展，但已进入了一个多类型电影创作的时代。《你好，琅勃拉邦》上映后，英国《独立报》的一篇文章认为，老挝政府允许这部电影拍摄,有助于发展老挝的电影业,并增加国家的收入。影片前期与老挝政府的不断交流和沟通,影视创作人员不断加深对老挝社会文化的理解,剧本的数次打磨、修改,也为影片的成功埋下了伏笔。《你好,琅勃拉邦》是一个开放式的结局,对两个主人公的爱情结果没有明确交代,为三部曲的第二部作品埋下了伏笔。

2010 年,迪南导演的老挝电影三部曲中的第二部——《巴色没有答案》与观众见面,导演迪南集编剧与导演于一身创作了这部新片。泰国 SL 电影公司(SL Film)发行了这部影片。片长 99 分钟,男主演为雷·麦克唐纳,女主演依旧为老挝女演员卡姆丽·菲拉旺。影片有老挝语、泰语两种语言,于 2010 年 9 月首映。影片故事发生在老挝南部热带地区、具有法式风情的巴色。故事情节比《你好,琅勃拉邦》更为简单,讲述一名泰国摄影师到老挝巴色参加朋友的婚礼,并为新人拍摄婚庆照片和视频,在婚礼过程中认识了新郎新娘的朋友,二人互生情愫,由此开启了一段浪漫爱情的故事。《巴色没有答案》仍然没有明确交代两位主人公的爱情归宿,开放式的结尾又给三部曲的第三部埋下了伏笔。

2011 年下半年,三部曲的第三部《老挝婚礼》创作完成,依然由迪南导演,并且由前两部的女主角扮演者卡姆丽·菲拉旺领衔主演。前两部的男主角扮演者分别是阿南达、麦克唐纳,第三部则请来了《爱 4 狂潮》的主演帕贡·查博里拉。该片时长 76 分钟,分为老挝语、泰语版本,2011 年 6 月 2 日在泰国首映。影片讲述了杂志专栏作家谢恩半年前在老挝工作,认识并爱上了老挝女孩菁,在回泰国前,谢恩答应菁会再回来。但当谢恩再次去老挝时,却听说菁准备结婚了。就在此时,谢恩的前女友也来到老挝。三人相遇后发生了一系列戏剧性的事件,男主人公克服重重障碍,放弃了泰国相对优越的生活条件,追随心爱的人来到老挝定居,两个相知相爱的有情人最终走到了一起。

三部曲讲述了三段温馨的爱情故事,每一部影片中都蕴含着老挝的真实生活、真实场景,而泰国文化元素潜藏在这些真实的生活细节中,让观众看上去亲切自然,舒缓的叙事在真实熟悉的生活场景中展开,取得了很好的移情效果。三部电影圆满演绎了男女主人公相识相爱、矛盾冲突以及幸福浪漫的爱情,而泰国电影的浪漫主义与老挝电影要委婉表现的家国情怀也圆满地融合在一起,老挝和泰国合作的第一部影片在老挝电影史上留下了浓重的一笔。

2016 年 4 月 25 日,在庆祝中国、老挝建交 55 周年之际,由青年电影制片厂、上海八合资产管理有限公司、中视亚太（北京）国际文化传媒有限公司联合出品的中老合作电影《占芭花开》启动。这是中老两国合作的第一部电影。2018年2月4日、2019年1月18日，《占芭花开》分别在老挝、中国上映。《占芭花开》以两段、两代跨国恋情为线索，展现了人性的大爱、大美，讲述了付出与坚守的爱情故事。拍摄地分别在中国、老挝，以及泰国，观众在戏中可以看到两大神秘地域风光，感受别样的琅勃拉邦与金三角。该影片为观众展现了老挝美丽迷人的自然、历史和文化旅游风光，通过人物故事表现了中老两国的友谊。

可惜的是，中老两国第一次合作的影片不尽如人意，在两国播映后反响平平。《占芭花开》讲述的是中老两国人物的故事，但缺乏老挝人关注的视点，以及缺乏与老挝观众沟通的讲述方式。从内容和形式上看缺少了两国文化、习俗的真正交融，只有老挝的框架背景，而无特色的细节，很难让人产生共情、移情，作品讲究了主题的上扬，却缺少了落地的细节与真实。不了解、不贴近老挝的现实，很难创作出同时具有两国文化特色的作品。反观老挝和泰国合作的影片，是两国电影人相互交流，不断打磨后的结果，中老两国的合作，在影视创作上，就缺少了老挝电影人切实参与、交流的身影。中老两国的影视合作，应该相互了解，深入交流，平等沟通，充分理解彼此的习俗、历史，才能达到文化的互融，从而创作出有质量的作品，引发两国观众的共鸣。

老挝电影业在各种国际交流合作中，呈现出了希望。一些合作影片的成功，让老挝的商业影片重新开启，催生了电影新机制的进一步完善和实施，也带动了老挝电影类型片的发展。

第十三节　不同风格的导演和多种类型片

与世界其他地区相比，老挝每年仅生产一到两部电影，电影业的发展速度缓慢，但是已经出现了多种类型片和不同风格的导演。20世纪中期，老挝还在用16毫米电影放映机播放黑白电影，放的大多数是在战争时期意义重大的新闻宣传片。20世纪60年代及70年代初期，可以说是老挝商业电影的萌芽时期。老挝大城市出现了多家电影院，引进国外电影，促进了老挝配音行业的发展。可惜的是，由于政权更迭、政策改变，这一萌芽尚未舒展就夭折了。

在 1975 年老挝人民民主共和国成立后，老挝设立了国家电影局，创建了电影制作工厂，很多留学归来的导演和电影技术人员，成为老挝电影制作行业的先驱，在国家支持下制作了一些电影，如由老挝人宋吉·喷色纳和越南人范祈南共同执导的《查尔平原的枪声》和由宋欧·苏提鹏导演的《红荷花》。虽然出现了波折和二十多年的停滞，2008 年老挝政府重新设立国家电影局之后，政府的鼓励政策，给私营电影制作公司和国内外影视创作的合作创造了机会和条件，老挝电影业开始萌发新的生机。有评论说：老挝本土电影业的荒芜景象从 2009 年万象国际电影节的举办开始改观。万象国际电影节一开始主要呈现海外影片，但后来逐渐有国内年轻导演提交蕴含希望与才华的作品。

老挝艺术传媒公司就是 2008 年后新政策的产物，该公司制作了多部影片，如 2006 年的《生活的教训》及 2007 年的《父亲的心肝宝贝》。这两部影片都是由斯里萨柯达导演的，之后老挝电影打开国门，开启了与国外的影视机构的合作。2008 年的《你好，琅勃拉邦》、2010 年的喜剧《巴色没有答案》及 2011 年的《老挝婚礼》，这三部影片构成了"爱在老挝三部曲"。之后的每一年，直到现在老挝都会有一至两部电影完成制作，如 2010 年的《只有爱》、2011 年的《迷失在城市》、2013 年的《浮现脑海》等。

"爱在老挝三部曲"和同期上映的《只有爱》，是老挝纯故事情节电影，与此不同的是，老挝导演阿尼赛·乔拉想打造另一种老挝电影模式：老挝的动作电影。他说自己不只是讲述故事，而是要开创一个不同以往的老挝电影形式，这就是叫老挝新浪影业公司的原因"[①]2011 年 6 月，老挝新浪影业公司（Lao New Wave Cinema）开启了一项新计划：计划用 5 个月的时间拍摄《在地平线上》。故事表述的是善与恶的对立，融入了商业电影的暴力、死亡、愤怒、痛苦、仇杀等诸多元素。这部影片缺乏投资方，只有一些微小的赞助，为了节约经费，摄制组仅用了 10 个人，赞助只够支付拍摄期间的吃住费用以及演员的酬劳，挑选的演员也没有经过专业的训练。这让我们想到亚洲电影大国印度的电影发展的初期，很多甘于冒险又热情的印度电影人，也是以一己之力，在摸索中开拓了印度电影的未来。

《火箭》是一部老挝和澳大利亚合拍的成长类型的剧情影片，以儿童为主角，

---

① 覃海伦. 2012. 老挝电影发展历程及前景探析. 东南亚纵横，（6）：62-66.

导演是澳大利亚的金·莫丹特，编剧是金·莫丹特和老挝的米罗·比尔布罗，片长 96 分钟，用老挝语对白。2013 年 8 月 29 日在澳大利亚首映。这部电影获得第 63 届柏林国际电影节最佳电影处女作奖，是老挝电影首次在重要的国际电影节获奖。柏林国际电影节创立于 1951 年，以突出文艺色彩和鼓励新人新作著称，与戛纳国际电影节、威尼斯国际电影节并称为"欧洲三大电影节"。第 63 届柏林国际电影节于 2013 年 2 月 7 日开幕，中国著名导演王家卫担任此届柏林国际电影节评审团主席，他执导的影片《一代宗师》成为开幕片。在 2014 年第 4 届北京国际电影节上，《火箭》还获得最佳视觉效果奖。

《火箭》呈现了东南亚独特的自然风光，带有魔幻色彩，仅凭这些，就令人神往了。内容表现广泛：传统、风俗、迷信、咒语、祭祀、现代、文明、迁徙、希望……这是一部充满寓意的电影。《火箭》讲述一个老挝男孩和家人、伙伴一起穿越被战争蹂躏的土地，去参加火箭节比赛的故事。影片的主人公阿罗从出生起就被人认为身带诅咒，他一出生双胞胎弟弟就胎死腹中，继而妈妈又在帮助他的过程中意外去世，顽皮的阿罗甚至害得全村人不得安宁而搬走……其实他只不过是一个顽皮少年，在与家人迁徙到临时村落集合后遭到了各种排挤。在朋友基亚和基亚叔叔的帮助下，阿罗最终用土制的火箭，以自己的聪明和勇气赢得一年一度火箭节比赛的胜利，得到了 10 亿基普的奖金和一片土地。《火箭》具有相当的艺术力量和制作水准，是一部由小人物命运架构起来的宏大叙事的类型片，导演赋予了它独特的视角和无与伦比的叙事真诚。因为真诚，会让人感到有一种纪录片的质感，透过真实的人物面貌和逼真的社会环境，毫不费力，就能看到历史，看到政治，看到命运。主人公阿罗的故事凸显出了影片的思考：在新文明撕裂旧文明的时代阵痛中，一个天真无邪、势单力薄的孩子，如何孤军奋战，找到希望。

这部澳大利亚和老挝合作的影片，也是两国电影人深度合作的结果。导演是澳大利亚的影视人，编剧是老挝影视人。这样的合作模式，使得影片有了欧美电影的艺术表达和创意，并有了独具老挝特色的故事内容。而且与老挝的现实社会生活紧密相连，不仅赢得了老挝人的关注，也引起了世界各国对老挝电影的首次关注。老挝的影视人，也在一部部影片的合作中，提升了制作经验和电影故事讲述能力。

第十四节　老挝第一位女导演

2012年由老挝导演马蒂·多制作了影片 Chanthaly，该影片在中国香港放映时翻译为《阴阳界》，中国内地译制为《唤影》。这是一部很受老挝和东南亚观众欢迎的电影。也是老挝拍摄的第一部剧情类恐怖电影。

导演马蒂·多出生在洛杉矶，是老挝首位女导演，也是老挝首位恐怖片导演。她就是老挝国家电影局副局长给我们介绍的、影片唯一获得了收益的老挝导演。出生在美国洛杉矶的马蒂·多，最初在欧美的一些电影厂担任化妆师，就是在片场，而不是在电影学院，她很快学到了电影的很多创作手法，并于2010年回到老挝，开始拍摄电影。

这是一个令人意外的消息，因为在世界电影界，每一个国家在电影发展的初期，很少有女性导演是受到青睐和关注的，除了20世纪三四十年代德国的女导演莱妮·里芬斯塔尔。[①]尽管莱妮·里芬斯塔尔是一位十分有争议的导演，但史蒂文·斯皮尔伯格[②]在电影的艺术表达上十分推崇莱妮·里芬斯塔尔，老挝裔女导演马蒂·多面临很多争议，但也得到了老挝电影人和观众的青睐。

《唤影》片长98分钟，语言为老挝语。这是老挝影视史上首部完全在老挝本土创作的恐怖片。讲述的是自小被单亲爸爸养大的卓灵，经常感到母亲阴魂不散，似乎尚有未了的心事。由于卓灵有遗传性的心脏病，需要服药医治，但是服药好转之后，她就再也感觉不到母亲的存在，幻觉便从此消失。为了寻找母亲的死亡真相，卓灵必须做出选择，是否要以自己的健康，换取再次感召母亲的可能⋯⋯

马蒂·多认为，西方人对老挝的普遍印象是国家很穷，经济社会发展缓慢，老百姓在乡村过着简单的田园生活，村里女人都是一头黑发，性格恭顺淳朴⋯⋯但这不符合现实。马蒂·多希望在自己的电影里塑造真实的老挝。她把恐怖片视

---

① 莱妮·里芬斯塔尔（1902—2003），出生于德国柏林，德国女演员、导演、编剧、制作人、摄影师。1926年，主演个人首部电影《圣山》。1932年，自导自演个人第一部电影《蓝光》。1933年，执导纪录片《信仰的胜利》。1935年，执导纪录片《意志的胜利》，影片入围第3届威尼斯国际电影节墨索里尼杯最佳国际电影奖。1938年，执导关于1936年柏林奥运会的纪录片《奥林匹亚》，该片获得第6届威尼斯国际电影节墨索里尼杯最佳影片奖。1945年，第二次世界大战结束后，里芬斯塔尔因为涉嫌与纳粹牵连，数度被送进监狱。

② 史蒂文·斯皮尔伯格，1946年12月18日出生于美国俄亥俄州辛辛那提市，美籍犹太裔著名导演、编剧、制片人。代表作《大白鲨》《外星人E.T.》《拯救大兵瑞恩》《头号玩家》等。

为向全球观众传达自己信息的有效媒介，认为恐怖片不受观众文化背景的影响。

恐怖片可以说是最贴近电影艺术特性的电影类型片。运用视听语言来讲各种故事是电影的特性，一个精彩故事就需要通过视听语言、叙事结构等来制造符合逻辑的悬念，而悬念、扣子才能使观众欲罢不能，从而产生强烈的期待。阿尔弗雷德·希区柯克[1]首先发现了悬念对于电影语言的决定性意义，他对蒙太奇等电影语言的运用和研究，极具才华和创造力，对世界电影人影响深远。一些世界级电影大师，如美国导演斯坦利·库布里克等，对恐怖片都情有独钟，死亡、黑暗、孤独、无助等等，这些都成为恐怖电影追踪的元素。大师们借助恐怖片这种电影类型，通过追踪、艺术展现恐怖因素，来不断摸索、挑战影视语言创作、表达的极限。电影通过视听语言营造的有别于现实，又近似于现实的恐怖场景，释放出潜藏在观众内心深处的恐惧、焦虑和不安，这些是人类共同的情绪和情感。在引发观众好奇心、兴趣和宣泄情绪的同时，又可能成为一副安慰剂。这就是马蒂·多认为恐怖片不受观众文化背景影响的原因。

2016年，马蒂·多通过众筹的方式，为自己第二部长篇作品《鬼姐姐》筹到4万美元资金。《鬼姐姐》片长101分钟，译制为四种语言：老挝语、爱沙尼亚语、英语和泰语。2016年9月25日在美国首映。据日本《日经亚洲评论》网站2016年4月17日报道[2]：这个东南亚国家近期涌现出一批新生代导演，他们制作的电影正在吸引世界的目光。许多年轻导演在国外学习电影制作手法，然后返回老挝开创事业。报道称，《鬼姐姐》这部影片至少在全球36个电影节上映，在泰国甚至成为票房赢家。2017年，《鬼姐姐》成为首部选送奥斯卡奖评选的老挝电影。

《鬼姐姐》这部恐怖惊悚片，讲的是一个乡村女孩到万象照顾患眼疾的表姐的故事。表姐很富有，但视力越来越差，最终失明。乡村女孩后来发现，表姐能够从死人那里获知彩票中奖号码，故事情节便立刻紧张起来。

马蒂·多的灵感来自数个她幼时听过的老挝"传说"。那就是亲人离世后，当事人会梦见被蛇和猴子攻击，然后奇异的梦境会转化为一连串神秘的数字，成为乐透的中奖号码。有意思的是，马蒂·多并没有像一些东南亚国家的导演那样，

---

[1] 阿尔弗雷德·希区柯克（1899—1980），出生于英国伦敦，世界著名导演、编剧、制片人、演员，拥有英国和美国双重国籍。代表作《蝴蝶梦》《后窗》等。有着"世界电影技术专家"和"技巧百宝箱"之称。

[2] 引自2018年4月19日《参考消息》。

把这充满迷信色彩的乡间故事无限放大，用色情、落后、封闭等猎奇元素去包装，以满足老挝以外的世界的充满好奇的窥视癖。相反，她用了一种极其平淡的手法去描绘从穷乡僻壤来到繁华首都的女孩，面对金钱时的自我迷失。

嫁给西方人摆脱贫困，这种观点在东南亚极其普遍，而女主角的患有眼疾的表姐，正是"异邦"通婚的幸福典范：住在豪华别墅里，管家、花匠、女佣一个都不少，丈夫虽然借助 NGO 项目敛财，但无时无刻不显露出对妻子的关心与爱，风度翩翩又没有染指其他女性的意图，这或许不是一个真实存在的人物，而是被贫困折磨太久的老挝女性潜意识中不断美化的"白马王子"。

女主角无意中发现被鬼魂折磨的表姐，能带给她幸运中奖的"乐透号码"，这样的飞来横财，既不用出卖色相肉体，也无须铤而走险。女主角终于换掉了那件刚来时连"apple"的 a 字母都已模糊的破旧粉红上衣，换了最新款的智能手机，兴奋地告诉男友她有钱解决家里的问题，同时也从刚来时处处被佣人排挤欺凌，转变为仅次于女主人的人，幸福一下子就降临了。当她希望像表姐一样通过结婚彻底告别贫穷时，一切开始逆转，她色诱表姐夫的同事被拒，表姐的眼疾渐渐好转，通灵幸运号码也逐渐消失了，一切开始偏离预想的轨道。故事在她凶残地举起手中利刃时突然结束。不知何时出现的鬼或许可怕，但常驻心间的鬼才是最致命的，当邪念涌现，欲望无法填平，灵魂和善良被吞噬，人和鬼已没有区别。

《鬼姐姐》的影像并不算太出色，反倒是音效营造出扰人的焦虑感，女性导演细腻独特的视角，让恐惧不再依靠单一的尖叫、追逐或血腥来营造，那种发自内心的挣扎与不安折射在现实世界的层次感，让观众真正从内心感到了惊悚……

马蒂·多导演的《鬼姐姐》，提高了老挝电影在国际上的知名度。让世界电影人开始对老挝电影投入了更多关切。她是老挝电影史上的第一位女导演，也是老挝电影史上第一位获得了票房收益的导演。

此外还有老挝新浪影业公司出品的由安尼赛·凯奥拉导演的《地平线》（2012 年），以及唐帕·鲁玛德导演的《胡克·奥姆·卢姆》（2013 年）。老挝国家电影局在制定鼓励政策的同时，还参与制作了一些影片，如 2011 年由坎波·万农导演的《等候从军》及一些其他的影片。2008 年后，老挝在电影领域的国际合作也逐渐增多，与泰国、澳大利亚、中国都有合作。老挝当代的导演大多有留学欧美、中国、俄罗斯的经历，尽管人数很少。他们也开始回到老挝进行电影的实践创作，但老挝电影产业仍未形成，未来老挝的电影之路，仍然很长。

第十五节　沟通、影响的纽带：电影节和影视交流活动

一、东南亚电影业的抱团发展

东南亚国家在 19 世纪末 20 世纪初期大多处于英法殖民中，产生于欧洲的电影，因此较早地被殖民政府或欧美电影人带入了这一地区。类似于亚洲绝大多数国家，最初进入东南亚各国的电影，都带有或浓或淡的殖民地色彩，尽管如此，喜欢听故事是人类的天性，大多数国家的老百姓还是被电影这一会运动的图画、新奇的事物所吸引，因此，电影在进入东南亚之后，很快成为各国人们青睐的娱乐方式。早在 20 世纪二三十年代，东南亚各国电影人都曾经尝试、努力建立自己的电影工业。在这一时期，缅甸、菲律宾、印度尼西亚曾经是东南亚民族电影发展第一轮热潮的领跑者。不过很快，面对来自欧美文化、好莱坞电影等外部力量的压力，东南亚影视人意识到自身经济、文化力量有限。面对困境，东南亚各国审时度势，团结起来，东南亚成为最早萌发电影抱团发展意识的区域之一。

早期电影节的创建，是一个国家或地区的电影发展思路的体现。世界电影发展进程中，电影节的创建大多数以单个国家为主体，但是，东南亚各国却联合创建了两大特色明显的区域性电影节——亚太电影节和东盟电影节。通过早期创办的电影节，在同一文化圈、相同文化语境的基础上，东南亚国家之间的影视形成了较强的交流、互鉴的沟通纽带，尤其是中南半岛上影视产业发展较快的泰国，对区域内其他国家的影视发展，在一定时期形成很大的影响，特别是对文化语言相近、与其山水相连的老挝，即便在 1997 年以前，老挝还未加入东盟国家的行列，但地缘关系已经深深影响了老挝，尤其是电影业。

1954 年创建的亚太电影节是全球最早建立的区域性国际电影节之一。初创时曾被称为"东南亚电影节""亚洲电影节"，由印度尼西亚、菲律宾、马来西亚、新加坡、泰国、日本等创建。在亚洲电影史上，亚太电影节是最悠久的华语、亚系语言电影区域国际电影节，旨在促进亚太地区电影的交流发展及文化合作。创建亚太电影节的印度尼西亚、菲律宾、马来西亚、新加坡、泰国也是东盟的创始国，因此电影节具有拓展外交、文化、艺术、教育、观光、经贸交流的功能，也

是亚洲及太平洋地区电影行业历史悠久、具有一定影响的电影艺术交流与培养电影人才的重要节展。

亚太电影节每年举行一届，在东盟成员国间轮流举行，主要展映亚洲及太平洋地区的影片，通过电影在亚太地区的传播、交流和互动，提高亚太地区的电影艺术水准，促进国家地区间的友好合作及发展。电影节联盟现包括台北、曼谷、孟买、河内、香港、雅加达、吉隆坡、科威特、马尼拉、莫斯科、首尔、新加坡市、悉尼、塔什干、第比利斯、德黑兰、东京及惠灵顿等22个会员城市。老挝虽然没有加入，但这一以东南亚国家为主的电影节依然对它产生着较大的影响。在东南亚地区，除了亚太电影节，还有另一个特色鲜明的区域性电影节——东盟电影节。

东盟成立于1967年，下设文化与信息委员会（Committee for Culture and Information），为了促进区域经济文化合作，决定筹建东盟电影节（ASEAN Film Festival）。1971年东盟电影节创立。这是一个商讨制片、发行、放映、人才培养、技术开发、产业拓展等问题，非营利、非评奖的节展，要求共同维护东盟成员国利益。共同维护东盟成员国影视发展的利益某种程度上可看作是区域电影发展的"纲领"。1996年7月，第29届东盟外长会议正式接受了老挝关于1997年加入东盟的申请。1997年7月底，老挝正式加入东盟。老挝的电影业，也与东盟各国电影业有了更紧密的交流。

目前东盟内部电影发展各有千秋，还不平衡，但大致分为两个梯队。第一梯队已经有了一定的电影工业基础，包括泰国、印度尼西亚、马来西亚、新加坡、菲律宾、越南这几个电影业发展较好的国家。第二梯队有老挝、柬埔寨、缅甸、文莱，这几个国家电影事业发展曲折或缓慢，属于重新起步的国家。但两个梯队都有一批电影人的作品能在国际上崭露头角，使得东南亚各个国家的电影都能创造出自己的特色。东南亚国家通过电影节建起的联盟，让这一区域的电影业及电影人相互之间凝聚力增强，同时在内容和艺术创作上也出现了独特的风采、鲜明的特性。电影节也更加紧密地把东南亚国家的电影业联合在一起。

参与这些区域性明显、历史悠久的电影节，也是其他地区的电影文化实现与东南亚电影文化沟通交流的一个途径。2017年，为庆祝东盟成立50周年，由中国-东盟中心倡议，中国东盟协会和中国国家新闻出版广电总局共同主办了2017

中国-东盟电影节。2017年12月2日晚,中国-东盟电影节在马来西亚行政首都普特拉贾亚开幕,来自中国和东盟10国的数百位政府和电影界人士出席,有中国和东盟10国的共29部影片参展,代表中国参加电影节展映的有《战狼2》和《解救吾先生》等7部电影。《战狼2》获得中国-东盟电影节最佳影片奖。这也是中国电影第一次通过电影节与东南亚国家的电影进行的深度交流。

二、无影院之城的电影节

2008年老挝实施新的电影管理政策后,在一批老挝影视人的推动下,老挝国内相关部门先后举办了万象国际电影节、琅勃拉邦国际电影节等影视节展,通过电影节的举办,打开了老挝影视与国际影视接触、交流的窗口。琅勃拉邦国际电影节是老挝境内举办的最有影响力的国际电影节,表明了老挝电影融入国际的决心。在老挝,处于国家北部的琅勃拉邦,是一个极具魅力的城市。它精致古典,两条河流穿城而过,树荫浓密,数百座各具特色的佛寺和19世纪的法式建筑掩映其中,令人神往。

琅勃拉邦夜晚　冯晓华　摄

琅勃拉邦位于湄公河上游,是老挝琅勃拉邦省的首府,琅勃拉邦是一个文化底蕴深厚的美丽小城,市内名胜古迹有帕维逊摩诃维汉寺、玛莫塔、金塔山和王宫等,有数百座具有保存价值的古老建筑物。2008年,一位纽约背包客加布里埃尔·库珀曼来到这里,东方的小城琅勃拉邦,一下子就把这个美国牛仔迷住了:这是个具备诞生无数传奇浪漫故事条件的地方,这似乎是梦幻中出现过的城市。而承载这些浪漫传奇的,只有梦幻中的电影,琅勃拉邦国际电影节由此拉开了序幕。

深深吸引了库珀曼的琅勃拉邦，也叫"銮佛邦"，是老挝著名的古都和佛教中心，是老挝上寮重镇，位于南康江与湄公河汇合处，从天空鸟瞰，其状似"L"形半岛。2万多的人口中，有200多名禅师。数百年来，每一个清晨，禅师都要沿街化缘。在黎明来临之前，布施的信徒就在琅勃拉邦沿街虔诚而安静地排列，准备好糯米饭、粽子等煮熟的食物等候，待到各个寺庙的禅师到来时，信徒们就跪坐在地上，依次将熟食放进禅师随身携带的钵中。化缘的禅师排成长长的队列，身披黄色的袈裟，面带祥和的表情，迈着从容的步伐，从琅勃拉邦的30多个寺庙走出来，接受一天的布施。佛教兴盛不衰，造就了琅勃拉邦众多独具魅力的古寺，有的寺院大佛塔耸立，佛像庄严。

琅勃拉邦佛寺　冯晓华　摄

琅勃拉邦佛寺　冯晓华　摄

寺庙的色彩有的以橘红色为主色，点以金色，显得华贵雍容；有的以金色为主，灿烂耀眼；有的以黑白为主，沉静庄严。我们走在琅勃拉邦街头，在寺庙中流连，在宁静中从容欣赏着这个美丽小城。

琅勃拉邦佛寺　冯晓华 摄

琅勃拉邦佛寺　冯晓华 摄

琅勃拉邦佛寺　冯晓华 摄

我想当年的牛仔库珀曼和我们一样，沉醉在湄公河畔的寺庙、宫殿和庄园中，不同的是，归国后，库珀曼萌生了在这个梦幻安宁之地创办一个国际电影节的想法。我们，则将完成一次有关琅勃拉邦的影视文字记录和梳理。

实际上，除了那些已经发生的故事和可能发生的故事之外，琅勃拉邦还是一个缺少电影院的城市，经济发展的缓慢，让琅勃拉邦还面临着供电和通信问题。

但是很快，库珀曼与老挝政府进行了沟通。2008年是老挝电影政策改变，期待发展的一年。在关键的时间和关键的节点，库珀曼提出了一个几乎可以说是"瞌睡遇到枕头"的计划，这个因为梦幻故事催生出来的琅勃拉邦国际电影节，2010年终于在老挝的魅力城市落地，随后也越来越有影响力。具有这种影响力，其实也因为琅勃拉邦一直是老挝最具国际风范的城市，每年都有世界各地的人员旅居在这里，在湄公河畔消磨静谧的时光。

与其他电影节不同的是，库珀曼还新推出针对亚洲电影制作人的电影项目，并对老挝本土电影从业者给予特别关照，在一系列项目中还专门制定了老挝电影人才的培养计划。琅勃拉邦国际电影节规模虽小，但对中南半岛一些电影制作人和电影爱好者来说，却是天赐良机：他们可以观赏东南亚地区制作一流的电影和纪录片；与国际电影及东南亚专家交流，并参与相关小组研讨；可以提交方案，获得投资，成就小影片的银幕梦想……

对于像杜昂尚蒂这样的老挝影视人来说，琅勃拉邦国际电影节就是一个实现人生梦想的地方。2017年，杜昂尚蒂的电影剧本《野兽养成记》在电影节"人才培养实验室"比赛中一举夺魁，获得由美国纽约翠贝卡电影学院提供的一系列制作指导方案。杜昂尚蒂是老挝万象人，在琅勃拉邦国际电影节后迎来了自己39岁的生日。他在老挝新浪潮电影公司工作，和许多同事一样，他的工作内容包括为国外影片摄制组做助理和拍摄简单的广告。通过琅勃拉邦国际电影节，他的影片剧本获得了青睐，杜昂尚蒂计划，资金到位后就开始着手《野兽养成记》的拍摄工作。也许，他就能实现自己的梦想了。

琅勃拉邦国际电影节在老挝和东南亚的电影史上，都是值得记录的一笔。库珀曼在梦想中的天堂，办了一个关于梦幻的电影节，从而在一个东南亚的小城集聚了越来越多世界电影的力量。琅勃拉邦国际电影节让逐渐开放的老挝认识了世界的电影，也让世界的电影触摸到了这个正处于电影萌发状态的国家。它们都为对方带来了意外的惊喜。

三、灵活的电影展映

除了电影节，2008年后的老挝，还时常举办各类电影展映活动，增加老挝与其他国家影视界的随时交流互动，提升老挝的影视制作能力和水准。

由中国驻老挝大使馆、老挝新闻文化旅游部主办，中国国际广播电台、老挝国家电影局承办的"中国优秀电影走进老挝"巡映活动，2017年11月在老挝首都万象举行。巡映了《滚蛋吧！肿瘤君》《狼图腾》两部中国电影。

这一次，为了让更多的老挝民众感受到中国电影的魅力，中方在电影的译制上下了很大功夫：中国国际广播电台在翻译影片时，还在老挝举办了电影配音大赛，从老挝的参赛者中挑选出3名非专业配音演员与老挝广播影视配音工作者、影视演员一起为电影配音。老挝国家电影局局长斯里萨柯达（老挝著名导演）认为这两部电影制作精良，是老挝译制片的上乘之作。他说："（此次巡映的中国）电影的翻译、配音和后期制作水平都非常高。老挝语翻译很地道，配音与角色融为一体，就像老挝本土原版电影一样，堪称所有在老挝放映的外国电影的表率。"①

巡映的中文电影采用老挝语配音、中文字幕播放，在2017年11月至12月为期一个月的时间里，两部影片在万象市、琅勃拉邦省等8个省市的电影院线和各村寨免费放映。这次活动增进了老挝民众对中国影视和文化的了解，从电影配音大赛中脱颖而出的老挝姑娘维拉迪·杰萨塔是第一次为电影配音，她说，自己从两部电影中收获了很多："《狼图腾》让我了解了中国少数民族的文化和生活方式，而《滚蛋吧！肿瘤君》中女主角乐观的生活态度感染了我。能为这样两部优秀电影配音，我深感荣幸。"②

这样的影视活动，既是老挝影视发展交流需要的，也让中国文化自然走进了老挝民众的生活。而电影配音活动的举办，加深了中国影片在老挝民众间的影响力。同时也说明，影片的老挝语译制、译制的水准、老挝语配音的准确度和专业性，是中国影片获得老挝民众青睐的主要、关键因素。

除了与中国合作，老挝还经常与东南亚及欧洲各国、印度的电影界合作，根据情况灵活举办各类影展活动，促进老挝影视与外界的接触、交流。

第十六节 未 来 之 路

2011年以后，经历曲折的老挝电影，终于呈现出可喜的发展势头。老挝电影

---

① 吴怡杏，徐德霖，秦瑛莲，等. 2017. "中国优秀电影走进老挝"观众纷纷点赞. https://news.cri.cn/20171108/6d3eedc8-debe-4ba1-9d4b-c5d3578189dd.html[2017-11-08].

② 吴怡杏，徐德霖，秦瑛莲，等. 2017. "中国优秀电影走进老挝"观众纷纷点赞. https://news.cri.cn/20171108/6d3eedc8-debe-4ba1-9d4b-c5d3578189dd.html[2017-11-08].

中也有了爱情、动作等现代电影的诸多卖点，而具有老挝特色的恐怖片也在国际上发出了自己的声音，与国际化的创作接轨。虽然如此，老挝国产电影创作仍然面临诸多困难。影视人才匮乏，专业的导演、演员以及各类影视创作人员都十分鲜见，直到 2021 年老挝都没有专门的电影学院，没有导演专业。基于基础薄弱的电影业，现实中从事导演和演艺工作的机会屈指可数。2017 年老挝国立大学文学历史学院大众传媒学系开始招收培养影视人才，办学数量规模十分小，第一批大学本科影视专业学生 2020 年秋季学期毕业，但也仅有 16 名。影视行业需要实践经验，这些毕业生即使到了符合专业的工作岗位，至少还需要一段时间的实践锻炼。目前老挝有极少数留学国外的导演和演员，但对一个国家的电影产业发展而言，仅是杯水车薪。

直到现在，剧本创作、资金、拍摄设备和制作技术等，仍然是制约老挝电影创作的几大难题，资金投入需要回报，剧本创作需要报酬。这就需要一个成熟、稳定的市场来做相应的对接，而经济发展滞后的老挝，工业基础薄弱，私营企业少而单一，并且私营企业缺乏像印度那样投入电影行业的热情。因此既缺乏电影产业需要的国家资本，又缺乏民间资本的投入。老挝的电影市场在国外项目资金的推动下，才刚刚起步，小荷才露尖尖角，还需要一个长期的发展过程，同时也有待于老挝自身经济、工业的发展，私营企业的加入，这样才能逐步形成一个电影产业的市场与格局。

目前老挝的人均收入水平，还未达到老百姓愿意掏腰包走进电影院的程度，虽然老挝的民众对影视充满了热情。年轻观众出于好奇、开放、追求时尚等原因，他们愿意为电影买单，但他们的购买力还相当有限。另外，近年来由于新媒体的介入，年轻一代老挝人通过网络接触到了欧美、亚洲的很多国家丰富的影视资源，因此他们的眼光也日益挑剔，目前多数年轻人喜欢观看欧美、泰国等国外的电影，对刚刚恢复起步的国产电影缺乏兴趣。就像我们的翻译阿力，至今都没有看过一部老挝电影，这个"80 后"的年轻人甚至不知道老挝究竟创作过多少电影，有些什么样的影片。老挝政府对影视节目的管制相对宽松，大量外国影片进入老挝，在国内观众还没有培养起来的时候，无疑给老挝自身的电影业、电影人带来了更大的生存压力、发展的危机和困境。

另外，现在老挝仍然是世界最不发达的国家之一，而发展影视行业需要足够的资金。政府财力有限，老挝私营电影企业的发展也处于起步阶段，品牌和明星都尚未形成，电影导演、编剧、摄影师、剪辑师等专业创作人才和表演人才都极度缺乏，电影院的观众基础薄弱，创作的电影数量、质量有待于调整和提高。但是，困境和机遇其实也是一对孪生兄弟：有困境就会有机遇。在困境中，老挝电影人以开放包容的心态，接受并学习外来的东西，努力在国际合作中提高自身业务素养。同时，努力打造良好的国际形象，以开放的传媒影视政策，以世外桃源般的自然环境优势，以淳朴真诚的人文特质，以独特的文化资源筑巢引凤，吸引国际大品牌电影公司以及电影人参与老挝的电影制作，或借助国际合作电影的影响力打开国际市场，弥补老挝国内电影市场先天不足的缺陷，同时解决老挝资金和人才匮乏的问题。

琅勃拉邦街头淳朴的摊贩　冯晓华　摄

2003年，在老挝国际贸易展览和会议中心（LAO-ITECC），老挝第一个具有现代化气息的双银幕影院开业，预示着老挝电影开启了商业化运作的新时代；由中国援建的国家文化宫，配备了16毫米和35毫米胶片的放映设备；老挝法国文化和语言合作中心，已具备定期播放一些法国和亚洲国家的电影的能力；老挝国家电影资料和视频中心，也在不定期免费或经营性地播放一些纪录片和故事片，中心还利用便携式电影放映设备，在一些大型节庆活动场合进行公开放映，以扩大中心的影响力。这些活动，也推动着老挝电影产业最重要的观众基础的形成。

2003年，老挝国家电影资料和视频中心在老挝传统节日——塔銮节到来时，举办了电影文化周活动，组织邀请中国、俄罗斯、越南、泰国和印度等国家展示、交流各国的电影，同时将老挝电影推向国际。2005年，在越南的资助下，老挝国家电影资料和视频中心大楼启用，与该大楼相邻的旧址，则被改造成了一个电影院，有120个座位，使得老挝首都万象的电影院分布初具规模，为老挝电影的商业化运行准备了一定的市场硬件条件。目前，万象中心电影院已经成为老挝五大电影院之一。

老挝万象中心电影院　冯晓华 摄

第十七节　合作的动力

2008年以后，由老挝裔导演拍摄的老挝电影，通过参展国际影视节，在国际上也有了一定的知名度。除了老挝裔女导演马蒂·多拍摄的恐怖片《鬼姐姐》，2008年，老挝裔美国人塔维苏克·普拉萨瓦斯拍摄了电影纪录片《背叛》，影片以美国在1961～1975年利用老挝苗族在老挝发动秘密战争为讲述背景，焦点放在老挝参战的部分家庭，老挝独立后，这些老挝人被迫移民美国，面临离开祖国的困苦和尴尬处境。这部电影历时3年拍摄，拍出了那段厚重的历史，对离开家园的老挝人艰难生存的生活状态进行了深刻描述。《背叛》于2009年获得第81届奥斯卡最佳纪录长片提名，最终虽然无缘大奖，但对老挝影视人而言，仍然有巨大的鼓舞，这激发了他们的自信心，让他们意识到：老挝人也可以拍摄出享誉世界的电影。

2008年以后，老挝电影开启了多元的合作模式。解禁的新政策，合作成功的范例，国际影展和电影节上的荣誉，为老挝电影的发展带来了新鲜的血液和动力。老挝影视开始打开国门，拓展思路，期望与世界电影机构和电影人合作共赢，谋求发展。

举办电影节、加强国际合作是老挝电影发展的一个思路。老挝首都万象市在2009年、2011年，举办了两届万象国际电影节；2010年、2011年，琅勃拉邦国际电影节相继举办了两届,由老挝大学生执导的30部电影参加了2011年的影展。这无疑显示出了一个强烈信息,老挝电影正以它开放的姿态,接受外来的影响。时任老挝国家电影局局长本造·皮基说:"琅勃拉邦电影节的举办有利于促进老挝电影文化,向世界展示老挝对文化艺术的理解,同时也有利于将国际上对文化的理解向老挝传播。"[①]

尽管老挝与中国、澳大利亚、日本等国家在影视制作、播出等方面都有一定的合作,老挝政府对影视基本持开放的态度,但是到目前为止,东南亚国家仍然是老挝在制作、放映、发行电影时重要的合作伙伴。一方水土养一方人,一个地域的文化历史、自然风景,深刻影响着这个地域文化艺术风貌的形成,同样电影艺术也不例外。而复杂的地缘历史、种族背景,使得东南亚国家的电影看上去多元繁杂,又相互关联,难以割裂。当初次研究东南亚各国的影像时,它内部存在的多样的语言,多元的文化、宗教、政治类型,似乎让研究者很难将它们归结为一个整体,但是,当逐渐接触到电影中熟悉的东方面孔、文化信仰、族群交往,还有类似的美学取向、情怀韵味时,东南亚各国电影中的共性就会日益清晰。这也就自然而然影响了电影的创作、发展和合作基础,抱团合作发展成为东南亚电影发展的一个基调。

从地理位置鸟瞰:位于中南半岛与马来群岛的东南亚诸国,包括老挝、泰国、新加坡、越南、马来西亚、菲律宾、印度尼西亚、缅甸、柬埔寨、文莱,犹如在太平洋与印度洋之间散落的一粒粒珍珠,串起了一个正走向一体化的区域联盟——东盟。东南亚电影发展并不平衡,但它却是当今世界电影发展中,极具有朝气和特点的区域之一。东北亚的日韩电影以成熟稳健见长,南亚的印度电影独特、老到,西亚的伊朗电影拙朴有韵,中国近年电影发展日具特色,影响力渐增。相比较而言,东南亚各国的电影相当于正在发展中的潜力股,给我们留下了灵动而鲜活的想象空间。在共同的文化背景、交融的历史和相似的语境基础上,也许是意识到各自力量有限,加上来自欧美电影、印度电影等外部的压力,一段时期难以超越,东南亚成为最早萌发电影抱团发展意识的区域之一,也是在世界范围内抱团发展意识最鲜明的区域之一。由此,东南亚各国之间形成了一股自然的力量和发展的趋势。

[①] 覃海伦. 2012. 老挝电影发展历程及前景探析. 东南亚纵横,(6):62-66.

唯独东南亚创建的两大区域性电影节——亚太电影节和东盟电影节，共享着曾经的电影史，也共同书写着今天的电影史。东南亚各国在彼此的电影中互相投资、参演、制作，虽然文化多元，宗教信仰复杂，但多年的交流让彼此的共性加强，个性在交流中互融，让今天的东南亚电影在国际上具有了较高的辨识度。因为包容，东南亚各国电影人在面对电影如何发展这一共同问题上，也更容易求同存异达成共识。

处于这一区域的老挝，随着对电影的社会、经济、文化功能认识逐渐强化，随着东盟合作进程的深入，在东盟"社会-文化共同体"的宏观框架下，在好莱坞、宝莱坞、欧洲电影咄咄逼人的攻势下，更希望在东南亚电影联盟之下，获得电影发展的空间和机会。因此，老挝与越南、泰国等东南亚国家合作制片的项目相对来说就多一些。

在东南亚电影界抱团发展，孕育出了辨识度、特点明显，活力日益提升的区域电影之后，亚洲的电影界也各自打开了合作交流之门，这一趋势，也让地缘关系紧密、历史人文交流长远的老挝和中国，重新开启了影视默契互动的大门。

第十八节　中老影视存在的默契

2000年前后，亚洲电影人合力促成了有别于欧美的电影：以合作为前提的、文化意义上的"亚洲电影"。这是一种更具亚洲认同感和共同价值观，因而也更有精神包容性和市场竞争力的亚洲新电影。[1]在亚洲新电影的形成过程中，东方民族的特有思维——"诗性智慧"悄然蕴含其间，因此，亚洲新电影自然而然呈现出相应的诗性风格。而亚洲新电影的出现，是亚洲电影被世界认知的重要转折点。[2]意大利哲学家詹巴蒂斯塔·维科从三个方面解释了"诗性的智慧"：早期的人类思维最根本的特点在于"以己渡物"的认知方式，与中国诗学理论当中的"托物咏志""借物言情"相当。这种诗性的智慧通过想象、比喻、象征，产生了丰富多彩的思维意向，富有情感。诗性思维中包含着象征、意向、情感、直觉等难以量化的因素，因此当诗性思维运用在影视创作中时，隐而不露，影片的内在

---

[1] 李道新. 2009. 从"亚洲的电影"到"亚洲电影". 文艺研究，(3)：77-86.
[2] 李东娜. 2007. 论东方的"诗性智慧"与亚洲新电影. 语文学刊，(s1)：1-2.

思想都显得含蓄而模糊，增加了多意性的表达和空间，从审美的角度而言，这类电影如同东方的文学艺术一样，增加了神秘、感性、难以言说的美。这已成为亚洲电影的一个鲜明特色。在形式上，亚洲电影以书写东方文化的民族范式，与好莱坞电影范式、"欧陆派"电影范式相得益彰；在工业上，亚洲民族电影产业已经成为世界电影产业第二大经济体。[1]

一、共同文化圈熏染的默契

在亚洲电影的支系中，东南亚电影在文化根基上表现出高度的一致性，那就是文化的"多元聚合，和而不同"，形成了独具东南亚特色的文化基因。这与东南亚独特的地缘文化构成有着密切关联。这片地域仿佛是文化的大熔炉，与亚洲其他任何区域比较起来，东南亚的文化最为复杂多样，这个熔炉积淀了中华文明、印度文明、伊斯兰教文化、基督教文化等，[2]让处于这个区域的国家难以形成一种主导文化。这也导致了中南半岛上唯一的内陆国家、被周边多个国家包围的老挝，呈现出了文化多元性，但也显示了它对多元文化强大的包容力。因为地缘东方的关系，这些驳杂多元的文化，最后都归流在东方诗性智慧的长河之中，在鲜活生动地掀起浪花、弄潮成长的同时，又与瑰丽的大河融为一体。

因此，尽管东南亚各国电影的族群差异是显而易见的，但影像中流淌的诗性情感，向世界表明了这片土地上的人们共同的东方立场。这也让东南亚国家的电影与中国电影有了重叠的文化和审美。中国是东方诗性智慧的典型代表，千百年来，中国文明蕴养的诗性智慧也浸染着周边的国家，让东南亚各国形成了与中国相似的诗性文化语境。在相似的文化语境背景下，找到影视合作的共同点和差异性，在相互理解的共性之中呈现特色和个性，这就是中老两国影视达成默契的基石。

2016年4月25日，为庆祝中国、老挝建交55周年，中老两国合作拍摄的电影《占芭花开》的启动仪式在北京电影学院隆重举行。2018年、2019年，《占芭花开》分别在老挝、中国上映。这是老挝独立建国以来，与中国合作的第一部电影，可惜的是，没有获得预期的成功。通过这次合作，再分析老泰两国电影人的合作历程，可以确切知道的是，中方电影人应深入老挝，了解中老两国共

---

[1] 章旭清.2019.亚洲新电影民族主体性的建构与世界电影史的重写.艺术探索，（2）：103-107.
[2] 章旭清.2018.论构建东南亚电影共同体的可能性.当代电影，（7）：94-98.

同的文化语境,建立默契的合作交流基础。以人文平等的交流心态,触摸老挝,体验老挝的民情风俗和真实的生活,充分理解老挝的历史文化,厘清老挝的媒介语境以及社会经济状况,将融资和票房的重点放在中国及东南亚其他国家,将影视的影响力侧重在老挝,根据侧重点,创作出中老两国观众都接受和喜欢的影视作品。

东南亚目前有 6 亿多人口,是当今世界经济的高速发展区域,是电影工业的振兴区。同时,东南亚又地处桥梁地位,向南接通大洋洲,向西连接印度、西亚,向北对接中国,向东北辐射日本、韩国。所以东南亚一定是未来电影格局调整的战略地带。由于地缘文化渊源,中国参与东南亚影视共同体构建有着天然优势。及早介入东南亚电影共同体,符合中国与东南亚电影文化交流互鉴的长远利益和现实要求。尤其是老挝,与中国有着越来越多的战略合作,彼此之间有着越来越密切的地缘政治、经济关系,有着相似语境的民族习俗,能够找到影视艺术创作的共鸣点和移情点。

二、历史渊源最终形成的默契

中国和老挝两国之间的交往在三国时期就有记载,当时老挝近云南的地区被称为"堂明"。公元 227 年,即东吴黄武六年,堂明遣派使者到东吴进贡。公元 705~707 年,真腊[①]分为南北两国,北部名为文单国,国都建于今天的万象,当时称为文单城。文单国和唐朝关系紧密,虽然路途遥远,但文单国仍然先后四次向唐遣使。历史上,中国和老挝两国边民之间的商贸交往也很活跃,中国商人会到老挝境内从事商品贸易,老挝边民也时常来到中国。明朝时期,就有中国人移居南掌(即老挝)。清朝雍正时期,南掌归化中国。1893 年老挝沦为法国的殖民地,才终结了与中国的关系。但中国和老挝两国的民间商贸一直保持,18 世纪至 19 世纪,华侨贸易在老挝经济上的影响力提升。华侨商人来到老挝,随即带入了大量中国文化。

1961 年 4 月 25 日,中国和老挝正式建交。20 世纪 70 年代末到 80 年代中期,两国关系曾出现曲折。直到 1989 年,中老两国关系正常化,双边关系得到全面的

[①] 真腊(Kmir),又名占腊,为中南半岛古国,公元 705~707 年,真腊国分裂为北方的陆真腊(又名文单国)和南方的水真腊,水真腊国都婆罗提拔,陆真腊国都在今老挝境内。公元 9 世纪初,水陆二真腊又归统一,且又重新取得了独立地位,并于公元 802 年建立了吴哥王朝。

恢复和发展，自此后两国在政治、经济、文化领域的交流合作不断深化。2009年，两国建立全面战略合作伙伴关系。2019年4月，中老两国签署了《构建中老命运共同体行动计划》。

近年来，中国逐渐成为老挝第一大外来直接投资国。在中资的推动和老挝的努力下，老挝经济发展迅速，年平均增速为7%左右。①

万象广场　冯晓华 摄

万象广场上中国赠给老挝的礼物　冯晓华 摄

从历史关系和现在的关系来看，随着两国经济领域交流合作的不断深化，两国在文化、影视方面的交流也必将深入和频繁。中国云南与老挝有山水相连的地缘关系，在民俗文化、语言上有高度重合性，以云南为影视合作交流的基点，通过介入东盟电影节、琅勃拉邦国际电影节，举办影视交流活动，可扩大中国影视的影响力，通过引导各种民间资本介入，加强影视人才培训交流，推进影视项目的策划与合作，构建中国影视与东南亚国家的合作关系，搭建文化交流与融合的桥梁，促进老挝影视文化的发展，进而提升中国文化的区域影响力。从长远的文

---

① 为解封入境，振兴经济！老挝要处理好三个国家关系搭建快捷通道. https://www.163.com/dy/article/FP5K6MCQ0534PFB8.html[2020-10-17].

化浸润、传媒文化影响的角度而言，中国应加大与东南亚电影业的接触和交流，展开梦工场的创意翅膀，与东南亚国家的电影人一起，以多种合作方式，开拓这片潜力巨大的拥有 6 亿多人口、文化多元的周边市场，在与他们合作、交流之中，赢得尊重，推动双边发展，真正以自身的魅力去构建自己的影响力。

第四章　筚路蓝缕的广播电视

第一节　老挝传媒中的"老大"——广播

2019年12月17日，我们到了老挝国家广播电台（Lao National Radio），这里同样是白色的建筑，这些建筑大概是1893年法国殖民者来到老挝后留下来的，我们还看到了门上年代久远的缓冲拉杆，据说有上百年的历史。那是法国人制造的，一直用到了现在，依然没有坏掉的迹象。其实我很想深入了解一点：法国在老挝进行了半个世纪的殖民统治，对老挝的影响到底达到什么样的程度？第一眼的感觉是，老挝只剩下了大量的法式建筑，而内在的影响究竟是什么？稀少的文献记载，没有给我们答案。老挝人使用法语的很少，在他们身上也看不出法国其他的影响至今还留下了什么。是因为缺乏文字的记载，还是记载消失在过去的战争之中了，从社会学的观点来看，这是一个谜。英国的殖民对印度有着难以消退的影响，这种影响是内在的。但为什么法国在老挝似乎就只留下了建筑呢？

老挝国家广播电台大楼　阿木　摄

据笔者实际调研统计，截至 2019 年 12 月，老挝共有 144 家新闻出版机构，63 家电台，其中有 11 家电台总部设在万象，其余的分布在老挝各省市。广播信号覆盖全国 95%的地域，而地面电视信号触达率为 80%。由于历史和经济文化发展状况等原因，广播在老挝仍具有较强的传播优势。直到现在，广播仍然是老挝影响力最大的媒体。这不仅仅是覆盖率和触达率高的原因，在当下的老挝，只有广播，才是老挝所有民众都能清楚、明白地获得信息、知识、娱乐的重要媒体，语言的交流障碍在老挝的广播中是不存在的，主流的电台节目，使用的都是老挝语。

因此，广播是老挝新闻事业中重要的一部分，在新闻管理上，老挝坚持党管媒体，媒体是国家的"喉舌"。1991 年 3 月，老挝国家主席凯山·丰威汉在老挝人民革命党第五次全国代表大会上指出：老挝新闻文化工作的总方针是弘扬民族性、人民性和进步性的文化。[①]因此，老挝广播节目的内容也紧跟政府，进行正面宣传，但一直缺乏针对受众的报道和媒体的监督性报道。1998 年之前老挝刊登、播发的稿子都以正面报道为主，几乎没有负面新闻报道。2000 年老挝《反腐败规定》出台后，老挝媒体才开始承担社会监督的责任，开始出现批评性报道。

老挝国家广播电台　冯晓华 摄

第二节　战争中诞生的国家广播电台（1960～1975 年）

在老挝国家广播电台的二楼，时任老挝国家广播电台台长费西斯先生带着台

---

① 蔡文枞. 1995. 老挝的新闻文化事业. 东南亚南亚研究，（3）：53-60.

里的管理部门主管和制作部门主管接受了我们的调研访问。费西斯先生文质彬彬，很有学者风度。

老挝国家广播电台于 1960 年 8 月 13 日在解放区华潘省北部，使用一台 500 瓦的发射机开播。1961 年，希萨娜·希珊成为第一任台长。广播电台成立前的一段时间，正是老挝内战变幻莫测时期。美国积极在老挝扶植亲美势力，多次策划、唆使王国政府军进攻寮国战斗部队"巴特寮"，力图控制老挝。1964 年，美国再次策动亲美势力破坏联合政府并进攻解放区，老挝内战再起。

1960～1975 年的 15 年间，老挝国家广播电台成为老挝联合政府反对外来侵略和干涉的有力武器，老挝革命组织的宣传平台，也是老挝爱国人士发表意见的平台。在诞生初期，老挝国家广播电台逐步增设了法语节目、孟族语节目、柬埔寨语节目、克木语节目，后来还增设了一些越南语节目。

在建立初期，老挝国家广播电台仅拥有一台磁带录音机、一台电力发射机，仅有 8 名员工，包括 3 名记者和 5 名技术人员。20 世纪 60 年代，在中国和越南的援助下，广播电台将发射功率从 500 瓦提升到 15 千瓦，信号能够覆盖老挝的北部部分地区。老挝第二家广播电台于 1968 年在解放区川圹省（Xieng Khuang）康开（Khangkhay）建立。

为了给老挝广播电台、《老挝爱国报》和独立运动的各宣传机构收集、处理和提供新闻，在老挝爱国战线中央主席哈克萨的指导下，巴特寮通讯社于 1968 年 1 月 6 日在华潘省北部建立。在当时，巴特寮通讯社是一家小型通讯社，仅拥有约 12 名记者和技师。通讯社还使用英语，通过短波电台向境外广播新闻。

老挝国家广播电台播放的第一个节目是 1960 年 8 月 9 日老挝爱国战线发动政变的声明，声明支持老挝人民反抗侵略者，争取国家的独立。同时播报了刚果独立，以及老挝琅勃拉邦、占巴塞、沙湾拿吉等地区的人们纷纷站起来，拿着枪反抗王国政府、美国殖民者等新闻。

老挝国家广播电台最初根据新闻资料的重要程度和真实度播放广播节目，没有固定的时间限制。例如老挝爱国战线的声明就反复持续播放了多次，甚至在凌晨 1 点都播放，目的是号召老挝人参加独立斗争，建立老挝自己的武装力量，在战斗中要秉持勇敢刚毅的精神，同时主张民族团结，促使老挝爱国战线和各民族爱国中坚力量联合，对抗美国及王国政府。

老挝国家广播电台　冯晓华 摄

　　到 1962 年老挝国家广播电台的工作人员增加到了 40 人，之后才分成更多的部门：国内编辑部、国外编辑部、科技部和服务部等。到 1964 年，老挝内战再起，由于战火的轰炸，国家广播电台不得不迁居两处，一处搬到了越南，保留了编辑部、技术部和老挝新闻收集部；另一处迁到万赛市的普可，保留了一些编辑人员，负责新闻编辑和新闻远距离传送。一些在战争报道中积累了经验，在越南接受过进修和深造的记者、编辑去了琅勃拉邦省、沙湾拿吉省、甘蒙省、占巴塞省、丰沙里省和一些地方的记者机构工作，奠定了独立后地方建台的基础。

　　1966 年，战争持续恶化，老挝国家广播电台搬进了越南的山洞和老挝万赛市的山洞。尽管条件异常艰辛，国家广播电台仍然从 40 人发展到了 70 人，还成立了文学艺术部，其中包含了创作者、歌手、民谣歌唱者、朗诵者和演奏者，节目更加丰富也更加生活化，加深了北部地区听众对民族独立解放事业的信心。

　　老挝国家广播电台的新闻信息，战场上是靠老挝军方的电报传送，但在老挝拥有自己的电报机之前，是依靠越南的无线电广播获得信息。之后越南赠送了一台功率为 7 千瓦的发报机给老挝，随后中国政府援助收音机，使老挝的无线电广播得以配备完善。

老挝国家广播电台　冯晓华 摄

1960 年 8 月到 1975 年，在绵延不绝的战火中，老挝国家广播电台成为老挝争取国家独立、反抗斗争的锋利武器，成为老挝民族独立解放运动取得成功的重要因素。

从诞生到 1970 年后的一段时期，老挝国家广播电台每天用老挝语对内广播，用越南语、柬埔寨语、法语、英语、泰语 5 种语言对外广播。那个时期广播电台播放的都是新闻和消息。内战期间，节目都是以战争消息、新闻为主。国家广播电台没有成立之前，老挝境内可以收听到越南、泰国和中国的广播节目。

1973 年停战之后，老挝国家广播电台转向宣传临时民族联合政府和政治联合委员会的政策方针。

1975 年，随着国家的解放和老挝人民民主共和国的建立，老挝媒体也发生了变化。1960 年建立的国家广播电台搬迁到首都万象，直属老挝国家新闻宣传部。这时老挝有 8 家广播电台，除了国家广播电台外，还有 7 家地方广播电台，分别位于占巴塞省、沙湾拿吉省、琅勃拉邦省、川圹省、华潘省、乌多姆赛省和万象市。

占巴塞省级广播电台　冯晓华 摄

占巴塞省级广播电台　冯晓华 摄

第三节　发展与危机并存（1975~1993 年）

1975 年，老挝人民民主共和国成立。国家成立初期，老挝国家广播电台继续担当重任，仍然是国家重要的媒体，并成为老挝国际文化交流合作的前沿。老挝国家广播电台还加强和越南、中国等社会主义国家的合作，同时老挝还与一些友好国家互相交流广播电台发展的经验，交换节目。这些国家为老挝同行资助学习经费，提供影视科学技术，派记者代表团，为老挝国家广播电台提供技术专家援助和培训。

老挝国家广播电台还与各个国际组织加强了联系，成为很多国际广播组织的成员，如国际广播电视组织、亚洲-太平洋广播联盟、不结盟国家广播组织等，拓宽了视野，加深了合作，促进了自身的发展。

这一时期，老挝国家广播电台不仅在老挝国内发挥着重要作用，在国际合作上，通过莫斯科的卫星，每天播放 30 分钟老挝语节目和 30 分钟法语节目。这些广播节目在两年内受到部分欧洲听众的关注，收到许多听众的来信，向国际传播了老挝的声音，形成了一定的国际影响力。

因此，老挝在经济困难的情况下，仍然重视广播的发展。1980 年，老挝开始建立 150 千瓦的广播站，1985 年正式建成并使用至今。尽管国家财政十分困难，但老挝政府还是组织了 124 位优秀人才去各个国家深造。这时的老挝国家广播电台总共有 14 个节目，其中 9 个国内节目，5 个国外节目，每天广播 14 个小时，增加了两门外语播出：泰语和英语。1986 年引入的新经济机制迅速加快了老挝媒体的发展，广播收听人群和收音机的数量快速增加[①]。

20 世纪 80 年代初期，乌多姆赛、川圹、沙湾拿吉、琅勃拉邦和占巴塞等省份建立了省级广播电台，但都归老挝国家广播电台管辖，除转播国家广播电台的重要消息外，这些电台还播发当地新闻。老挝国家广播电台除了播出面向首都的中波和调频广播以外，还用短波和卫星定时向各县市的地方台发送新闻。老挝国家广播电台的运营经费主要来源于国会预算和国际非政府组织的赞助，另外有一小部分广告收入。

从 1983 年到 1993 年，老挝国家广播电台曾与老挝国家电视台一起接受政府

---

① 2019 年团队赴老挝国家广播电台调研所得数据。

管理，但 1993 年起老挝国家广播电台分离出来成了一个独立的机构。

据笔者调研统计，1993 年，老挝国家广播电台已经有工作人员 176 人，其中管理行政人员 30 人、技术人员 78 人、国内采编人员 49 人和国外采编人员 19 人。这些工作人员尽管工资非常低，但工作的热情很高，每天撰稿、翻译稿件和播报稿件，一直工作到晚上 7 点半，每天都要制作播报 30 个节目。

老挝国家广播电台老设备　冯晓华　摄

但是，老挝独立建国至 1993 年相当长的时间以来，因为封闭的管理机制，广播电台的内容和形式一直没有较大改变：广播电台日常播放的新闻资讯内容，仍然是按照老挝国家新闻社的报纸播报，内容与老挝国家新闻社纸媒严重同质化。而且，广播电台播放的节目内容，要等新闻社先刊印出报纸再播报。缺少了广播自身的时效性，大部分是充当了再现的角色，仅仅是用声音宣读各种新闻消息，极大地降低了广播电台自身的生命活力和创造力，失去了广播直播、即时性的特点。各个地方广播电台大部分只是转播国家广播电台的节目，缺乏自制节目的能力，因此造成广播纵向、横向都具有同质化的趋向。20 世纪末，泰国、缅甸、柬埔寨以及中国云南的少数民族语广播引起了老挝民众的兴趣，尤其是泰国和中国云南的广播电台的发射设备较为先进，收听清晰度较高，内容也比较丰富，同时具备新闻性和娱乐性，大大增强了对老挝民众的吸引力。因此，老挝广播电台在国内听众之间的影响力也逐渐减弱，听众开始转向收听邻国的广播电台节目。

第四节　媒体新政策，激发新活力（1993 年至今）

1993 年以后，老挝的媒体政策有了较大的变化，这些变化，为老挝广播电台的转变奠定了基础，激发了广播的活力和创造力。1993年，老挝人民革命党中央政治局通过第36号决议，为老挝传媒业的发展开启了"改革之门"。决议首次决定，媒体可以刊登私营企业的广告，广播电台也被允许在娱乐节目中为私营企业产品做广告，等等。这些改革，让老挝广播电台拥有了自主制作节目的权利。广播电台开始进入调整期，电台开始自己撰写新闻稿播报，有的新闻和紧急事件在报刊和新闻社刊印之前就播报了，体现了广播节目较强的时效性；而且在电台节目中增加了主播与听众互动的内容，不仅回应听众的疑惑、问题，还可以根据听众的喜爱点歌播放。老挝国家广播电台的节目内容日益丰富，反映了老挝社会经济方面的发展和大众生活水平的提高，1995年以后，新政策为广播发展带来了强大活力：电台开始再次受到听众的欢迎，每天接到数百次电话，每年都会收到2万封以上的来信，提升了电台的影响力。

自1995年起，老挝国家广播电台加强了两方面的发展：一方面是广播节目的质量和数量，另一方面是广播节目的编辑和硬件技术。也因此提高了对广播从业人员的技术培训和能力要求。

1997年，老挝国家广播电台在首都地区开设调频广播。2001年又开设了以在老挝的外国人为对象的调频广播，用英语、柬埔寨语、法语、泰语、越南语5种语言播出。此外，老挝国家广播电台还用5种语言进行国际广播。

广播电台成为老挝大部分民众工作生活中必不可缺的媒体，收音机成为人们获取新闻、娱乐信息的重要工具。特别是一些偏远地区，报纸还不能送达，不少人还是文盲，一些地区没有通电，没有传输网络，电视无法收看，所以广播电台凸显出了它的重要性。广播电台因此逐渐发展成为老挝覆盖面最广、最有影响力的国家主流媒体。

1997年5月22日，老挝通过日本的资金援助，成功建立第一台频率为103.7的调频电台。到了2001年1月，老挝国家广播电台又增添了一套FM广播电台，频率为97.3。同年，老挝广播通过AM和FM信号，覆盖全国80%~90%的人口。2003年3月23日建立了FM ONLINE广播。截至2005年，老挝国家广播电台共有3个广播频道、72个广播节目，每天累计播放46个小时30分钟。老挝国家广播电台成为老挝国内最受青睐的媒体。

2011年，老挝人民革命党第九次全国代表大会召开，提出老挝政治、社会、经济发展的第七个五年规划，会议主题是"在执行革新政策上有所突破，为在 2020 年前脱离不发达国家的行列奠定坚实基础，继续向社会主义的目标迈进"。规划特别指明老挝要在解决贫困等问题上有所突破，努力使老挝在 2020 年前脱离不发达国家的行列；放开商品生产的发展，鼓励国内外的生产投资和经营，尤其是要大力发展媒体行业。

截至 2020 年，除了国家级别的广播电台，老挝省级广播电台包括：阿速坡（Attapeu）省级广播电台、博胶（Bokeo）省级广播电台、波里坎塞（Borikhamxai）省级广播电台、占巴塞省级广播电台、华潘省级广播电台、甘蒙（Khammouane）省级广播电台、琅南塔（Luang Namtha）省级广播电台、琅勃拉邦省级广播电台、乌多姆赛（Oudomxai）省级广播电台、丰沙里省级广播电台、沙拉湾（Saravane）省级广播电台、沙湾拿吉省级广播电台、沙耶武里（Sayaburi）省级广播电台、赛宋本（Saysomboun）行政特区广播电台、塞公（Sekong）省级广播电台、万象首都（Vientiane Capital）广播电台、川圹省级广播电台。

占巴塞省级广播电台　冯晓华 摄

各省级广播电台隶属于国家广播电台管辖，节目表中的大部分主要是转播国家广播电台的节目。一般说来，较大和较富裕的省份，例如琅勃拉邦和沙湾拿吉，播出较多自制的节目，而经济较落后的省份，播出较多老挝国家广播电台的节目和少量当地新闻。

和很多国家不同，老挝的广播电台，在 2023 年仍然是老挝影响力最大的媒体。老挝境内有 50 个民族，广播在老挝有着较长的历史，老挝民众目前较高的文盲率，加上媒体新政策的激发，让老挝广播电台的覆盖面和受众率在 1993 年后持续增加，2019 年 12 月达到 95%，这一点是当下老挝境内其他任何媒体都代替不了的。

占巴塞省级广播电台直播间　冯晓华 摄

在老挝经济、文化、教育快速发展之前，老挝的广播电台依然会是老挝人最受欢迎的媒体，尽管年轻一代已被互联网和智能手机吸引。在老挝所有媒体中，最有自信、广告收入排名第一的，仍然是老挝广播电台，尽管广告收入十分少。更为重要的是，虽然互联网和智能手机进入老挝的时间还不长，但老挝的传统媒体广播从没有忽视与互联网、移动媒体的联动和结合，目前国家广播电台和很多省级广播电台都创建了自己的应用程序，直接在网络上播放广播节目，还在 Facebook 等社交媒体建立了自己的播放平台，通过网络提高自己的发展能力。在老挝国内，与其他媒体相比，广播不仅拥有最多的普通听众，而且也在互联网和移动端与年轻人建立了良好的沟通、互动关系。因此，和当下的很多国家不同，老挝的广播电台，截至 2023 年仍然是老挝影响力最大的媒体。

第五节　法式建筑里的老挝国家广播电台

老挝国家广播电台坐落在万象市一栋白色的法式建筑里。但是，走进广播电台，除了那些保留了 100 多年仍然还在使用的门窗、办公室，已经看不出法国对广播电台的其他影响。1975 年独立建国后，老挝国家广播电台得到了发展，目前共有三类节目：新闻、农业技术、娱乐，其中娱乐节目以音乐节目的播放为主。据笔者调查，截至 2019 年 12 月，老挝有 63 个广播电台，7 个调幅电台，22 个调频电台和 2 个转播无线电台，多数电台用当地方言播出。截至 2019 年 12 月，老挝的广播覆盖率已达到 95%，而且国家还将加大力度，做到全面覆盖。

老挝国家广播电台的运营经费主要来源于政府，政府总投入每年大概50万美元。全国有员工200人，其中万象140人，员工每月工资200~500美元。老挝国家广播电台的广告收入非常少，相当于中国一些县级电台的收入，这也给其运营带来了一定的困扰。究其原因，老挝是一个不发达的农业国家，经济发展仍然滞后，政府经费投入非常有限，有实力进行广告宣传的单位很少。同时，虽然老挝私营企业近年来得到的国外投资有所增加，但国内私营企业依然很少。老挝也有一些实力较强的私营企业，比如荣兴进出口贸易有限公司，由老挝籍华人虹曼尼•柯莎雅查柯女士于2010年在老挝投资注册成立。经过数十年的发展，现在集团从老挝中部向南北部全面辐射，成为老挝综合型国际商贸集团。但这些企业的销售渠道大多在国外，没有在国内宣传的需求。而且它们的品牌，也并不依赖老挝广播电台或者其他老挝媒体。另外一种现实情况是，老挝私营经济的总体规模并不大，现阶段也缺乏想投资广播影视行业的私营企业。国家经济发展缓慢，缺乏足够的企业资金投入，显然也限制了老挝广播影视的发展。

老挝国家广播电台工作人员　冯晓华　摄

时任老挝国家广播电台台长费西斯先生说，之前有很多中国的学术机构和学校也来做过调研，但没有想到这次的问题提得如此仔细。我们在数小时后结束了这个对于他们来说漫长的访问，但是彼此交流很愉快。结束之后，几位部门主任带领团队参观了老挝国家广播电台的各个部门，两位调研的小伙伴又交到了很多朋友。

走进老挝国家广播电台的一线部门，设备虽然简单，但是十分干净整洁，工作人员和主播们很有精气神。虽然大部分员工的工资非常低，并不能满足生活用度，但是，他们非常喜欢这个工作。我们见到的主播们各自有自己的工作室，几

访谈时任老挝国家广播电台台长费西斯先生（左一）一行

位主播气质都很好，即使不用直面听众，他们的着装也很有品位，朴素大方，女主播们上着老挝街头女性们少见的淡雅妆容，有着知性与温婉混合而出的一种特殊气质，自信，又十分亲切。其实我们很疑惑，他们在这样低的收入之下，是怎么解决生活问题的？万象的生活费用并不低，当然，也不是很高，与昆明差不多。但是我们支付给翻译的费用非常高，在万象是每天支付 100 美元，到其他省份，每天必须支付 150 美元。这个差别太大了。后来阿力告诉我们，老挝全国比较优秀的中文翻译，目前也很少，大概是物以稀为贵的原因。所以很多学习小语种的中国学生和在中国学习中文的老挝留学生，会在假期的时候，到老挝做兼职导游，会有比较好的收入，因为寒暑假时，也是中国人到老挝旅游的黄金时节。

老挝国家广播电台直播间　冯晓华 摄

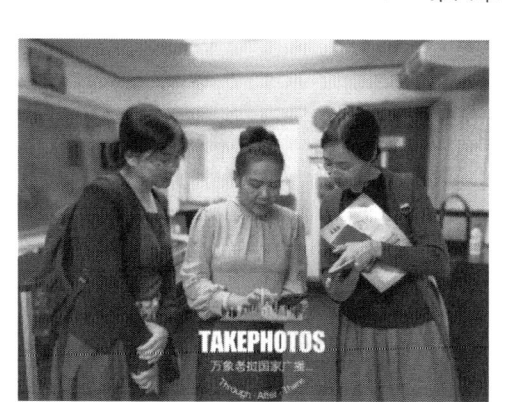

调研组与老挝国家广播电台主播交流　冯晓华　摄

FM94.3 是老挝国家广播电台于 2015 年开播的汉语广播调频台，但是很遗憾台里没有掌握流利中文的主播。不过有很大一部分工作人员会使用英语和俄语，他们大部分都在欧洲国家留学过。

FM94.3 直播间　冯晓华　摄

FM94.3 的主播正在做节目　冯晓华　摄

调研过程中我们了解到，在老挝，军人的收入是所有职业中最高的，从事媒体行业并不是很多人向往的，媒体行业工资不高，但是老挝人的收入来源不止这些，大部分从业者都有自己的田地，还保留着一部分自给自足的经济生产方式，在家中还要种植一些蔬菜，养殖一些家禽，这样才能让一家人有比较好的生活。不同的是，老挝没有户籍制度，也没有农业人口和非农业人口的区分，他们的土地使用权属于自己。由于没有户籍的限制，老挝人还保留着自由迁徙的状态。但目前的状况是，老挝人大多数是"家乡宝"，四处迁徙的人口很少，这与老挝普遍仍处于农耕状态有关，工业发展的滞后，并不需要更多的流动劳动力。

第六节 中国国际广播电台——最佳合作伙伴

1993年后，老挝国家广播电台陆续与周边一些国家、地区开展合作，以丰富本国的广播节目。法国政府和老挝政府曾经在1997年到1998年，合作共建了一家电台。同时，老挝国家广播电台与中国国际广播电台[①]、广西人民广播电台[②]、天津人民广播电台[③]都有合作。

2006年11月19日，老挝国家广播电台与中国国际广播电台合作，开设了中国国际广播电台万象调频台FM93，这也是中国国际广播电台在亚洲地区开办的第一家海外城市电台。时任老挝国家主席朱马里·赛雅颂和时任中国国家主席胡锦涛共同启动了开播按钮。中老两国政府签订合作协议，老挝国家广播电台与中国国际广播电台合作，部分节目由中国国际广播电台将中国新闻翻译为老挝语，再由老挝国家广播电台经过适当的剪辑，直接在FM93播放。开播之初，FM93每天播出12.5个小时，从万象当地时间10:00到22:30，播出语种包括老挝语、英语和汉语，其中老挝语6.5小时，汉语2小时，为老挝万象的听众提供各类新闻资讯和中老两国的音乐节目。

---

① 2018年3月21日，根据《深化党和国家机构改革方案》，组建中央广播电视总台，撤销中央电视台（中国国际电视台）、中央人民广播电台、中国国际广播电台建制。

② 2018年11月13日，按照党中央、国务院批准的《广西壮族自治区机构改革方案》，整合广西人民广播电台、广西电视台，组建了广西广播电视台。

③ 2011年12月22日天津人民广播电台和天津电视台等单位合并为天津广播电视台。2018年11月13日，根据天津市机构改革实施方案，将天津日报社（天津日报报业集团）、今晚报社（今晚传媒集团）、天津广播电视台职责整合，组建天津海河传媒中心。

2006～2011年，万象调频台FM93成功策划并报道了"中老边境行"、"共同的泼水节"、北京奥运会、万象东南亚运动会、上海世博会等大型活动，很受老挝万象听众喜爱。

2009年10月23日，由中国国际广播电台、广西对外广播电台联合开办的区域性国际广播频率"广西北部湾之声"在南宁正式开播，用英语、泰语、越南语、普通话、广州话5种语言播音，每天连续播出17个小时[①]。虽然没有用老挝语播出，但是老挝人基本可以听懂泰语，因此，"广西北部湾之声"可有效覆盖老挝，并正式在老挝国家广播电台等东盟国家调频广播固定栏目中播出，双方还互换主持人到对方国家主持节目。

2011年5月10日，老挝政府正式批准中国国际广播电台设立万象节目制作室。7月1日，制作室建设完毕，以报道老挝人民革命党第九次全国代表大会为开端，开始了中国国际广播电台在老挝的本土化节目的制作与播出。

中国国际广播电台与老挝国家广播电台的合作，始终重视"中国内容，老挝化表达"，解决好老挝听众"听得懂""听得进"的译制问题，是双方有效合作的关键所在。老挝民众受教育程度不高，母语传播尤为必要。要坚持中国节目老挝本土化，以当地人员为核心组建团队，多方培训启用老挝新人，培养成老挝自己的主持人、播音员、记者团队，形成老挝国家媒体的品牌效应。合作期间，中国国际广播电台根据受众情况对播出语言进行了调整，FM93开播之初有老挝语、英语、汉语三种语言，改版后成为单一语种的老挝语调频台，分别在早、中、晚三个黄金时段，设计制作了可听性、伴随性、参与性都比较强的广播节目。黄金时段中，中国文化、流行音乐、汉语学习等内容占到了节目的一半，并且普遍受到老挝听众的青睐。

随着中老两国关系逐年升温，升级为全面战略合作伙伴关系，中老媒体的合作也更加紧密。2015年12月，汉语广播在老挝国家广播电台正式开播。每晚面向全球推送30分钟的中文广播节目。中国国际广播电台通过FM93调频台，结合《悦生活》[②]、网络杂志、短视频等多媒体手段，逐步形成全媒体聚合矩阵。

据中国国际广播电台统计：2006～2016年十年间，国际台老挝语受众中，20～

---

① 刘万强. 2009. 中国第一家区域性国际广播频率北部湾之声试播. https://www.chinanews.com/gn/news/2009/08-19/1824161.shtml[2009-08-19].

②《悦生活》节目以对国际生活方式感兴趣的中国都市高端人群和以英语为主要语言的外国人为收听群体，以涉外生活服务资讯、国际文化交流活动以及健康、有趣、多元的国际生活方式为主要内容，涵盖美食、艺术、旅游、时尚、健康、运动、职业发展等各个方面。

50 岁年龄段的占到了八成。受众当中 67%受过大学本科教育；硕士以上学历受众达 8%。受众反馈数量从 2006 年的不到 3000 人次，上升到 2016 年的近 170 万人次，十年间增长了 560 多倍。[①]中国国际广播电台与老挝国家广播电台的良好合作，使广播节目传播走出了受众老龄化、数量渐减的困境，呈现出了年轻化、现代化和高端化的良好态势。直至 2019 年底，FM93 收听率稳居老挝调频台前三，节目上传网络应用程序后，海外社交媒体粉丝几近百万，成为老挝主流媒体翘楚，超过巴特寮通讯社、国家广播电台、国家电视台、《人民报》等老挝几大媒体粉丝数的总和。中国国际广播电台也成为老挝国家广播电台最佳合作伙伴，是老挝广播发展中颇具影响力的国际传播力量。

中国国际广播电台在为 FM93 量身定制节目时，关注老挝人文和文化习俗，了解老挝听众的喜好，与老挝国家广播电台既有合作又有分工，既注重新闻、讯息类的节目，也积极拓展老挝人喜爱的娱乐节目，比如流行音乐等。合作中注重媒体节目的本土化制作，同时结合互联网新媒体的建设，吸引了老挝很多年轻受众和老挝以外的互联网新媒体受众，是两国媒体合作共建，共同发展的成功案例。在中老两国文化交流互鉴中无疑增强了中国文化的传播力和影响力。

第七节　迟来的老挝电视

老挝国家电视台在万象城边，他们与中国影视机构有很多合作，进入老挝国家电视台的大院可以看到很多中老影视机构合作的牌匾。院子临门正中是高约 20 米的发射塔，老挝人戏称这个发射塔是老挝的"巴黎铁塔"。

老挝国家电视台的发射塔　冯晓华 摄

---

① 华春玫. 2017. 试论国际传播的双向作用——以国际台在老挝传播为例. 国际传播，（1）：76-83.

时任老挝国家电视台的副台长布骆姆先生带着各部门的负责人与我们交流了一个上午，他们很希望能与中国有更多合作的项目和机会。老挝的电视人近年来与中国电视人接触密切，尤其与中国的云南和广西，有很多业务交流。

中老两国电视合作项目标牌　冯晓华　摄

但老挝的电视发展并非一帆风顺，而是历经波折。1973 年，法国曾与老挝签署协议，计划合作开办老挝国内的第一家电视台。但法国在老挝近半个世纪的殖民历史，在老挝上一代人中留下了挥之不去的阴影，这种阴影让老挝政府内部对这个计划的实施产生了明显分歧。反对者坚持认为，从意识形态的角度而言，由法国人资助老挝建立电视媒体，传递的将会是法国价值观而不是老挝文化和自己的价值观。另外，由于老挝经济发展滞后，一定时期内与欧美国家会存在巨大差距，因此，如果通过电视转播的节目，让观众接触到法国的现代生活方式，那么有可能会影响国内精英阶层、民众对政府的满意度，影响国家的稳定和发展。于是，这个电视台的首次建设计划，由于受到老挝历史、战争、经济发展和多方面因素的影响，暂时搁置，一直到十年后，才重新开启。

老挝国家电视台主楼　冯晓华　摄

1983 年 12 月 1 日，在老挝建国 8 周年之际，老挝国家电视台（Lao National

Television，LNTV）开播。当晚，老挝国家电视台的电视节目，首次成功通过屏幕送到万象市市民家中。开播初期，国家电视台每周只有3天播放节目——周一、周三和周五，全天仅播出3个小时的节目，播出的节目内容包含了国内外新闻、电影、纪实类和艺术类节目，没有任何广告。

老挝国家电视台是在苏联的帮助下建成的，并通过苏联援建的丰洪卫星通讯站转播苏联的电视节目。国家电视台建立初期，仅有15名员工、1台发射机，仅有100瓦的节目传输能力，节目仅能传送到25~30公里的范围内，因此只能覆盖首都万象的部分地区。尽管传输能力、制作能力有限，但老挝终于有了自己的电视台。

老挝国家电视台一开始与国家广播电台同在一个机构，当时全称老挝国家广播电视台。1986年老挝政府出台了革新政策，调整经济结构，老挝经济有了相对较快的发展，老挝国家电视台随之发展加快。相关工作人员增加到70多人，节目的播出从一周3天变为一周5天，节目播出的时长也增加了50%，节目传输能力也从100瓦提升到1000瓦。之后，老挝各省也相继建立了自己的电视台。

直到1993年，老挝国家电视台才成为一个独立机构。从1994年开始，国家电视台开始使用人造卫星从万象节目中心向各省传输新闻。

老挝的电视行业发展，受到了老挝经济发展和前期政策以及人才缺乏的严重制约。电视节目制作和传输成本、设备的投入资金成本和技术成本远远大于广播；老挝教育中长期缺乏影视学科，人才极度缺乏；老挝民众消费能力有限，电视机对于多数农村和山区的老百姓来说无异于奢侈品；再加上前期政策封闭，老挝对传媒业的管理缺乏有效的激励、激活机制，因此老挝的电视节目姗姗来迟，并且初期发展较为缓慢。1993~2020年，随着老挝经济的快速发展，老挝GDP年均增长率保持在5.8%~8.05%[①]，老挝电视业的发展也开始加快。

第八节 政策的催化

老挝1986年起推行革新开放，对内调整了经济结构，高度集中的经济管理体制被取消，改为经营核算制，实行多种所有制形式并存的经济政策，同时逐步完

---

① 老挝经济持续发展. http://la.mofcom.gov.cn/article/jmxw/202011/20201103014968.shtml[2020-11-11].

善市场经济机制，逐渐引导自然和半自然经济转为商品经济。对外实行开放，结束了封闭政策，颁布外资法，改善投资环境，同时扩大对外经济关系，积极引进更多的资金、先进技术和管理方式。由此，国家经济呈现了较好的发展态势，为文化事业的发展奠定了基础。

就在经济恢复发展最好的时期，1993 年，老挝人民革命党中央政治局通过第 36 号决议，为老挝报纸、广播电视等传媒业的发展开启了"改革之门"。决议首次决定，媒介可以刊登私营企业的广告。广播电台、电视台也被允许在娱乐节目中为私营企业产品做广告，但时间不能超过总节目时间的 1/10，等等。这些新的政策和决议，促进了广播电视的发展。

从 1993 年开启"改革之门"起，坚持开放的老挝，也打开了外部环境的交流之门，老挝国家电视台因此获得了一些国外援助。特别是来自日本和越南政府的援助，日本政府帮助老挝国家电视台建立了新的电视台大楼，日本国际协力机构（Japan International Cooperation Agency，JICA）[①]援助老挝政府 5 千瓦 TOSHIBA 牌的传输设备，提升了节目传输性能，同时建起了一个新的电视演播中心，购买了前期摄影和后期剪辑设备，提升了节目硬件制作能力。老挝国家电视台员工增加到了 104 人，节目播出从一周 5 天变成每天播出，并且每天播出 11 个小时。

老挝国家电视台演播厅　冯晓华 摄

1993 年后，老挝国家电视台明确了自己的定位：文化新闻部的一个专业组织机构，宣传党和政府的各种方针政策、法律规定、计划决议，宣传政治、经济上

---

① 日本国际协力机构成立于 2003 年 10 月 1 日（其前身是日本国际协力事业团，该事业团成立于 1974 年 8 月 1 日），是直属日本外务省的政府机构。它以培养人才、无偿协助发展中国家开发经济及提高社会福利为目的实施国际合作。目前在世界 100 多个国家设置了事务所。

的重大成就，宣传世界科技文化水平的发展等。同时为老挝人民提供资讯，传播知识和提供娱乐，并向党和政府传达人民的心声。

1995年，老挝国家电视台从一个台变成了两个台：老挝国家电视台第一频道（LNTV1）和老挝国家电视台第三频道（LNTV3）。其中LNTV3与国外合作制作播出节目。

2002年，越南政府援助给老挝10千瓦的节目传输设备。2009年，中国援助老挝建设UHF系统，并给老挝提供了功率为20千瓦的传输设备。老挝国家电视台的传输能力进一步提升。

老挝国家电视台节目上传机房　冯晓华 摄

2008年8月22日，老挝国家电视台设置了市场科，开始调查研究电视节目的市场定位，研究观众对节目的关注度，植入了电视节目成为商品的理念，拓展和集中社会各阶层的力量一起来制作节目，并首次制定了明确的广告经营目标——在一年内，努力让电视台的收入达到30亿基普（约235万元人民币），而且计划做到每年的收入有序增长。

老挝的电视行业受到诸多因素的制约，但因为新政策的实施和催化，启动了其发展的引擎，开放形成的多方合作关系，解决了部分人才和技术问题，新政策促使国家经济复苏和发展，奠定了基础，整个国家的电视行业获得一定程度的发展。但是，老挝影视人才依然短缺，大量他国支援的电视前后期制作设备，仅少数人会用，因此老挝电视行业人才的培养是当务之急，也是与他国合作和持续发展的重要环节。老挝与他国的合作依然缺乏更为合理的政策支持，影视合作缺乏整体的布局和思路，老挝本身也没有把人才的培养作为合作的重点内容和持续发展的关键环节，更多偏向于项目与资金，国家对影视学科教育的关注和投入、建设都远远不足。长远来看，老挝的影视发展依然面临后劲不足的问题。随着老挝国家经济的发展，这个问题会越来越突出，人才最终会成为制约发展的决定性因素。

老挝国家电视台发展较快，通过卫星已经将节目覆盖到全国。老挝国家电视台还建立了外语新闻部和国外新闻部。地方性电视台、有线电视和卫星电视也逐渐发展起来。

2008年4月，老挝与泰国合作成立了老挝之星电视台，主要介绍老挝文化教育，隶属老挝民族艺术和文化促进部。由于地域及文化的高度连接和近似、语言相通，加上泰国节目娱乐性强，内容丰富多彩，因此老挝之星电视台目前已成为老挝较有影响力的电视台。由老挝国防部牵头，老挝于2011年又成立了只有1个频道的国防安全电视台。

此外，老挝主要有琅勃拉邦省级电视台、占巴塞省级电视台、沙湾拿吉省级电视台等17个省级电视台。老挝省级电视台技术、设备力量较为薄弱，大部分不能独立制作电视节目，只有琅勃拉邦、沙湾拿吉等几个省级电视台有能力自办节目，但每天也只能播出1个小时。这些省级电视台中，发展较好的都与其他国家媒体有着或多或少的合作。

占巴塞省级电视台记者办公室　冯晓华 摄

老挝国家电视事业正是在国家制定的革新开放政策下，依托近年快速发展的国家经济，在与中国、日本、泰国、越南等的合作交流中，获得了设备、资金、培训的支持，有了相对较快的发展。越南国家电视台（Vietnam Television，VTV）、中国中央电视台（China Central Television，CCTV）[①]、云南广播电视台（Yunnan Media Group，YMG）、日本放送协会（Japan Broadcasting Corporation，NHK）、韩国放送公社（Korean Broadcasting System，KBS）、首尔广播公司（Seoul Broadcasting System，SBS）、韩国文化放送株式会社（Munhwa Broadcasting Corporation，MBC）、法国电视5台（La Cinq）、法国国际电视台（Canal France Inter-national，CFI）等，对老挝国家电视事业的发展给予了支持和援助。

老挝国家电视台早期只有1个频道，1995年开始设置了LNTV1和LNTV3两个频道。LNTV1主要报道政治、经济和文化事务，共有65个栏目。每天通过2千瓦和10千瓦的发射机播出13.5小时的节目，每天有3小时的自制节目，新闻每天都有早中晚三档。LNTV1的新闻内容包括老挝、英国、法国三个国家的新闻，2020年准备加做中文新闻节目。LNTV3频道主要负责播放娱乐、电影和体育节目，共有25个节目。通过5千瓦和10千瓦的发射机，在周一到周五每天播出8小时，在周六、周日每天播出10小时。其中LNTV1的新闻节目占70%，娱乐类节目占30%；LNTV3正好相反，新闻节目占30%，娱乐类节目占70%。LNTV3是1994年老挝与泰国共同投资建立的，每日播出泰语智力问答栏目、肥皂剧栏目和泰国电影栏目等，很快就受到观众的喜爱。2002年后，老泰两国结束合作关系，LNTV3成为老挝国家电视台电视网络的重要组成部分之后，仍然保持着娱乐节目占比高这个特点。

中国中央电视台是对老挝国家电视台援助最多的机构之一。中国自2007年开始与LNTV3合作，援助了老方大量的影视设备，这些设备一直用到现在，同时，在老挝国家电视台免费播出了多部中国电视剧、电影作品，但缺乏有影响力的影视作品。因为既受到译制的限制，又受到中国国内影视剧版权的制约，难有精彩的中国影视作品在老挝传播。2007年3月，老挝国家电视台和中国中央电视台签署协议，中国政府提供7900万元人民币的援助，用于资助LNTV3的建设项目，为2009年12月在老挝万象召开的第25届东南亚运动会的电视转播提供了两个频道的节目信号（通过卫星传播，24小时播放）。2017年，中国又援助了LNTV3的技术升级改造项目。

[①] 2018年3月，组建中央广播电视总台，撤销中央电视台建制。

老挝国家电视台新闻演播室的影视设备　冯晓华 摄

　　LNTV1 的新闻节目、LNTV3 的娱乐节目很受观众欢迎，老挝国家电视台共有 20 名主持人，但是和电影、广播电台的情形一样，电视台也没有明星。虽然老挝观众十分爱看新闻和娱乐节目，但他们记住的是节目内容，而不是节目的主持人或制作人，国家也没有设立过相应的影视奖项鼓励从业人员。

万象百姓收看电视节目　冯晓华 摄

　　LNTV5 是在 1998～2003 年老挝与法国国际电视台共同投资建立的，每天下午 5 点到晚上 10 点转播法国国际电视台的法语节目。2003 年 12 月 2 日，LNTV5 改为法语新闻部，另外，老挝国家电视台还建立了英文新闻部和民族语新闻部。由于节目语言的限制，观众稀少等，老挝和法国两国合作协议期限没有继续延长，LNTV5 于 2004 年停播。

　　除了与中国进行的栏目制作和技术改造、升级方面的合作，老挝国家电视台还与中国进行了电视纪录片创作项目的深度合作。

　　2016 年，在中老建交 55 周年纪念日，由中国五洲传播中心、广西电视台、老挝国家电视台联合制作的纪录片《光阴的故事》，在中国中央电视台和老挝国家电视台同步播出。老挝人民革命党中央总书记、国家主席本扬·沃拉吉对纪录片《光阴的故事》给予了高度赞扬。在 2016 年 5 月初访华期间，本扬将亲笔写下"老中友谊万古长青"字迹的《光阴的故事》光盘赠送给习近平主席，作为友谊的见证。2017 年 11 月，习近平对老挝进行国事访问之际，在老挝《人民报》《巴特寮报》《万象时报》发表题为《携手打造中老具有战略意义的命运共同体》的署名文章。文章中提到："中老合拍的纪录片《光阴的故事》网络总播放量达数百万次，深深撼动两国民众心灵。"[①] 纪录片在两国政治、文化交流中成为友谊的纽带，中老两国合作的影视作品，也第一次得到了两国观众的青睐和关注。在中老文化交流中，一部真实的、投资不大的纪录片，远远超越了电影、电视作品的影响力。这是值得思考的。

2016 年老挝担任东盟轮值主席国，2015 年 11 月，云南广播电视台国际频道联手老挝国家电视台，精心译制了老挝语版《舌尖上的中国》。东盟峰会召开前夕，老挝党中央书记处书记、中央宣传培训部部长吉乔·凯坎皮吞及夫人一行亲赴云南广播电视台国际频道，参加老挝语版《舌尖上的中国》首映仪式。凯坎皮吞在云南广播电视台国际频道的总控机房亲自启动了开播按钮。听到节目中正宗的万象口音，部长夫妇露出了会心的笑容。这部影响了中国观众的纪录片，也在老挝掀起了收视热潮。

凯坎皮吞在云南广播电视台国际频道的总控机房亲自启动开播按钮
（云南广播电视台国际频道提供）

[①] 习近平在老挝媒体发表署名文章 携手打造中老具有战略意义的命运共同体. http://cpc.people.com.cn/n1/2017/1114/c64094-29644045.html[2017-11-14].

老挝国家电视台与中国在电视剧和动画片等方面还有合作。"可以想象,当说着老挝语的孙悟空、哪吒出现在电视上时,观众们将会很惊喜。"2015年4月,老挝国家电视台台长本造·皮基出访云南时这样说道。一个月后,本造·皮基台长的这一期待变成现实。由云南广播电视台国际频道和老挝国家电视台合作的《中国动漫》《中国剧场》《中国农场》三大带有浓浓中国风的栏目,正式登陆老挝国家电视台,从此以后,老挝观众在家里就能直接收看到通过这些栏目播出的中国影视作品。首期开播的是老挝语版的《大闹天宫》《北京青年》这两部颇具中国特色的经典动画片和热播电视剧。

通过设置栏目建立播出渠道,中国优秀的影视剧、动画片及其他节目被译制成老挝语后再播映。这些栏目自开办以来,带着独特的中国风韵,注重老挝本土化译制,已经成功译制播出了一批中国电视剧,如《你好,乔安》《保卫孙子》《北京青年》《木府风云》《我的媳妇是女王》等,而《西游记》《大闹天宫》等经典动画片在与东盟观众相遇后,使得追剧成为普遍现象。文化互融促进了民心相通,由此增进了中老两国的相互了解和信任。为了让译制更好地本土化,老挝国家电视台与广西人民广播电台在万象建立了联合译制工作室。云南广播电视台国际频道与老挝国家电视台及中老两国的民营企业合作,现已经成为中国最大的老挝语影视译制机构。一些译制优良的影视作品,深受老挝观众的欢迎。

老挝语版《西游记》海报

老挝语版《大闹天宫》海报

2005年12月开机，2007年底完成的电视纪录片《同饮一江水》，是由中国中央电视台、老挝国家电视台、缅甸广播电视台、越南电视台、柬埔寨国家电视台、泰国大众传媒第九电视台合作拍摄的一部大型人文地理类纪录片。这部纪录片历时3年，摄制了20集，是多国、多媒体合作的结晶，内容涉及的20个选题故事、200多个拍摄点均由合作六国的电视台协商确定。《同饮一江水》以小故事点切入，讲述湄公河沿岸各个国家百姓的生活故事，包括老挝原始热带雨林村民、泰国年近古稀的驯象大师、越南女子排爆队员、柬埔寨洞里萨湖和中国广西桂林的渔民、泰国大海啸中奇迹般生还的孩子、缅甸著名红宝石矿区的矿工、中国云南传统手工艺人等，通过40多个普通人物的生动故事片段，以湄公河次区域地区灿烂的古代文明为背景，展现了丰富的自然资源以及中南半岛独特的人文风情，是澜沧江-湄公河流域国家在经济、文化等方面交流合作的成果，表达了"和平、友谊、合作、发展"的主题。

中国的云南和广西与东盟的广播影视合作较多。中国的云南和广西与部分东盟国家接壤。尤其是云南，众多的少数民族与东南亚国家民族之间有着共同的族源、相似的文化习俗。特殊的地理位置和一衣带水的文化习俗，使得两地区与东盟合作具有得天独厚的优势，在深化中国与东盟国家交流合作上，两地区具有不可替代的战略地位和作用。中国云南、广西的影视媒体很好地运用了这种优势，来开展与东盟国家，尤其是中南半岛国家的传媒合作，探索和实践了一些富有地域特色和民族文化特色的合作方式。

除此之外，在老挝，老挝数字电视有限公司（简称老数公司）、老挝亚太卫星有限公司（简称老星公司）是老挝电视行业中影响较大的跨国合资公司。这些中老合资的科技、影视公司，也日益发挥出越来越强的文化交流互鉴作用。

在老挝的电视事业发展过程中，中国给予了很多支持，中国也有企业投资老挝的传媒行业，虽然有一定成效，但仍有很大的合作、发展空间。双方合作应从当前电视人才培训入手，多层次合作、多方浸润和影响。从泰国影视在老挝产生了广泛的影响来看，中国的影视作品在传播中需要切实提高译制的质量。仅以云南为例，每年云南投入500万元用于东南亚国家影视作品的译制和推广，只有精心译制有质量的影片才能引起观众的注意，但是，几部投资不大的电视纪录片的联合制作和播映，所产生的良好效应和影响力超过了译制片在老挝和其他国家的传播效果。目前，东南亚，尤其是中南半岛上的大部分国家，对于世界来说，依然是神秘又令人向往的地域，但是亚洲和欧美的影视人对这一地区鲜有涉及，给世人留下了无数想象的空间。纪录片是其他地区了解这里的最直接的方式，因此，加大针对老挝及东南亚国家的纪录片的合作投资力度，既能满足老挝等国家对影视人才随合作项目得到培训、锻炼的强烈愿望，又能将合作双方国家的形象宣传出去，因此这样有明显效果的影视合作模式是老挝影视界最愿意看到的。这种投资较为可控，对于老挝影视人和观众来说，参与项目结束了他们单一接受传播的单向交流方式，通过纪录片项目的共同创作增强了与合作国家影视人的互动交流，获得了双赢的结果。中国也通过与老挝等东南亚国家进行影视纪录片合作拍摄，获得了文化交流互鉴最有效、最大化发挥自身影响力的方式。

因此，中老影视项目的合作首先需要中方的影视人更多、更深入了解老挝的人文和历史，以两国人民都感兴趣的电视纪录片作为影视交流合作的核心，带动电影项目的合作，通过项目解决融资、发行问题，通过项目带动老挝的影视人才交流培训，增强互动和交流，逐步创作出有观众、有影响力的影视作品。

第九节　井然有序的老挝国家电视台

老挝国家电视台占地面积并不大，位置也不在万象市的中心地带，台里的设备机房并不是最好的，但是走进国家电视台内部，可以看到每个部门都清洁整齐，这让人感觉到，在这里工作的人对自己的职业有一种发自内心的尊重和热爱。

老挝国家电视台演播厅外　冯晓华　摄

老挝国家电视台演播设备　冯晓华　摄

由于历史、地理等因素，老挝国家电视台与越南的合作比较密切，台里的人员培训大多是去越南开展。当然，他们与中国的合作也很多。时任国家电视台副台长的布洛姆先生也表达了希望与中国影视单位和影视人合作，通过项目运作或者参加业务培训来提高国家电视台的影视制作能力的意愿。

老挝国家电视台除了与中国、日本、越南有合作关系，还与泰国、柬埔寨、欧美国家的影视机构合作。目前老挝传媒业态几乎是一个开放的自由市场。各国影视机构不需要通过老挝国家的管理部门，就可以直接与电视台和广播电台合作。

比如云南广播电视台、广西广播电视台，都与老挝国家电视台有着合作交流关系。老挝有 17 个省和 1 个直辖市，直辖市和每个省都有自己的电视台和广播电台，而所有的外国影视机构，都可以直接与这些电视台、广播电台合作。合作方式有技术交流、培训、项目制作等等。

一路参观了电视台的各个部门，我们走进制作机房的时候，正是午饭时间，机房已经空无一人，但是干净整洁得亮眼，看不到任何影响"颜值"的垃圾或者不相干的物件，摸不到灰尘。工作人员进入机房工作的时候，是需要脱鞋的。

整洁的机房　冯晓华 摄

2019 年 12 月，老挝国家电视台共有 261 名员工，女职员有 83 人，261 人中，只有很少一部分人学习过传媒专业知识。全台 16 个部门，6 位台领导各自负责不同的部门和业务。全年运营投入 100 多万美元，其中政府投入资金 60 万美元，2019 年广告收入 60 万美元，是广告任务完成度最高的一年。员工的月平均工资约为 200 美元，最高的为 500 美元。目前，政府有让电视台自负盈亏的计划，但还没有正式实施。每年电视台大约会新进 20 多名员工，但有些年份也可能一个也不招。现在老挝国家电视台也有一部分台聘人员，30 人左右，工资由电视台自己发放。

阿木就是电视台的工作人员，他说在上班时间，几乎每个工作台都会坐满剪辑人员。即使是那个时候，这里也很安静，看不到与工作无关的东西。演播室也很整洁，布置的灯光是非常专业的，那些现场的录制设备看上去很新。后来阿木告诉我，由于很多前期拍摄设备是国外资助的，但又没有专业指导，所以设备很多都没有用过。阿木与我们相处了很多天，我发现他很有摄影的天赋，我在学院研究教授的课程就有摄影和剪辑，交流中教给了他一点构图技巧，单纯的阿木很快消化了，照片的质量大有改观。我邀请他有时间到云南参与纪录片项目，这位年轻人非常期待，他有一种对学习的热切盼望。

老挝国家电视台演播厅　冯晓华 摄

爱学习的阿木　冯晓华 摄

老挝国家电视台包括管理部、国内新闻部、娱乐部、外语新闻部、国外新闻部、LNTV1 节目制作部、LNTV3 节目制作部、技术维修与研究部、技术服务部等等。

LNTV1 节目制作部有 5 个类型的栏目，即访谈类栏目、记事类栏目、表演艺术类栏目、青少年类栏目和体育类栏目。

访谈类栏目包括《国家和法律》《文化—社会》《好人好事》《食物与健康》等，从严肃的话题到生活的琐事，此栏目中都有展现。

记事类栏目主要包括《老挝国宝》——介绍各民族的文化习俗、自然风光、文化遗产；《好职业》——介绍社会各行各业人物；《农民》——介绍农业耕种和养殖方法，重点介绍如何从自然农业迈向现代化生产；《每日交通》——宣传道路交通安全知识，让人们遵守交通规则，减少道路事故；《好学习》——介绍生活中的经验成果，介绍各种职业特性；《老挝生产》——鼓励老挝民众按照"老挝做、老挝用、老挝行、老挝发展"的号召，参与生产商品，更多地使用本国产品。记事栏目与现实结合紧密，是老挝观众关注度比较高的栏目。

表演艺术类栏目介绍老挝文化艺术、文艺创作思想。青少年类栏目包括三个节目，即《儿童故事》《孩子艺术舞台》《新时代青年》。体育类栏目介绍国内外各类竞技体育项目，涵盖体育技能分析介绍。

LNTV3 节目制作部共有 13 档栏目。《老挝知多少》——讲述老挝人随着生活环境的变化和生存方式的改变而产生的文化历史和生活习俗的变化；《我们村的艺术》——讲述老挝现存的传统工艺和相关故事；《善行》——一个传播佛教文化的节目；《小明星》——介绍优秀儿童，目的是提高小孩子的认知和树立优秀榜样；《旅途》——介绍老挝国内外热门的旅游景点；《当代妇女》——介绍妇女在当今经济社会中所扮演的角色；《娱乐圈》——介绍观众熟知的公众人物的新闻及文艺表演；《娱乐纵贯线》——分享大众熟知的话题和大众感兴趣的时事，尤其是一些娱乐圈新人资讯；《占芭边境之声》——介绍老挝各民族的文化和艺术特色；《一城一景》——介绍老挝各个旅游景点的文化历史、自然环境及人文风俗；《音悦台》——介绍观众喜欢的音乐；《相约周末》——探讨党的政策对发展和建设国家的作用；《跃进》——讲述老挝人民革命党的发展成就。

两个国家频道的节目各有侧重。LNTV1 注重新闻及国家相关政策、思想宣传的影像化表达；注重与国家经济发展、生产相关的科普、宣传；引导关注老挝民众的思想动态；弘扬老挝的民族文化传统。LNTV3 注重生活民俗、娱乐文化、旅游的宣传等，相比 LNTV1 有更大的市场空间，是老挝国家电视台对外合作的窗口。两个频道各自发挥着不同的社会功能。

老挝省级电视台包括阿速坡省级广播电视台、博胶省级广播电视台、波里坎赛省级广播电视台、占巴塞省级电视台、华潘省级广播电视台、甘蒙省级电视台、琅南塔省级广播电视台、琅勃拉邦省级电视台、乌多姆赛省级广播电视台、丰沙里省级广播电视台、沙拉湾省级广播电视台、沙湾拿吉省级电视台、沙耶武里省级广播电视台、赛宋本行政特区广播电视台、塞公省级广播电视台、万象首都广播电视台、川圹省级广播电视台。

最近几年，老挝国家电视台的节目通过老星公司覆盖了老挝的全部地区，同时也被省级电视台转播。只有万象市和较大的省份，例如琅勃拉邦和沙湾拿吉，拥有足够的资源自行制作电视节目。其中琅勃拉邦省最为活跃，但每天也仅播出一个小时自行制作的电视节目,并且主要为当地的新闻节目。这些经济状况较好的电视台,都与国外电视机构有着一定的合作与联系。它们拥有较大的合作空间,能够与各国影视机构签订独立的合作项目。寻找项目和资金,是各个电视台目前最希望做的事情。拥有电视机的人家大多集中在万象、巴色、琅勃拉邦和沙湾拿吉少数几个经济较好的地区,大多数老挝人家里还缺少一台电视机,尽管收音机已经普及。

老挝国家电视台演播室　冯晓华 摄

老挝的有线电视也有一定发展。万象有两家有线电视公司——老挝有线电视公司和万象有线电视公司。其中老挝有线电视公司运营较好,2002年,成都工投集团旗下的洋锦公司在万象设立老挝有线电视公司。截至2017年,老挝有线电视公司拥有50个频道,其光纤覆盖整个万象市,拥有50000光纤用户。而到2022年,万象有线电视公司已停止经营有线电视业务。

第十节　艰难维持的地方广播电视台

首都万象的探访结束后,我们按计划访问了占巴塞和琅勃拉邦。这是老挝万象以外,经济发展靠前的两个省份。我们连续访问了占巴塞文化旅游厅及文化旅游厅下辖的占巴塞省级广播电台和电视台。在占巴塞文化旅游厅厅长的办公室,厅长先生坐在高高的办公桌后面,看得出来,椅子很宽大。我们和两台的工作人员,分别坐在较低的两排面对面的长椅上,讨论着老挝的广播影视。厅长先生坐的位置比较高,就和我们拉开了距离,所以下面讨论热烈,上面默默无声。

占巴塞的广播1968年就开办了,主要是转播万象首都广播电台的节目。1998

年以后，占巴塞省级广播电台每天直播15小时的新闻、娱乐、购物、农业节目，共有FM104.7和FM100.7两个调频频率，两个频率的节目内容是相同的，拥有两个调频频率但只有一套节目，这大概是为未来的节目新内容做一些准备。占巴塞省级电视台是1998年才开办的，目前能够转播40多套电视节目，有一个小时的新闻自办节目，专题播报占巴塞省的各类新闻。

占巴塞省级电视台　冯晓华　摄

占巴塞省级电视台工作人员在剪辑　冯晓华　摄

占巴塞省级电视台前台接待人员　冯晓华　摄

占巴塞 70 多万人口中，仅有 30%的人能收看到电视节目，但有 80%的人能收听到广播电台的节目，所以广播电台要比电视台的年广告收入略高几千美元。但受限于经济的发展，广播电台的年广告的收入也仅为 1.3 万～1.5 万美元，而电视台年广告收入不到 1.2 万美元。两台的广告商主要是电力公司和电信公司。

近年来，占巴塞省级广播电视也结合新媒体进行发展，广播电台建立了自己的直播应用程序——Champasak Radio Station，还有自己的网站——www.champasakradio.gov.la，节目也会上传到 Facebook，电视台也会把节目上传到 Facebook。

走进两台，会看到各个年代的设备，有些办公室甚至是不同年代、不同品牌的各类制作设备共处一室的组合，涵盖苹果、索尼、JVC 等等，有种设备"博物馆"的感觉，但是这些设备仍然处在"服役期"。工作人员对这些不言不语的伙伴十分爱惜，他们对待伙伴们从不喜新厌旧。我们在广播电台的直播间，听了一段现场广播直播，主持人自信温婉，让我们不由得为他们鼓掌。简单的环境却有工作的热情，每个人都在认真地书写着历史，等待着我们和后人慢慢整理和记录。

占巴塞省级电视台的混合设备　冯晓华 摄

琅勃拉邦省级广播电台建立于 1969 年 3 月 28 日。1969～1975 年，它与那个年代建立的所有地方广播电台一样，主要转播万象首都广播电台发布的战争、政治新闻。2000 年开始，国家投入 40 万美元，琅勃拉邦省级广播电台才开始自办节目。每天的播出时间为早上 5 点到下午 3 点、下午 5 点到晚上 9 点。有 32 个自制栏目，用 3 种语言播出，其中老龙语播出的节目 13 个，克木语播出的节目 10 个，苗语播出的节目 9 个。与省、市级相关部门合作的节目 22 个。每天播报 2 个小时的省内或地方新闻，转播 2 小时老挝国家广播电台的节目。其他内容包括种植养殖或是专业科技节目，以及歌曲放送等娱乐节目。琅勃拉邦省级广播电台是制作能力最强的地方广播电台之一。

琅勃拉邦省级广播电台覆盖了老挝北部的很多地区。其中 AM10 705 频率覆盖琅勃拉邦省全境及琅勃拉邦北部部分地区，FM300 102.6 频率仅能覆盖琅勃拉邦市区（方圆 10 公里）。每年的广告收入仅为 1500 美元左右。琅勃拉邦省级广播电台转播老挝国家广播电台的 42 个频率和中国的 7 个频率的节目。和国家广播电台的从业人员一样，琅勃拉邦广播电台从业人员的收入每个月也仅有 1500~2000 元人民币。

琅勃拉邦广播电台台长介绍办台情况　冯晓华 摄

琅勃拉邦广播电台　冯晓华 摄

琅勃拉邦省级电视台于 1990 年 12 月 2 日建立，是老挝能自制电视节目的少数几个地方电视台之一。建台初期，通过越南援助的 10 瓦传输线路传输节目，1997 年在老挝政府的投资建设下传输线路达到了 300 瓦，2010 年部分地区使用了 3 千瓦的传输线路，到 2014 年实现了 3 千瓦传输全省覆盖。截至 2020 年，琅勃拉邦省级电视台还没有属于自己的传输网络，都是使用泰国数据电视有限公司的数字电视，或是老数公司有线网络进行节目传送。琅勃拉邦省级电视台一天播出节目15个小时，其中播放省内节目6个半小时，转播老挝国家电视台的节目8个半小时，共有14档栏目。目前包括老龙语的省内新闻节目、苗语的省内新闻节目、克木语的省内新闻节目，还有《午间娱乐》《苗族娱乐》《克木族娱乐》《我们家乡的艺术》《六种技法》《乐游琅勃拉邦》《世界遗产琅勃拉邦》《遗产的价值》《法律知识》《纪实》《我的家乡》这些节目。《世界遗产琅勃拉邦》，时长为30分钟，传送到LNTV1播出。

坐落在湄公河岸边的琅勃拉邦是老挝最具国际风范的城市之一。每年有欧美地区和亚洲地区的大量游客涌入。优美的自然环境和古雅的人文风景，百年未改的法式建筑，以一种持久的魅力吸引着世人。因此，琅勃拉邦也是老挝对外宣传的一个重要驿站，国家大力投入，在资金和政策上给予了琅勃拉邦的广播电视更多的扶持。与中国云南相邻的琅勃拉邦，也非常想与云南广播电视业界合作、携手，希望共同开拓广播影视的未来。他们强烈希望能在人才交流培训、项目拍摄制作方面加大合作力度。

总体而言，老挝全国只有万象市、琅勃拉邦省、占巴塞省和沙湾拿吉省的广播电视发展较好，这些地区的广播电台和电视台除了转播国家广播电台和电视台的节目，还有一定的新闻节目、栏目自制能力。其他省份都缺乏广播电视节目的制作能力，大部分只能转播国家广播电台和电视台的节目。这些省份的广播电台和电视台，由于受到自身经济能力和业务能力的限制，发展缓慢而艰难。设备比较陈旧，信号还处于模拟状态，人才极度缺乏，几乎没有学过广播电视业务知识的专业人才，部分人员只有一些国家广播电台和电视台组织的业务培训经历。这种业务培训大多是越南国家电视台或广播电台的专家过来培训，或者是老挝国家广播电台和电视台组织人员到越南进行业务培训。业务能力的不足显然成了老挝地方广播电台和电视台最大的问题，因此，不论是巴色还是琅勃拉邦，以及各个地方的广播电台和电视台，都希望能与中国和其他国家建立合作关系，希望通过项目的合作，在实战中培训出自己的业务骨干。与琅勃拉邦相邻的中国云南，有着纪录片创作的土壤和纪录片创作团队、人才，依托国家发展设计，加强纪录片培训、项目合作，是一个操作性强、具有现实意义的合作交流思路。

这一路下来，在广播影视业务调研之余，走在老挝街头，我们感到老挝民众普遍对洁净有着较高的要求，并没有让人感到经济滞后给环境带来的糟糕状况。老挝的街头小吃也很干净，我们请阿力带着去体验老挝的街头巷尾，很多大排档、小店都隐藏在小巷子里，品尝美食的人很多，美食干净且味道极好，很合我们的口味。大部分老挝人都很喜欢吃生的蔬菜，蘸着老挝特殊的酱食，我们也试了一下，立刻就爱上了这些带着虫眼的蔬菜，蘸着老挝酱，非常有韵味。

老挝街头小吃　冯晓华　摄

两位一同调研的伙伴显示出了年轻人的超强活力，他们在连续奔波和快节奏的调研中，从不会显示疲态，总是和简单的孩子一样，对资料、史料钦乏，困难重重的调研充满好奇和兴趣。其实年近五十的我已有些疲惫，但和伙伴们在一起，就会重返青年时光。

在从万象去琅勃拉邦的路上，我们看到了一路在建的中老铁路，2021 年 12 月 3 日中老铁路正式开通，展望老挝影视业未来的发展，可能会出现新的机遇和起点。中国影视人与老挝之间的合作与交流必将更趋频繁，经济发展和科技的改变催生并推动了影视产业，热爱看片子的老挝人，必定会建立起自己的影视产业。

建设中的中老铁路（2019 年 12 月）　冯晓华　摄

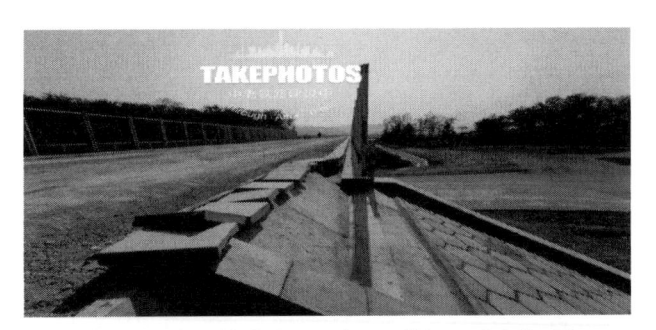

建设中的中老铁路（2019年12月）　冯晓华　摄

第十一节　开放的广播影视经营管理

在老挝新闻文化旅游部的大众传媒厅，副厅长仁邦纳孔先生和两位主任给了我们意料之外的影视资料。老挝新闻文化旅游部也在一栋法式建筑内，这个部门是2007年成立的。老挝新闻文化旅游部的大众传媒厅是具体收集、研究老挝影视传媒发展动态和制定、审批相关规章的机构。在老挝20多万平方公里的国土上，目前有50多个国家的影视广播节目落地，其中包括中国、美国、英国、德国、澳大利亚、法国以及东盟十国等。比起很多国家，老挝对广播影视节目的落地管理，持有比较宽松、开放的态度和政策。平时老挝新闻文化旅游部的大众传媒厅对所有节目只进行抽查管理。

老挝大众传媒厅　冯晓华　摄

老挝2018年12月制定的《关于大众传媒厅组织和活动的决定》中，规定了大众传媒厅是老挝新闻文化旅游部的组织机构。它的职能是为国家制定广播影视的战略计划、工作方案、项目计划，进行宣传教育，培训从业人员，为全国管理和发展大众传媒新闻事务提供参考。具体职能包括：为发展和管理各类媒体制定战略计划；向部长和相关部门提议允许在全国范围内建立各种大众传媒机构；检查、监督地面和卫星广播频率的正常运行；起草各种大众传媒相关的法律、决定、行政命令和通知，并报上级审批；为政府、群众、法人和各部门颁发大众传媒活动事务的许可证；允许进出口与大众传媒相关的产品和工具；颁发和撤销传媒专业人才的证书等等。

2016年11月4日，老挝修订的《传媒法》正式执行。老挝《传媒法》中明文写着：第四条 国家对大众传媒的政策——国家提倡大力发展大众传媒事务，提高新闻媒介质量，在人员、经费、技术装备等方面实现与现代技术的结合。

国家促进、支持各方面的新闻媒体组织，在传媒建设中发挥积极作用，做到财务经费自给自足，国家依法为新闻媒体产品的生产、传播和发行提供便利。国家在国内和国际上对个人、企业和组织依法参与和投资大众传媒的发展实行开放政策。

从《传媒法》的这条规定可以看出，老挝政府加强了对传媒行业的重视，打开了传媒行业的市场之门，也打开了国际合作的大门。这是老挝政府试图加快传媒行业发展，通过多种形式、渠道建设国家传媒行业的一个信号。

《传媒法》第九条规定了老挝公民在大众媒体上的自由——老挝公民有在大众媒体上发表意见的言论自由。在浏览国内外的新闻以获取事件、知识、娱乐和其他方面信息时不可违反法律法规，应造福国家和公民。《传媒法》还对传媒行业从业人员的职业行为做了明确的规定。

老挝新闻文化旅游部的大众传媒厅就像一片藏宝地，只要是我们能访问到的内容，只要是他们曾经整理或者刚刚梳理好的内容，他们就会将资料转到我们手里，他们为我们的调研提供了最为翔实的内容和权威的数据。临别，我们在古雅的办公走廊上合影，阳光很温和。

仁邦纳孔先生告诉我们，他的女儿在云南中医药大学学习，很喜欢中国的文化，对中国有着特别的感情。老挝的年轻人到中国学习中医，这让我十分惊讶，我就是一个深爱中医的人，在老挝，居然会有热爱中医的老挝人。这是我发现的第二个很多国民热爱中医的国家，之前到新西兰旅行，发现很多新西兰人也十分信任中医，而且还给中医颁发国家的行医资格证。十分感慨！

与仁邦纳孔先生（中）一行合影

我们加了仁邦纳孔先生的微信，很多与中国有联系的老挝人，都有微信。其实，微信已经成为部分老挝人与中国人沟通交流的重要移动媒体。另外 TikTok（抖音海外版）已经在老挝成"灾"。阿力告诉我们，老挝的孩子尤其喜欢刷 TikTok，几乎只要有空就刷，很多家长已经开始控制孩子们玩 TikTok 的时间了，就像阿力的哥哥控制侄女们刷 TikTok 一样。阿力的哥哥是老挝国立大学的老师，是学考古学的，计划到中国读博士，很可惜我们没有见到。我们发现，只要是手拿手机的孩子，都会刷 TikTok，而且频率相当高。老挝的知识阶层对 TikTok 的印象并不是很好，他们担心，TikTok 会浪费掉孩子们学习的时间，而且 TikTok 上的一些内容并不能让更多的孩子或关注的人受益。我们发现的一个比较有意思的现象是，在民间，很多老挝的孩子十分痴迷 TikTok，而在老挝国立大学，年轻人关注的几乎都是 YouTube 或者 Facebook。老挝的精英阶层，使用 Facebook 和 YouTube 的也占了绝大多数，微信则是他们与中国朋友沟通的工具。

第十二节 没有明星的老挝

在调研过程中我们发现了一个有趣的现象：老挝的广播影视行业，没有明星，或者说还没有出现真正的明星。对于本国的广播影视从业人员，老挝的百姓没有明星的概念。

老挝听众最喜欢的广播节目是新闻，其次是交通实时状况的发布，娱乐音乐节目也很受老挝民众欢迎。我们在调研中了解到，1975 年以后最受老百姓欢迎的广播主播是朱马·占塔拉,这是老挝唯一被大多数听众认可的近似明星的主播,之前和至今都没有一位类似的主播出现。电视和电影中就更没有了。占塔拉在播报体育新闻和现场解说的时候,条理清晰,反应敏捷,能够把现场情况迅速、形象、幽默地传达给听众,他的声音亲切而且带有磁性,深得听众的喜爱。占塔拉从 1975 年一直工作到 2008 年,除了他,老挝再也没有出现过这样深入人心的主播。我们非常想见到这位主播,但可惜的是,国家广播电台的台长告诉我们,占塔拉先生在 2017 年去世了。相对于我们熟悉的、习以为常的明星制度,老挝是个还没有建立起自己行业明星意识的国家。

在广播影视行业中,明星制度的建立往往会带动广播影视产业的发展。在现代生活和消费文化的现实中,明星制度不仅仅是一种单纯的文化现象,它与片场、商业运营结合,更是一种经济现象的人文呈现。在大众传播飞速发展的现在,明星制度已经成为世界广播影视市场化的一个有效途径。

明星制度最早起源于 20 世纪初的美国好莱坞电影工业,是好莱坞片场的产物。至于是谁最先开启这一制度的,似乎有着各种各样的说法。但是,它是促使好莱坞电影工业发展成熟的一个重要标识。好莱坞电影工业影响了全球的电影业,尽管几经起伏、几经变革,但明星制度作为整个工业的核心机能之一,一经建立,并没有大的改变,明星们对观众有着巨大的吸引力,直到今天依然如此。

明星制度是一整套完整的电影制片、销售和宣传体系。电影里的明星,是一部新电影能够对观众产生吸引力的重要元素。喜剧大师卓别林,他的影片平均每部拥有 3 亿观众。有了明星,一部电影就有了招揽观众话题与关注的吸引力,随之而来的就是影片的票房保证。这是明星制度产生的内在原因。观众把明星看作青睐的偶像,制片商也从中寻觅到了商机,而放映商也开始根据是否有明星、有多少明星来决定是否预订影片。明星制度的商业功能并不仅在出售电影,还可以通过明星发掘时尚产业和其他产业的市场。因为明星制度还培养出一群特殊的消费者,他们围绕着明星,明星宣传、使用的产品促动他们慷慨地消费,同时也促使电影形成了更加完善的产业化链条,使得电影业始终处于一种蓬勃发展的趋势中。明星制度在 20 世纪 50 年代以前几乎成为票房的唯一核心。在好莱坞电影工业中,大制片厂制度的核心就是明星制。广播电视与电影有异曲同工之处,,电影明星成为争取票房成功的重要因素,而广播电视明星——明星主播、电视剧明星、明星导演,甚至是明星摄影师,都会成为收听率和收视率的重要指标。

在影视剧行业中，明星制度成为商业大片纷纷采用的重要策略。中国的电影业也一样，2000年后，一些国产商业大片开始领军中国票房，中国电影业也因此逐渐走出了徘徊十多年的"低谷"。2003年以前，好莱坞电影基本占有率超过中国电影市场份额的一半，几近60%～70%。2004年，随着一批国产商业大片的出现，中国电影票房首次在中国电影市场超越好莱坞影片，获得55%的份额。[①]如《墨攻》《满城尽带黄金甲》这些影片不只是剧情精彩，明星也是这些商业大片吸引观众、冲击票房的重要力量。在广播电视领域，几乎一个明星主播，就能够带火一个栏目，当然，还要建立在栏目本身质量优良的基础之上。

老挝国家广播电台主播　冯晓华 摄

独立建国初期，老挝电影体制受到苏联"计划经济模式"的影响，取缔了私营电影企业，影片生产按照国家编制的计划进行，曾经彻底排除了商业性，国家统筹规划拍摄影片，更多发挥影视的社会主义宣传教育功能。在长期计划经济体制的背景下，老挝人缺乏明星意识，老挝电影人在政府的指导下，头脑中的明星意识、明星观念也不强。另外，老挝电影在计划经济大背景下，没有电影的商品意识，影视产业和传媒产业一直发展缓慢，几乎还未形成产业基础，而明星正是产业化、商品化的产物，因此，老挝也成为迟迟没有出现广播影视明星的国家。

明星制度是广播影视产业化的重要推手。近年来，随着老挝传媒影视政策的

---

① 饶曙光. 2007-03-08. 国产商业大片的历史责任和道德使命. 中国电影报.

改变，老挝广播影视商业化运作也逐渐深入。广播影视业要依靠自身的商业利润，来维持自身的生存和获得发展的动力。根据我们的现场调研，老挝国家广播电台和电视台每年的运营经费有部分需要自行筹措。商业化是一个行业产业发展的必然。成熟的明星制度是广播影视产业高度发展的体现，明星是商业电影的重要元素，其原因有三：首先，明星吸引了一批相对稳定的广播影视消费者；其次，明星能够吸引投资人对广播影视的资助或投资；最后，优秀的明星还是广播影视质量的重要保障之一。因此，老挝的广播影视行业需要培育自己的明星。

老挝一直没有确立明星制度，还可能与老挝本身大部分民众信仰佛教，无意争强的社会氛围有一定关系。听广播电台的工作人员介绍，老挝人虽然观看、收听广播影视节目以及电影，也有自己喜爱的泰国明星，但是老挝人很难成为某一个明星的粉丝，他们也不会去追星。即便是主播占塔拉先生出现时，人们也不会特意去等待或者围观。他就是一个很有趣的主播，老挝人会这样说，但很多老挝人记住了占塔拉的名字。至于其他的节目，老挝人更多关注的是节目内容，并没有关注主播本身。这个现象在我们看来有些惊讶，但是，再过几年，如果老挝的广播影视业、新媒体有了进一步的发展，与市场的结合更加紧密，情况是否还会像今天一样呢？这是个有趣的问题。

第五章　中国标准落地老挝

第一节　老挝最早的影视开拓者

夜幕降临的时候，我们赶到了老数公司万象总部。老数公司是云南广播电视台下属企业云南无线数字电视文化传媒股份有限公司（简称云数传媒）的海外子公司，是云数传媒与老挝国家电视台、老挝科技发展有限公司三方合资，在老挝共同创建的电视网络运营及文化传媒企业。目前老数公司在老挝万象、占巴塞、琅勃拉邦、沙湾拿吉等地都建有分公司，这就是康文元先生待了6年的海外公司。回到国内的康先生向我们介绍了老数公司的很多情况，让我们这次实地调研有了落脚点。老数公司总部在万象的一栋法式别墅内，我们去的时候，正碰上下班，看到员工大多是老挝人，都穿着统一的工作服装。

老数公司是目前老挝最大的电视运营商，截至2022年12月，老数公司已拥有19万收视用户，收视人群逾112万人，占老挝总人口的10%以上。其中首都万象拥有用户12万户，收视人群超过59万，覆盖当地64%以上的人口；巴色拥有用户近4.9万户，覆盖当地约65%的人口；沙湾拿吉1.3万户，覆盖当地近40%的人口；琅勃拉邦拥有用户0.8万户，覆盖当地近75%的人口。老数公司的建立是从一个项目开始的，2004年，老数数字电视网建设项目在我国云南电视台的主导下开始筹备，中方与老方开始洽谈，2005年中方组织技术团队并邀请业内专家在老挝首都万象进行了实地测试。与老挝悠缓的节奏相比，这个项目的推进速度还是比较快的，2006年中方与老方签署合作协议，2007年万象数字电视网开始建设，当年4月3日在万象揭牌成立，正式宣布老数数字电视网建设项目一期——万象项目的全面启动，2019年一期项目完成，使老挝成为东南亚各国中第四个拥有数字电视的国家（前三个国家为新加坡、马来西亚、泰国）。

老数公司万象总部　冯晓华 摄

老挝是一个开放性和包容性都很强的国家，国土面积仅 23.68 万平方公里，相当于半个云南省稍多一点。然而，就是在这一片不大的地域上，就有多个国家的多个公司参与了媒体的运营和竞争。老挝本身的经济实力很弱，国家的多种建设要依靠外援，主要援助国和组织有日本、瑞典、澳大利亚、法国、中国、美国、德国、挪威、泰国及亚洲开发银行、联合国开发计划署、国际货币基金组织、世界银行等。外援项目主要分布在公路、桥梁、码头、水电站、通信、水利设施等基础建设方面。援建也促进了老挝发展过程中的包容性，仅影视相关行业就有泰国、越南、日本、中国的多家公司参与投资建设和运营。

老挝对广播电视新闻、娱乐节目的管制也非常宽松，其中泰国通过大大小小的锅形接收器在老挝输入了 200 多套电视节目。老挝的首都万象与泰国仅湄公河一河之隔，两国语言相近、习俗相同，再加上泰国的影视行业发展较快，电影、娱乐、广播电视节目，对老挝民众都有着深远的影响。

中国西南的西双版纳与老挝接壤，语言、习俗也十分接近，老挝北部地区的很多民众与西双版纳的傣族人民还有源远流长的亲属关系，相互之间也经常来往，但是，由于中国的影视节目大多为中文，老挝民众文盲率较高，即便是相近民族的影视故事，翻译为老挝文字，能看懂的也是寥寥无几。因此，即便有相近的民俗、生活习惯，甚至有共同的传说故事，以中文呈现的影视节目对老挝绝大多数民众来说，也都缺乏足够的吸引力。即便中方的影视节目能够通过卫星或线路传输到老挝的家庭，他们往往也不会选择收看。老数公司的网络就能将中国中央电视台、云南卫视、广西卫视、湖南卫视等的电视节目传输到老挝用户家中，但是几乎无人收看。能够让老挝民众感兴趣的是那些经过老挝语译制、配音的节目，这些节目由老挝国家电视台与云南广播电视台合作，通过中老两国合作的译制公司翻译、配音，由老挝国家电视台的审查、修改后，在 LNTV3 播出，再通过老数公司或老星公司传输到电视用户家中。但是这些译制节目基于内容及译制原因，也很难得到老挝民众的持续关注。

老星公司通过卫星在老挝转播 175 套电视节目。老数公司是较早进入老挝的影视文化企业，正因为其先建输出渠道、平台，再输出节目内容，才得以在逼仄的竞争之地赢得了生存的空间。老数公司由于有良好的输出渠道和平台，加上在管理方式上实行一人一片区的精准运营管理，对入户的数字电视进行跟踪管理和服务，出现问题及时修理解决，片区管理因户设岗、责任明确，运营服务高效，因此获得了老挝用户的认可，成为目前老挝用户数最多的公司。截至 2020 年 1 月，通过老数公司网络，老挝民众可以接收到 68 套电视节目。

第二节　中国 DTMB 标准首次落地国外

2010 年老数公司将万象网络传输技术转换成为中国 DTMB（Digital Terrestrial Multimedia Broadcast，即地面数字多媒体广播）标准（GB 20600—2006），首次将具有中国完整自主知识产权的 DTMB 技术标准推广到老挝，老挝成为采用中国 DTMB 标准的第一个国家。这是中国标准第一次在海外落地，这一年还完成琅勃拉邦、沙湾拿吉、占巴塞三省的中国标准落地勘察。2011 年中老建交 50 周年之际，老数公司配合中国驻老挝大使馆筹办了"中国电影周"活动，为活动播映的 21 部优秀中国电影进行了老挝语配音、制作等工作。

2012 年 2 月，鉴于老数数字电视网建设项目的顺利有效推进，老挝新闻文化旅游部与中国国家发展和改革委员会在北京签署"关于在老挝采用中国地面数字电视传输标准合作建设老挝数字广播电视全国网项目"（简称老挝全国网项目）谅解备忘录，指定由云数传媒作为项目的实施单位，并同意在网传输播出多套中国广播电视节目。2012 年 3 月，老数公司在琅勃拉邦省、占巴塞省、沙湾拿吉省完成了第二期项目建设并投入试运营，采用中国数字音视频编码标准（AVS）搭建 3 个 DTMB 信号频点，播出 42 套数字电视节目，实现双国标（DTMB+AVS）在海外的首次联合落地。这是中国对外文化交流中第一次先建输出渠道、平台，再输出节目内容的有益尝试。

2012年11月5～6日在老挝万象召开的第九届亚欧首脑会议的会议中心及国际新闻中心，都使用了老数公司提供的数字电视服务。中国DTMB标准传输的优质电视节目信号得到了各国与会人员的好评，也得到了老挝新闻文化旅游部及老挝外交部的好评。2014年1月25日老数公司配合云南广播电视台、老挝国家电视台，在万象成功举办"中老情·合家欢——2014年春节联欢晚会"。2014年底老数公司在万象新增一个频点进行频道播发，增加9套新节目，2019年节目增至68套。云南广播电视台国际频道、三沙卫视[①]也相继在老数公司数字电视网内落地，其中云南广播电视台国际频道使用老挝语播出，从政治、经济、人文、科技等各方面向老挝人展示中国的发展和现状。但是，仍然缺乏老挝语节目创作、译制团队。

通过老数公司的运营，2019年已有68套数字电视节目在老挝全国网项目中播出，其中有10套中国电视节目，传输中央广播电视总台、中国联合网络通信集团有限公司、云南卫视等有外宣影响力的节目。截至2022年，中国节目时长在老挝全国网项目总频道时长中占比达到22.2%，尽管中文节目在老挝民众中的影响力还比较小，但这些落地节目仍然得到了部分老挝政府高层、华人、华侨及少部分老挝民众的喜爱，在老挝政府高层具有一定的影响力。但由于落地时仍然是中文直播，收看人群范围还是有限的，影响力远远不及泰国影视。

万象百姓家收看的电视节目　冯晓华 摄

老数公司数字电视网络的搭建，为中国文化准备了良好的外宣平台，开启了先搭建平台再进行外宣的可持续发展模式，但是由于节目制作力量有限、有限区

---

① 三沙卫视（Sansha Satellite TV，SSTV，全称：海南广播电视总台三沙卫视频道），是海南广播电视总台旗下的一套综合性电视频道，于2013年9月3日开播。

域竞争激烈、老挝自身经济发展滞后、经费以及语言的译制问题等，还需要探讨更有效的合作机制，寻找合适的合作伙伴。因此老数公司也做出了自己的短期和长期规划：加快公司发展，完善公司自我造血机能并实现全面盈利，打造中国"国标对海外输出""文化走出去"示范样板；协助云数传媒推动老挝全国网项目的实施，早日实现"老挝全国广播电视数字化"这一目标，并为中国文化在海外交流互融夯实基础；吸引并带动国内文化单位在老挝落地，传播中国文化，并为它们提供良好的承载平台；尝试在老挝当地搭建 DTMB 地面数字电视与 OTT、IPTV（Internet Protocol Television，交互式网络电视）融合的国际传播新渠道，融合移动电视新媒体，建设与中国国际地位相匹配的国际传播能力。

OTT 是 Over the Top 的缩写，这个词最早来源于篮球运动中的精彩动作"过顶传球"，用在电视业上，则是指通过公共网络向用户提供各种应用服务。OTT 可以绕过传统的有线电视系统、直播到户卫星电视系统等，通过网络为用户提供视频等服务。OTT 以互联网为基础，谷歌电视（Googlc TV）、奈飞公司（Netflix）等是典型代表。OTT 方便使用任何网络接入，内容和服务可以通过网络直接面向用户提供。通过 IP 网络来传输电视节目，突破了内容传输在地域上的限制，它将电视、互联网、新媒体的潜能激发了出来。OTT 提供的电视播出服务理论上是无限的，可以面向全球用户，它的终端类型可以是电视机、计算机、机顶盒、平板电脑、智能手机等，也不受任何限制。目前，虽然老数公司已建立老挝最大、覆盖用户最多的数字电视网络，但 OTT 的建设，最终取决于老挝互联网的相关建设。

自 2019 年 10 月起，老数公司就在改建原有的数字电视网络——从模拟到高清，这是电视节目画面升级的必然，竞争的使然。至 2022 年已完成，仅在万象市就完成了 3 万户的高清用户整体转换工作。

第三节　融入与竞争：中国影视持续融入的思考

一、低市场化与高强度竞争

中国的影视更好地融入老挝，就能在交流互鉴中发挥自己的魅力和影响力。但理想很美好，现实却很骨感。就像老数公司的设想一样，这些影视计划仍然面临着几个很难解决的问题。中国影视节目要想获得老挝民众的青睐，提高自身的影响力，首先需要解决译制和配音的问题，译制人员和资金都是解决这个问题的现实难点——谁来投资？如何吸引中国国内文化单位投资也是个难题，因为投资之后的产出从何而来还不得而知。老挝目前的影视广告收入微薄，全国少有具有投资广告实力的企业和单位，市场化程度低，几乎没有任何利润。这样的现状如何吸引投资？或者可以通过在老挝搭建影视拍摄基地，运用当地的自然、人文资源以及人力低成本资源，吸引世界各地的电影电视制作团队，以拍摄基地带动起影视产业。但是老挝是否拥有足够吸引人的自然、人文资源？

和很多入驻老挝的影视文化企业一样，老数公司目前的发展也并不容乐观。近几年是东南亚、南亚各国模拟电视转数字化的高峰时期，也是中国广播影视交流"走出去"和中国 DTMB 标准海外推广的重要窗口机遇期，却面临着来自日本、欧洲国家、泰国等的广播电视机构的激烈竞争。中国国内各机构也争相进入东南亚，例如老星公司、广西广播电视台等，形成了内部、外部双向竞争的态势。特别是在国土面积仅 23.68 万平方公里，人口仅 700 多万，经济发展排在中南半岛国家末位的老挝，显而易见，这块蛋糕并不大。课题组由此思考一个问题：在中国文化"走出去"与国外交流的过程中，如何站在国家的视角来协调、统筹和布局，避免内部的消耗？这是值得研究探讨的。

老数公司成立至今已更换过六任总经理，现任总经理黄文昊是个"80 后"，生了病还支撑着三人调研团的仔细轰问，直到问到万象金塔銮的夜灯亮起……

万象金塔銮的夜灯　冯晓华摄

二、内容为王依然是融入与竞争的核心实力

黄文昊曾经在国内互联网企业"摔打"过,他说广播电视部门的思维是"直男"思维,我播什么,观众就得接受什么,没得选。互联网思维是多元化,留意播和看的相互感觉,就像相亲一样,相互对眼了,就自然成一家了。这个比喻蛮有意思。互联网的这种互动、联动思维,推动了整个传媒业态的重新构建,甚至细致入微地影响着社会生产、生活的方方面面。不用互联网思维思考问题,未来就有可能碰到更大的问题。

影视行业的发展一般会经历三个阶段,第一个阶段叫渠道为王。最开始大家抢用户的时候,谁的渠道多,谁的渠道广,谁就是老大。第二个阶段叫用户为王,谁的用户多,谁的话语权就大。老数公司现在还处于用户为王的阶段,很多落地的频道选择老数的数字电视网络就是因为它的用户多,这就是用户为王。但是未来,老挝影视很快就要进入内容为王阶段,渠道、用户已经不是吸引频道引入、观众收视的重要力量,无论做有线、无线,还是做 IPTV、OTT,如果缺乏观众希望看到的东西,就很容易被淘汰。所以面对泰国通过渠道输入的 200 多套节目、老星公司通过卫星转播的 175 套节目,黄文昊并没有觉得这是竞争的核心,老数公司只要通过自己的数字电视网络输入现有的 68 套节目,并保证高品质转播就够了。真正的竞争,是在别处——内容制造。

目前最受老挝民众欢迎的是泰国的影视节目。很多泰国的节目,虽然融入了自己的文化元素,但同时考虑到了东南亚国家共同的文化心理特征、民俗风情习惯,大部分制作精良,感染力、共情能力很强,因此很受东南亚国家的欢迎,尤其是老挝。相通的语言,加上相似的文化习俗,让泰国的影视节目,在老挝民众中有着相当大的影响力。老挝有电视的家庭,收看的节目大多是泰国转播的节目,或者是其他渠道转播的泰国节目。要吸引老挝电视观众移情于中国的电视节目,首先要解决语言的译制问题,不是转播了事,需要实在地做好影视节目的译制,尤其是声音译制,同期配音,才能解决收看的基本问题。其次,最终的竞争都会落到节目内容的制作上。制作和设计出老挝人感兴趣、能产生共情的作品和栏目,是核心竞争力所在。中国和东南亚国家,在民俗文化上具有很多共性,中国云南的一些民族与老挝的一些民族有着共同的语言和习俗,在影视作品中怎样运用这种文化圈的共性,创作出适合中国和老挝观众、让双方都能喜欢的影视作品,是

老数公司目前发展存在的难点与焦点，也是所有进入老挝的中国文化公司面临的难点和焦点。

三、与网络、新媒体携手

老挝的新媒体近两年发展较快，随着智能手机的普及，老挝年轻人几乎都有自己的 Facebook 和 YouTube 账号。来自中国的 TikTok，在老挝和很多东南亚国家也都很流行。但老挝年轻人获取的大量信息，还是来源于 Facebook，很多年轻人也上传文字、音频、视频到 Facebook。台长助理阿木、翻译阿力都有自己的 Facebook 账号，阿力还上传他的各种照片，阿力说，他非常想成为老挝"网红"。

黄文昊认为，在影视行业发展的第三阶段，电视节目的制作一定要和新媒体联动，他认为这是老数公司未来发展的一个方向，但不是唯一方向。黄文昊还和我们交流了融媒体的发展现状。融媒体的模式能否适合老挝，是一个值得思考的现实问题。这与中国国内融媒体建设的背景情况还存在不少差异。中国国内的媒体很多，一个县至少有三家传统媒体——电视、广播、报纸，还有各种新媒体，相互之间还存在激烈的县域、区域内部竞争，并面临县外、省外等外部竞争的强大压力。基于互联网建立融媒体的"中央厨房"，有利于信息资源的有效整合，再根据媒体的不同特性，作出针对不同人群特征的多角度报道，相互之间注意推荐引导观看，既节约了前期采访的资源，也减少了不必要的内耗。中国不同的媒体长期以来都有自己的运作方式和一定的信息来源基础、经济基础、文化基础，已经形成了自己的个性特征甚至品牌，想要完美融合，存在难度，需要时间和制度的调整。融，相对来说是一个较大的、复杂的工程。然而在老挝，媒体数量较少，经济基础薄弱，目前看，现有媒体并没有形成强烈的个性特征，机构方面融合的难度应该不大，如果在这个基础上将各个媒体融合为一，对资源的节约和整合可能会更有效率。

但融媒体的建设、融合有赖于数据团队的参与，在对各类数据收集、整理、分析的基础上，实现新闻、报道的"聚光灯""探照灯"功能。迈克尔·舒德森在《聚光灯，不是真相的机器》中谈道："新闻不是真相的机器，而是李普曼所说的聚光灯和探照灯。"[1]在大数据的介入下，真正有价值的信息应当是基于数据

---

[1] 转引自喻国明. 2015. 媒介革命. 北京：人民日报出版社.

分析得出的有预见性，有事实，最终能对观众形成忠告、指南、通知、预警的信息。即聚光灯式地发现问题，探照灯式地点出未来方向。在老挝广播电视事业发展相对有限，互联网发展刚刚开始，学术研究缺乏的当下，融合的媒体建设会带来内在的问题，这也是老挝发展融媒体面临的最大的障碍，所以，短时间内很难实现融的理想。

因此，在老挝发展融媒体面临的难点和难题与中国不同。在老挝实现媒体融合，最大的难点可能会出现在内容的融合、技术的融合、运营方式的融合方面，而不是机构的融合上。如果想在老挝的传媒企业中建立融媒体内容制作团队，面临的最大挑战是人才的聚集、招揽和培养。这一点，并不是一蹴而就的。

四、筹建老挝化的影视频道

老数公司还有一个雄心勃勃的计划：开播一个自制的影视频道，做成老挝最受欢迎的电视品牌。这个计划，已经是几代总经理的设想。建立老挝人喜欢、受众黏性较强的影视频道，需要做到"中国的内容，老挝化的表达"。这个品牌的建立，首先需要改变现在中文节目的播出形态——迫切需要解决的是译制老挝语节目和制作新的老挝语节目，先让民众看得懂，看得明白，才有利于品牌的建立。虽然电视在中国国内已经呈现疲态，但在老挝，电视依然是大部分老挝人喜欢的娱乐方式。除了做内容的计划，黄文昊还有一个影视剧和影视节目译制的庞大计划。他计划与高校合作，可能会启用智能设备来进行影视作品的译制、配音，实现批量生产。这是一个计划，不知道最终的结果会是什么。因为不能确定的是，智能配音是否能融入影视人物的情绪和情感，以及这样的运作方式最终是否能打动老挝观众。

中国影视剧东南亚语译制工作是从 2010 年左右开始的，在国家文化政策的引导和扶持下，云南、广西等地的一些影视传播机构开始进行国产影视剧的东南亚语译制工作。从 2012 年起，国家新闻出版广电总局每年划拨约 7000 万元，用于国产影视剧的东南亚语外译工作，每部电影译制费约 7.5 万元，每一集电视剧的译制费约 3 万元，纪录片、动画片每集约 1.5 万元。2014 年 3 月国家新闻出版广电总局启动了"丝绸之路影视桥工程"，公开招标了包括俄语、越南语、老挝语、缅甸语、土耳其语、阿拉伯语等 6 种语言的影视剧译制、配音团队。2014 年 1 月 25 日，云南广播电视台国际频道信号在老挝正式开通，节目信号直接进入万象、占巴塞、沙湾拿吉、琅勃拉邦，频道采用老挝语播出，是老挝首家老挝语中国电视频道，也是目前在老挝境内唯一用老挝语播出的外国电视频道。2014年广西成立"东盟语电影译制中心"，打破中国与东南亚电影交流的语言障碍；广西人民广播电视台最早与柬埔寨国家电视台、老挝国家电视台签署协议，在柬埔寨、老挝共同开办固定栏目《中国剧场》，展播中国优秀影视剧。2015年7月5日，广西人民广播电台东盟工作组第一批成员正式进驻柬埔寨、老挝、泰国，把节目译制前移至东盟国家，这也是广西媒体首次在老挝等东盟国家设立工作站。正是在这些活动的推动下，国产影视剧的外译产业才逐步形成。

在云数传媒在老挝、柬埔寨推广DTMB标准的推动下，在云南广播电视台国际频道节目落地东南亚的带动下，为了进一步加强与老挝、柬埔寨、缅甸、越南、泰国等国的文化交往，以云南广播电视台为主导的云南影视剧东南亚语译制产业逐渐萌发。以云南皇威传媒有限公司的影视剧东南亚语译制为例，该公司从2010年成立至今，通过购买国内优秀影视剧、纪录片以及其他文化作品版权，组建国际协作的译制团队，进行对象国语的译制和配音，形成了影视资源库，每年出产多语种国产电影10多部、电视剧1000多集、其他文化作品超过100期，并与老挝、缅甸、柬埔寨等东南亚国家建立了长期友好合作关系，借助云南广播电视台国际频道与老数传媒、柬埔寨数字电视有限公司等落地东南亚的传输渠道，向东南亚国家输送中国影视作品，取得了较好的经济效益和社会效益。

在建设传输渠道的基础上，中国影视剧在东南亚的确打开了一些传播窗口，输送了一批优秀的作品，也取得了一些成绩，但从严格意义上讲，并没有形成完整的市场化运作体系。就电影而言，中国译制片生产的市场化尝试始于2003年，仅有四家单位可译制有版权的外国电影，尚未形成产业，而电视剧、纪录片译制的产业化、市场化更慢。与云南皇威传媒有限公司类似的中小型译制企业还有很多，大家共同面临着大环境影响和具体的困难。基础条件薄弱，译制业资本运作形式单一，制作经费不足等都制约着这些企业的产业化发展。尽管可以从政府和创意产业扶持中获得一些补助、贷款、补贴、免税等资助，但仍存在补贴不到位、不及时的现象，同时也不能完全满足日益扩大的受众需求。

在具体的内容方面，除了老挝语译制的影视剧、节目、栏目，老数公司也有自己的创作计划：不涉及投资较大的电影、电视剧，但计划尝试做一些简单的综艺节目，从娱乐节目开始尝试。先做一些预热式的铺垫，比如选秀类节目。黄文昊的观点是：无论这个国家是穷还是富，娱乐永远是人类的刚性需求。不管是发达国家还是发展中国家，占据话题最多、流量最多的一个是体育明星，一个是娱乐明星。黄文昊了解到，东南亚各国热衷于选美类的综艺节目，参与人数很多，民众对这类娱乐节目的消费热情和关注度也很高，但是此类节目的制作方式、模式单一，有很大的提升空间，而且与互联网少有联动，缺乏互联网宣传方式。中国国内及日韩、欧美国家的综艺节目有很多"造星运动"及运作模式，影响力较大的案例是《中国好声音》《美国好声音》《泰国好声音》，都是"好声音"模式。模式是没有国界的，引入老挝的时候需要把一些好的模式创作思路与本地文化融合，将一些团队骨干引入项目中来，制作过程中不追求大而全，要小而美，这样才能引起老挝观众的关注。

万象商业娱乐区　冯晓华 摄

万象商业娱乐区　冯晓华 摄

万象商业娱乐区　冯晓华 摄

当然，在我们看来，这只是个美好的愿望。选美的娱乐节目首先在视觉上应该有相当的冲击力，而这样的视觉冲击主要由两方面决定。第一，要有具备选美实力的选手加入，这取决于选手的外貌、文化修养及获得的经济支持，综合实力足够好才能让观众眼前一亮。因为有互联网、新媒体的介入，不具备综合素养的选美选手很难让观众停留在电视机前。海选也需要投入人力、物力和经济实力，这样才能保证关注度的持续升温，所以投入的人力物力等应该是比较大的，但是老数公司对这一点没有任何经验和准备。老数公司在十余年的运作当中，一直做的是渠道建设，几乎没有原创节目的制作经验。在老挝目前的经济状况下，得到老挝国家投资完全没有可能，因为选美是个纯娱乐节目；老挝的企业非常少，有实力的企业几乎没有与老挝媒体合作过，它们的营销对象也不在老挝，因此民间资本投入的可能性也极小；同时老数公司获得中国国内投资的可能性也极小，这样的娱乐节目对塑造国家形象没有太大作用，无法争取到国家资金；老数公司目前并没有投资回报率的测算，那就意味着，也无法争取到国内民间资金的支持。第二，必须要有精良的制作水准，包括专业的策划、专业的拍摄制作团队、专业的演绎场景。据我们了解，老数公司不具备任何一点。他们的计划是找几台简单的摄像机，找几个可以摄影的员工，以最简单的方式、最节省资金的模式拍摄和录制整个选美节目。这与老数公司的整体计划，以及实践"一带一路"倡议，输出中国文化，建立品牌的愿景相去甚远，同时，源于非专业基础的原创选美节目很难形成品牌。

老挝是一个年轻人普遍使用 Facebook 的国家，短短的几年间，从新媒体上涌入的各类音视频节目已经对年轻一代产生了相当大的影响，他们的审美在大众化的同时，也在不断提高。我们在老挝国立大学看到的传媒学子自己制作的视频，可以想象到这一点：老挝自己培养出的第一代影视人，制作的节目已经不再是互联网上人人可做的视频。如果以最初互联网上人人都可做视频节目的思维，以不专业的手段简单去操作一个海外文化输出的专业频道，想建立品牌，长远来看非常不乐观。而且制作的第一批节目，会对频道的形象建立有着长远的影响。老数公司目前以互联网当中的快餐思维来构建自己的文化输出品牌，对品牌的整体规划，是缺少专业、深入思考的。我们并不反对互联网思维和娱乐节目的输出，但是基于老数公司文化输出的战略定位，其应该从影视专业的角度出发，深思处在同一东方文化圈中的中国和东南亚国家，在当前各自的媒介语境环境下，如何进行民俗文化的融合，在娱乐节目和文化节目中，找到彼此的共情点，润物无声地输出中国的文化，在电视频道和互联网应用程序当中，树立起文化品牌。

鉴于资金的限制和以往的案例，在老挝建设内容频道时，可以多从纪实类短视频的创作开始，设立特色栏目，关注老挝社会现实和变迁，讲述鲜活的当下故事，将老挝文化、传统融入其中，突出老挝民俗文化、自然风光等方面的特色，吸引老挝观众关注身边的故事，再以国际化的包装和讲述方式，拓展节目的海外市场，以老挝特色形成品牌，再逐渐建立、运作更大的栏目和项目。这样，可以找到老挝以外的合作内容团队，既符合老挝国家的外宣需要，也能将同类的他国题材节目融入其中。例如讲述老挝万荣传统织布艺人的故事，同时讲述中国云南织布手艺人的故事，形成内容丰富、地域特色鲜明的故事，又能在后续设计双方艺人互访、互动的娱乐文化节目。从短视频开始，可以节约成本，快速达成合作，形成制作规模，及时做出调整，而且能够很快与互联网新媒体形成联动。

老数公司自 2007 年开始就在老挝开展了数字电视业务，与老挝建立了良好的合作关系，但是，鉴于老挝自身的一些特点，老数公司的发展仍然面临难题。老数公司是国内省级国企下属公司的海外子公司，很多思维仍然是国内影视企业发展的思维。比如说老数公司会觉得老挝当地给他们的政策扶持不够，因为在中国，广播电视这个领域，不管是互联网电视，IPTV，还是有线电视，基本上是国家主导的，是主流媒体，内部的竞争集中在节目内容、影响力方面，这有利于提高节目质量，外部的竞争来源于新媒体。但无论哪一种竞争，应该说都是有序的。但是老挝的广播电视领域，政策几乎没有壁垒，是完全自由化的市场。老挝对待广播电视的进入持开放的态度。老数公司与老挝国家电视台合作，建塔需要经政府审批用地，经营需要向政府交税。但是周边越南、泰国等国家的"小锅盖"（卫星电视接收器）直接就倾销过来，泰国人搞"小锅盖"销售，越南人也进行"小锅盖"销售。这种自由市场式的状况，让照章办事的老数公司没有办法找到保护自己进行正当竞争的方式。另外，为配合"一带一路"的建设，老数公司在老挝持续推进全国网项目，老挝的整体工作效率相对较低，项目的推进已经超过了10年的时间，目前仅在万象、占巴塞、琅勃拉邦、沙湾拿吉落地，老挝全国有17个省和1个直辖市，项目的完成还需要很长的时间，沟通的成本较大，耗费了大量的人力物力。这些问题，都需要老数公司在实践中探索并解决。

从2019年10月起，老数公司就开始改造其从2007年建起的模拟数字电视传输网络，免费为老挝用户更换高清数字电视机顶盒，这项计划在2022年全部完成。这一点虽然要花费人力和物力，但对老数公司影视频道品牌的创立，无疑奠定了具有竞争力的技术基础。

第四节　最美的科技公司

一、高科技的战略合作伙伴

老星公司是湄公河岸边的一家老中合资科技公司。我们到的时候，白色的卫星设备矗立在绿色的湄公河畔，虽然是冬季，但阳光明媚，湄公河波光粼粼，景色如画。

老星公司　冯晓华 摄

老星公司　冯晓华 摄

围绕着老星公司的湄公河和百年老树　冯晓华 摄

老星公司影视节目制作的负责人周国涛是个"90后",一米八的个子,白色衬衫,黑色的西裤,帅气,行动迅速,活力十足。国涛毕业于昆明理工大学,到老星公司以后负责公司的影视创作及相关工作,与他所学的机械专业完全不搭界,但是国涛接触影视之后却爱上了它。年轻的国涛和公司副总李宗元给我们普及了很多有趣的卫星知识,带着我们游历了湄公河畔科技公园一样的老星公司。

"90后"周国涛(左二)和"70后"李宗元(右二)

老星公司还修复了区域内的一座小佛寺，据当地的老百姓介绍，这个小佛寺已经有数百年的历史。国涛说，老星公司是这个国家最美的公司，说这话的时候，他嘴角上扬，略显古铜色的脸上挂满了自信的笑容，一双漆黑的眼睛亮晶晶地闪着光。实际上，老星公司还是老挝科技含量最高的外资合资公司。

这个湄公河岸边的公司让人既能感受到科技的魅力，又有自然的宁静柔和之美，而这一切的最终得来，却经历了六年的时间。2011年12月30日，中国长征火箭公司与老挝邮电部签署"老挝一号"通信卫星项目建设合同；2012年12月1日，项目启动会在老挝万象成功召开；2015年11月21日，"老挝一号"通信卫星于中国西昌卫星发射中心成功发射，中国国家主席习近平与老挝国家主席朱马里互致贺电；2016年3月9日，"老挝一号"通信卫星在轨交付仪式暨老挝亚太卫星有限公司成立大会在万象召开，项目正式进入商业运营阶段。

"老挝一号"通信卫星项目，有着现代卫星完美的家族：一颗地球静止轨道通信卫星，提供卫星操作支持及培训；长征三号乙型运载火箭，提供发射服务和保险安排；万象卫星地面站、测控系统、广播通信系统、电信宽带系统建设及集成。

"老挝一号"通信卫星轨位在东经128.5°，覆盖约12.8亿人口。运载平台为东方红4S，预计寿命为15年+；C频段转发器（14个），可覆盖中国大部分地区、东南亚、南亚、澳大利亚北部等地区；Ku频段转发器（8个），覆盖老挝、柬埔寨、越南、泰国、缅甸、孟加拉国以及中国云南、广西、海南等地区。如果全部运营，影响巨大，将会涵盖亚太地区的大部分国家。

管理运营"老挝一号"通信卫星的老星公司，是由老挝政府与中国航天科技集团公司所属的中国长征火箭有限公司和航天恒星科技有限公司共同投资的，于2016年2月25日在老挝万象注册成立。截至2020年，该公司共有员工123人，其中中方员工36人、老方员工87人。员工平均年龄32岁，这个年轻的团队人员关系融洽，具有很强的融合力。2016年，老星公司获老挝政府特许授权，经营管理"老挝一号"通信卫星及相关资产，拥有卫星通信、卫星电视、I类电信运营等业务牌照，在东南亚等区域开展卫星通信、卫星电视和电信宽带等业务。

调研组在老星公司　阿木　摄

卫星通信业务主要包括卫星转发器租赁、VSAT（Very Small Aperture Terminal，即卫星小数据站）系统运营等服务，可向客户提供卫星上下行，以及信号、数据、视频等传输方案，实现亚太地区全覆盖。老星公司对外出租了 6 个 C 频段转发器，境外出租给印度尼西亚和柬埔寨 OneTV，共 5.5 个转发器，269MHz，境内包括老挝交通部空管局、公安部、老挝国家电视台、中老铁路建设项目、本地电信公司星通讯（Star Telecom，即 Unitel）和老挝电信公司（Lao Telecommunications，LTC）等，共 53MHz，整体出租率达 53.37%；Ku 频段转发器已自用 216MHz 于公司卫星直播电视平台，整体使用率为 50%。

老星公司 2015 年为老挝建国 40 周年提供了卫星直播服务；2016 年为东盟峰会提供了安保视频监控服务；2017 年为中国中央电视台提供了习近平访问老挝的卫星转播服务；2017 年、2018 年为老挝国会以及其他国家性节日活动现场直播提供卫星带宽和传输服务，等等。此外，还向周边亚太国家和地区，如印度尼西亚、柬埔寨、缅甸、马来西亚等国家提供转发器租赁服务。

电信宽带业务采用中国 TD-LTE 技术标准，前期在老挝境内的万象、琅勃拉邦、巴色、沙湾拿吉和万荣五地为普通民众和政企提供 4G 电信宽带上网业务，后期将逐渐实现老挝全境覆盖。但是调研期间（2019 年 12 月）我们在万象仍然无法接收到 4G 信号，都是 3G，不知道是什么原因。

老星公司通过卫星还开展云计算中心业务。老星公司联合中国-东盟信息港股份有限公司建设的老挝云计算中心，是基于新一代云化的数据中心，面向企业用户群体，提供基于多租户的虚拟数据中心业务的云计算应用，可提供上层业务开发、计算、网络、存储资源等服务，可开展基于 4G 的电子政务、电子商务、电子金融、媒体娱乐业务，以及 4G 媒资传播通道、互联网通信和电视等增值业务，同时为在老企业（尤其是驻老中资企业）在相关区域内搭建高速互联网和云平台。计划将与老挝当地的中国银行万象分行、工商银行万象分行、老中银行等落实容灾中心项目，为客户提供功能相同的 IT 数据系统备份服务。但我们感觉，基于 4G 的业务至少在当时开展是比较困难的，我们在万象一直没有收到 4G 信号。

二、科技公司里的电视台

老星公司还有电视编播业务及自办电视台，这一业务就是周国涛具体操作的部分。老星公司具有全套维护完好的电视制作设备，可以剪辑高清影视节目，开展电视制作的相关场地也明亮整洁。

老星公司电视台　冯晓华 摄

电视台于 2016 年初建设完成，能够实现对本地接收的卫星信号和国际关口站传送的电视节目信号进行集中采集收录。建立初期就开始了标清电视节目的拍摄制作，包括拍摄、剪辑、配音、字幕动画制作、特技合成等。电视台对所有电视节目媒体资源实行统一管理，包括入库、审核、存储、转码、下载等，可实现 4 个标清电视节目频道的播出，具有双讯道演播室电视节目制作功能。

老挝境内 80% 为高原和山地，其原有电视运营商信号范围覆盖极其有限，山区大部分民众无法收看电视节目，且播放的大部分节目均为泰国影视、娱乐、体育类节目。2016 年 10 月，老星公司卫星电视业务投入运营，解决了电视信号全境覆盖的难题。作为老挝唯一合法的卫星电视运营商，老星公司根据老挝现有市场现状，与各大国际知名频道接触，引进了 9 个老挝语频道，以及包含中文、泰语、柬埔寨语、越南语、缅甸语、英语、韩语等 9 种语言共 175 套电视频道节目，其中中文频道 69 个，包括 CCTV-4 等 17 个中央电视台频道和湖南、江苏、浙江、北京等各个地方卫视国际频道，还包括 HBO 电视网（Home Box Office）、英国广播公司（British Broadcasting Corporation，BBC）、NHK、KBS 等国际知名电视频道。

175 套节目落地老挝　冯晓华 摄

截至 2019 年 12 月，卫星电视业务已在老挝 18 个省（市）全面铺开，共计发展 125 家经销门店和销售网点，可对老挝全境 120 万户家庭提供服务，老挝卫星电视用户累计超过 20 万。

国涛团队主要负责电视节目的译制、转播，让 175 套节目落地老挝。他们要办让老挝人看得明白、喜欢看的电视频道，开办老星公司自办电视台并实现相关频道开播，频道将逐步实现老挝语播出，真正让中国的影视节目走进老挝寻常百姓家。他们与央视及其控股的中视传媒股份有限公司合作，对 CCTV-4 栏目和电视剧进行老挝语译制、配音及播出。2017～2018 年完成超过 300 小时的电视剧、纪录片的字幕译制和配音，其中，电视剧《五月槐花香》已于 2018 年 6 月底在老挝国家电视台黄金时段播出，引发民众关注，深受本地中、老观众欢迎，真正实现了节目本地化传播。老星公司电视台与央视及其控股的中视传媒股份有限公司合作的栏目包括《国家记忆》《外国人在中国》《城市 1 对 1》《快乐汉语》《远方的家》《走遍中国》，电视剧包括《大宅门》《西游记》《五月槐花香》《历史转折中的邓小平》。

老星公司电视台演播室　冯晓华 摄

同时，老星公司电视台与东盟电视传媒公司、老挝国家电视台合作成立"老挝东盟电视频道"（筹备开播中），频道栏目计划包括购物、电视剧、电影、新闻、天气预报等。

2020年，老星公司已取得老挝新闻文化旅游部签发的电视频道独立运营牌照，老星公司的测试频道已上星播出，采用每天8小时、节目2轮循播的方式播出，节目类型包括电影、电视剧、综艺、新闻（转播老挝国家电视台的新闻）等。老星公司还将利用自身资源优势，计划联合国内在电视台运营方面具有丰富行业经验和相关资源的单位，在老挝就电视节目制作及电视频道商业运营等方面展开合作，并促进传统卫星通信技术与新兴媒体网络应用的融合发展，助力"一带一路"沿线国家文化交流。

三、科技的力量

2018年7月，老挝南部省份阿速坡发生洪灾，多个村庄通信中断，老星公司派出技术团队携带应急通信设备到前线，搭建临时卫星通信链路，免费为现场灾民和救灾人员提供包括视频会议、网络语音电话（Voice over Internet Protocol，VoIP）、视频文件传输、现场新闻发布会转播以及音频广播等应急通信服务。老星公司将应急通信车放置在老挝国家电视台，为电视台每日下午5点的灾区现场新闻发布会转播提供设备和技术支持，使灾区前线的视频、照片、文件等能够回传至老挝国家电视台。老星公司协助老挝官方通过视频会议和VoIP指挥现场人员开展救援，在几个受灾村庄安装天线设备，接收来自老挝国家电视台的音频广播信号，让灾区内外民众及时了解救灾工作安排，对缓解民众情绪起到良好效果。

老星公司还为老挝第一、第二大电信运营商LTC、星通讯提供卫星转发器带宽资源，用来开展全球移动通信系统（Global System for Mobile Communication，GSM）蜂窝回传业务，并在多个远端站点安装天线和卫星通信系统。老挝本地两大电信运营商将它们的卫星通信系统从 VINASAT-2 号卫星转到"老挝一号"通信卫星，重新使卫星通信系统位于老挝万象主站并和外省小站天线对星，配置了终端设备。两大电信运营商外省小站位于老挝的沙湾拿吉、巴色、琅勃拉邦、华潘、波里坎赛、乌多姆赛、丰沙里、色共等地。

在中国国家主席习近平 2017 年 11 月访老期间，现场画面通过"老挝一号"通信卫星链路回传至北京云岗卫星地面站进行实时转播，确保了中国中央电视台节目的顺利播出。访老期间，习近平主席宣布中国援老八大工程，其中的 100 个农村数字电视工程，旨在为老挝 100 个偏远地区农村家庭，提供一整套卫星电视接收设备和一台电视机。此举开启了数字电视进入老挝偏远农村的时代，也极大地改善了当地民众的文化生活。通过老星公司及中老双方股东的共同努力，该项目将采用老星公司卫星电视直播系统方案。项目第一期拟建设 30 个村，2013 年 3 月 30 日正式开工。

老星公司电视台机房　冯晓华 摄

节目上传机房　冯晓华 摄

在"一带一路"倡议和中老铁路即将开通的背景下,老星公司以"立足老挝,面向东南亚"为思路,充分发挥自身特点,并依托中国航天技术、产品和解决方案等优势资源,在老挝、缅甸、柬埔寨、泰国等东南亚国家地区布局开展通信、导航、遥感业务,以及租赁卫星转发器带宽业务,提供卫星信号上下行信号传输服务及相关卫星传输解决方案,销售导航、遥感软硬件产品及提供相关解决方案,提供通信、导航、遥感卫星相关应用培训、服务,提供基于航天技术的"天-空-地一体"信息系统网络解决方案。领先的技术理念、高端的科技含量,老星公司的这些优势,对东南亚地区的影视行业将会产生越来越大的影响。

"老挝一号"通信卫星项目,在中老两国高科技合作领域有了一个良好的开端,这也是中老全面战略合作伙伴关系的重要体现。中老合资成立的老星公司,在老挝及东南亚其他地区开展商业运营,对于推动老挝经济发展、改善民生、促进中老文化交流合作等发挥了重要作用。

第六章 一南一北，天然的摄影棚

第一节 一南：遥远的占巴塞

万象的访问结束之后，我们前往老挝南部省份占巴塞。占巴塞在老挝南端，靠近赤道。早上8点我们就出发了，经历了调研中最漫长的旅程。虽然是冬季，但是，越靠近目的地，炎热的味道就越浓，阳光灼热，汗水直流。老挝的南部很平坦，由于大部分是平原，路也比较直，但炎热让人丝毫感觉不到这是在北半球的冬季。我们乘坐的七座面包车没有车膜，也没有窗帘，阳光恣意地穿越车窗，打在我们无法躲避的身体上。但一路上的植被很茂密，绿色依然很养眼，能让人感到一丝凉意。老挝境内80%为高原和山地，大多被浓密的原始森林覆盖，有"印度支那屋脊"之称，地势北高南低，南部多为平原。万象到占巴塞的道路还好，比较平坦，但炎热让人觉得旅行非常漫长。据翻译阿力说，我们要穿越两个省，常常有意外的风景，惊醒昏睡的旅人。

热带、亚热带季风气候让老挝植被丰茂，5月至10月是雨季，11月至次年4月是少雨的旱季，年平均气温约26℃。老挝是个雨量充沛的国家，年降水量最少年份为1250毫米，最大年降水量达3750毫米，一般年份降水量约为2000毫米。湄公河是老挝最大河流，流经首都万象，老挝与缅甸界河段长234公里，老挝与泰国界河段长976.3公里。湄公河两岸，自然风光旖旎秀丽、人文风俗多姿多彩。

湄公河岸风光 冯晓华 摄

老挝百姓给寺庙制作的贡品　冯晓华　摄

占巴塞省与泰国和柬埔寨接壤，曾经是澜沧王国分裂而成的三个国家之一。占巴塞省的首府是巴色，湄公河流经巴色，这个城市保留着很多法式建筑。占巴塞大部分地区属于湄公河下游平原，东北部属于波罗芬高原。土壤肥沃，雨量充沛，河网交错，是老挝南部美丽的鱼米之乡。

湄公河岸的巴色　冯晓华　摄

占巴塞历史悠久，从公元1世纪开始直至公元9世纪，占巴塞是中南半岛上扶南国和真腊国的组成部分。公元10～13世纪，占巴塞附属于柬埔寨吴哥王朝。吴哥王朝衰落后，15～17世纪末占巴塞又落入澜沧王国手中。18世纪初澜沧王国分裂后，占巴塞创建了一个独立的王国——占巴塞王国（1713～1946年），是老挝南部唯一一个王国。占巴塞王国于18世纪初开始繁盛，但不到一个世纪就沦为暹罗的属国。1893年之后，在法国统治下的占巴塞成为一个行政区。

经过13个小时的旅程，踏着月色，我们终于到达了占巴塞的首府巴色。夜色朦胧中见到了百年前的法式建筑。这是一个很有特色的城市。一路上看到的景象已与15年前的映像有了很大的差别，世界的大多数角落都在发展，让人欣慰。老挝的市井有着很多诱人并且特别的细节，这为将来影视的发展提供了灵动的蓝本以及值得记录的故事。

巴色街头　冯晓华　摄

我们几人饥肠辘辘，便在路边吃了一顿烤鸡，虽有蚊虫飞过，但烤鸡却是十分可口。两位纤纤女子，也开开心心坐下去就吃了。哪种环境都能适应，哪种环境都能发现美，发现影视的视角，这大概就是老师的单纯和专业素养。真的高兴有这样的年轻伙伴同行：阳光炙热，就发明个纸窗帘；晕车，就横躺着昏睡；吃饱了就唱着歌继续赶路……同行的国家电视台台长助理阿木，翻译阿力，一个工作认真，一点也不"木"，炙热的 13 个小时，就这样熬过来了。还要向默默无语，又沉稳又和善的司机大叔致敬。

占巴塞有着闻名老挝的烧烤美食　冯晓华　摄

占巴塞的烤鸡　冯晓华 摄

第二天，我醒得很早，阳光洒满了大地，那一瞬间，我发现巴色是一个很美的城市。它坐落在湄公河与色敦河的交汇处，1905年法国人在这里设立行政前哨，现在成为占巴塞省的首府。我们居住的宾馆外面可以看到薄雾轻漫的湄公河，远山如黛，碧空如洗。湄公河上横跨着一座很现代的大桥，连接起了老泰两个国家，之后巴色旅游业发展很快，这座大桥也促进了老泰两国的贸易发展，如今成了湄公河上的魅力风景。

湄公河上的大桥　冯晓华 摄

2008年以后，老挝与泰国合作拍摄的"爱在老挝三部曲"，故事之一就发生在巴色。《巴色没有答案》这部影片，让东南亚和欧美的很多观众知道了藏在中南半岛上鲜为人知的魅力巴色。自此之后，这里成为东南亚国家影视拍摄人喜欢的取景地之一。

巴色街道　冯晓华　摄

一、巴色的小吴哥

巴色只有一条城市主干道路。主路与湄公河平行，然后转向内陆，这条从市内延伸的道路通向山腰，直达占巴塞瓦普庙（Wat Phu Champasak），瓦普庙是老挝最吸引人的古遗址之一。它的建筑与东南亚历史上最为强盛的政权——吴哥王朝有着千丝万缕的联系。

瓦普庙门口　冯晓华　摄

当我们到达瓦普庙建筑群的时候，大概是下午 4 点。赤道附近的太阳还是一样的炙热，但我们却被眼前残破的建筑群吸引了。这里的建筑和柬埔寨的吴哥窟有着惊人相似的风格。

吴哥王朝（802～1431 年），是东南亚历史上文明高度发达的王国。吴哥城是吴哥王朝的皇家中心。公元 9 世纪末，吴哥王朝国王耶输跋摩一世迁都至吴哥，一直到 13 世纪初，吴哥王朝管辖着南起中南半岛南端，北至云南，东自越南，西到孟加拉湾的大片土地，占有今柬埔寨全境、泰国及老挝大部、越南及缅甸南部，北方与中国的大理国接壤。

瓦普庙建筑　冯晓华 摄

吴哥王朝在东南亚历史上非常强盛，对中南半岛几乎所有国家都产生过重大影响，也奠定了中南半岛诸国的文化基础和宗教基础。在吴哥王朝期间，王朝定都吴哥，大兴土木，建造王城及大小寺庙600多座，坐落在40平方公里的土地上，景象极为壮观。中国元朝使节周达观，到此之后曾经生动描述过吴哥。13世纪末的吴哥城，在中南半岛上仍然是一个兴旺发达的大城市，也是当时亚洲最宏伟的都城之一。都城的建筑精美，全部由青灰色的石头垒成。吴哥城还是行政和朝拜神君的中心。发达的水利和灌溉系统是吴哥的显著特色之一，至今仍能看到那个时期庞大、规整的贮水池、运河、沟渠系统。岁月流过，王朝逝去，但充满艺术性的吴哥古迹仍然在森林的缠绕保护之中残存下来，其中有许多精美的佛塔、生动的石刻浮雕，有的高达数米，常常引人流连忘返。

10~13世纪，巴色是吴哥王朝的属地，即便是现在，也与柬埔寨山水相连。10~13世纪是吴哥王朝最为强盛的时期，国王们在辖区内大兴土木。于是，在老挝南部巴色城边的山上，留下了和吴哥窟同样风格的建筑群。我曾经在2009年参观过吴哥窟，那不同于中国、欧美的建筑让人一见难忘，而在巴色城南的断壁残垣里，我们三人再次沉迷。

在普高山矗立了数百年的瓦普庙，在下午的斜阳光影里显得神秘而魅力十足。"瓦普"老挝语意为"石庙"，石头建造的建筑群从山腰穿过树林，缓缓向下伸展，绵延数百米，房屋全部用雕有各种图案的石块砌成。瓦普庙建筑群虽然远远赶不上吴哥窟的规模，但建筑的样式和石佛雕刻的精致程度，与吴哥窟无二。到达瓦普庙，还要爬一段陡峭的阶梯——遗址分为两个部分，两者之间由一段陡峭的石阶相连。底部的水利工程的遗址都在，但明显被损坏得很厉害。老挝读过书的人很少，附

巴色城南的断壁残垣　冯晓华　摄

近村庄的人都不知道瓦普庙建筑群的由来，阿力的了解也非常有限，但他知道，很多老挝人都把这里叫作"巴色小吴哥"。在回到昆明查阅资料的时候，我们才揭开了瓦普庙建筑群的一层面纱，但仍然没有找到更为详细的关于建设的记载。

巴色小吴哥　冯晓华　摄

调研组在巴色小吴哥　冯晓华　摄

瓦普庙建筑群底部有一座方形水池的遗迹，面积巨大，两边大概是两座宫殿建筑废墟，水池中间有一条水渠将其一分为二，大概是举行洗礼仪式的排水道。

举行洗礼仪式的排水道　冯晓华　摄

顶部是寺庙的大殿，当地人说里面曾经供奉过一座湿婆生殖器。后来，这座神庙被改成了佛教寺庙，但是原先的印度教雕刻还保留在了门槛上。大殿的北边，有一座大象石和一座神秘的鳄鱼石。通往圣殿的台阶，成排的鸡蛋花依次开放，为清冷的石雕建筑抹上了淡雅的色彩。12月，只有树枝不见叶子，树枝看上去像枯掉的样子，但是花开正好，可谓枯枝头上一树白，石阶梯上一地花。

巴色小吴哥鸡蛋花开　冯晓华　摄

以山顶到河岸为轴心，在方圆10公里的地域，看着那些石头垒成的遗迹，可以想象到当年的吴哥王朝，有规划地建造了一系列庙宇、神殿和水利设施，然后又完美地在吴哥城的东部建造了另一座城。这座城的历史故事，已经淹没在时间里了。在上层的平台上，可以俯瞰夕阳下的湄公河河谷，宁静而悠远，这简直是一个绝妙的人文影视拍摄天然大片场。

巴色小吴哥　冯晓华 摄

老挝的节庆中有一个传统的节日，被称为"瓦普节"，这个传统节日就是为纪念瓦普庙的修建，以及吴哥王阁耶跋摩七世的功德而设的。每年1月下旬至2月上旬，人们都要在瓦普庙内举行盛大的庙会，节日期间除举行隆重的宗教仪式外，还有许多民间的娱乐活动如赛象、赛马、斗牛、斗鸡等。"爱在老挝三部曲"在这里拍摄了大量的电影桥段。

我们到达小吴哥的时候，附近村庄的儿童在这里嬉戏玩耍，这片蕴含着历史与人文魅力的建筑群，成了他们的天然游乐场。这些精美的艺术建筑，一定会在这些孩子们的记忆中留下难以磨灭的美的印象，美已经潜移默化地刻在了他们的心中。多年之后，他们当中会不会出现一位艺术家或者影视人？

小吴哥遗址上玩耍的孩童　冯晓华 摄

小吴哥遗址上玩耍的孩童　冯晓华　摄

二、东南亚最美的孔瀑布

占巴塞的巴色是老挝经济发展较好的城市，广播影视业发展也相对好一些，也是现在老挝重要的旅游城市之一。除了瓦普庙建筑群，占巴塞还有很多魅力十足的自然景观。我们到达巴色时是周末，老挝政府部门的周末同样是休假的。因此我们计划去巴色的孔瀑布。

在加油站，我们看到了老挝大篷车，它们是老挝城乡之间主要的交通工具。三面通风，车尾巴还能站两个酷酷的年轻人。老挝天气炎热，即使是冬季，靠近赤道地区的巴色，依然是阳光灼热，因此交通车都是三面通风，车速并不快，或许站在车尾，还能享受风和新鲜的空气。在烈日下看到这样的交通车一辆辆从我们身边开过，十分有趣。

老挝大篷车　冯晓华　摄

老挝大篷车　冯晓华 摄

三个小时以后，我们见到了树林丛中的孔瀑布。

孔瀑布　冯晓华 摄

孔瀑布　冯晓华 摄

孔瀑布是老挝境内湄公河上著名的大瀑布，位于巴色城南约 160 公里处，处于老挝和柬埔寨交界处，为世界十二大瀑布之一。瀑布宽约 10 公里，被岩礁分成两半，西边称为桑帕尼瀑布，地势较高，枯水时完全断流，东边称为帕平瀑布。瀑布飞流直下，似万马奔腾，回旋呼啸，场面极为壮观。瀑布洪汛期落差 15 米，枯水季落差 24 米。雨季流量达 4 万立方米/秒，平均流量为 1.2 万立方米/秒，波涛汹涌，十分震撼。瀑布周围的原始森林，遮天蔽日，苍翠欲滴。

孔瀑布岸边　冯晓华 摄

19 世纪末，法国人曾在这里修建船闸、运船轨道和牵引车等设施，用来运送木材和矿石。20 世纪 40 年代以后，这些设施已全部废弃，成为历史的陈迹。

在孔瀑布附近，还有令人着迷的"四千美岛"。从北至南流经老挝的湄公河，在接近老柬边境的地方，有约 50 公里长的河道变得舒展。雨季到来时，最宽的地方达 14 公里，是湄公河在老挝境内最宽的一段。每当旱季河水退落，这段"宽腰"会出现数以百计的小岛。如果把小渚、沙洲都算上，数量过千，老挝人因此把这段宽腰称为"四千美岛"。

在"四千美岛"的河道中搭乘古朴的小木船，悠闲地穿梭在这些不知名的小岛中间，在河风吹拂中，惬意地观赏湄公河畔棕榈婆娑、房屋疏落的热带风景，是一种莫大的享受。"四千美岛"中只有少数几个大岛上有人居住，这里最大的岛是东孔岛/孔岛。岛上有两个大的村庄：东岸的孟孔、西岸的孟塞，连接两个村庄的是一条 8 公里乡间道路。

东孔岛以南的东德岛，是一座美丽宁静的小岛，离孔瀑布较近，四周河道密集，河边餐馆和家庭式的竹楼客栈众多。小岛民风淳朴，风景优美，每天的日出日落令人心旷神怡。与东德岛相连的是东阔岛，骑自行车就可以到达。东阔岛上有一个小瀑布和一片静谧洁白的沙滩，经过右侧的林间小路，步行就可以到达孔

孔瀑布周围村庄的孩童　冯晓华 摄

瀑布群。这些隐藏在树林中的小岛，是很多背包客喜欢去的地方，鲜为人知，但又充满故事。应该也是讲述影视故事很有意思的背景地。

　　海洋风景别具一格的澳大利亚，成为很多经典影片的拍摄基地，这也成为支撑澳大利亚影视产业发展的一个重要环节。老挝这些独具特色的东南亚人文自然风光，没有污染，魅力盎然，也可以成为未来高品质的影视拍摄基地。我们到达孔瀑布时，因为是冬季枯水季节，瀑布的水量不大，但依然能感受到它的魅力和气势。BBC 曾在这里拍摄过纪录片《人类星球》，对孔瀑布有一个完整记录的段落，十分精彩震撼。期待未来，老挝的影视工作者也能有类似的影视作品呈现给我们。

　　晚上我们应邀到司机大叔的兄弟家做客，桌上摆着老挝啤酒、鸡肉、香甜的西瓜……虽然我们与主人家是第一次见面，但很快就熟悉了，他们的质朴和热情让我们很快忘记了自己是客人。招待我们的鸡肉已经在柴火灶上慢炖了一天，这可是自家养的，配上房前屋后菜地里随手拔来的蔬菜，还有这个季节特有的野生食材，我们享受了一顿原汁原味的老挝民间美食。司机大叔的哥哥是个小学校长，十分敬重教书的同行，因此请客时十分仔细，盛饭的器皿都用了家里的银质器具。在凉风习习的走廊上，夜色渐浓，暖暖的灯光之下，食物的清香四溢。和中国的习俗一样，饭桌也是老挝人交流的地方，语言不通，用手势，配着味道别致的老挝啤酒，很快我们就成了亲密的朋友。

在老挝人家做客　冯晓华 摄

主人家的门上挂着老挝人的"聚宝盆"——捕鱼的竹篓，让我们觉得很有趣。老挝人说鱼篓只进不出，建新房时挂在门边，寓意就是只要勤勤恳恳到河里捕鱼，去田间种稻，聚集的财富就会越来越多，家庭就会越过越兴旺，新建的家，也就会充满希望和幸福。不了解老挝，就不知道拍摄影视作品的时候，可以有这样的有意思的人文细节。从事影视工作的人，缺少了一线的体验，就会缺乏细节，难以策划、拍摄出生动的情节。

老挝人家门上的聚宝盆　冯晓华 摄

第二节　一北：影视的天堂——琅勃拉邦

又经过炎热的 14 小时之后，从巴色出发的我们在平安夜平安抵达万象。短暂休息之后，我们将在第二天一大早出发，去到调研最后的目的地——琅勃拉邦。

这是一次漫长的旅程，旅途中一直陪伴我们的就是旖旎的湄公河。当然，一路上绿色的风景也让我们体验了"望梅止渴"的典故——"见绿止热"。2019年的最后一个月，我们穿行了老挝，也穿行了老挝的南北美食地带，一路上，老挝的美食非常有特色，那种天然的、留着虫子痕迹的食材让我重新回到了童年时光，仿佛吃到了奶奶做的饭的自然菜香。没有农药，也少有化肥，泥土自然养成的食材，今天回味起来，倍觉珍贵。这些美食，消弭了旅途的很多困顿。我想，如果做一部纪录片《舌尖上的老挝》，陈晓卿导演会不会愿意呢？记得在云南师范大学的咖啡厅与他交谈的时候，他告诉我：一个城市最出色的美食，应该隐藏在街头巷尾的地摊馆子里。说这话的时候，这位著名导演的嘴砸吧了一下。

从万象到琅勃拉邦大约需要 7 个多小时的车程。半途经过万荣，这是老挝年轻一代尤其喜欢的城市，现在也吸引了大量的外国游客。万荣坐落在湄公河支流南松河边，这里山清水秀，民风淳朴。南松河两岸的山都很俊秀，有着喀斯特地貌，万荣有"小桂林"的美誉。这里也是很多年轻人探险的秘境，在波光粼粼的南松河上漂流，在喀斯特石灰岩洞跳水，在乡间小道上疯狂开着卡丁车……这里，对年轻人来说，是一个撒欢的乐园。

波光粼粼的南松河　冯晓华 摄

假装在开卡丁车　杨颖 摄

  紧邻琅勃拉邦的万荣是个孕育故事的地方，老挝和泰国合拍的"爱在老挝三部曲"、当时热播的《爱你》，取景地之一就在万荣。现在这里也成了很多影视拍摄团队的取景胜地。一直跟随着我们调研的阿木尤其喜欢万荣，这里给他留下了很多浪漫美好的记忆。阿木说万荣是他最喜欢的地方，在这里可以拍很多电影。

  继续北行 2 个多小时，我们终于到了琅勃拉邦，老挝人也叫它"銮佛邦"，是老挝著名的古都和佛教中心，老挝上寮重镇，琅勃拉邦省首府，位于南康江与湄公河交汇处。这是一个非常有魅力的古城，坐落在湄公河畔，群山环抱，距离首都万象大约有 500 多公里，是老挝最古老的一个城市，已经积淀了一千多年的历史。这里完整地保留了一百多年前法国人留下来的建筑。城市市区面积不到 10 平方公里，但却让人感到精致宁静。沿湄公河左岸延伸，依山傍水，气候凉爽，地势平缓，平均海拔只有 290 米。在这里举行的琅勃拉邦国际电影节，是老挝在东南亚和世界影视行业中最具知名度的电影节。

  琅勃拉邦曾是澜沧王国国都。1353 年法昂统一老挝，建立澜沧王国，定都于此，改名川铜（意为"金城"）。1560 年起，因供奉来自高棉的"勃拉邦"佛像，改为琅勃拉邦。1945 至 1975 年，老挝王国定都万象，琅勃拉邦仍为王都。1995 年 12 月，琅勃拉邦被联合国教科文组织列入世界自然与文化双遗产城市。民风淳朴，自然生态保护完好，是很多国外游客眼中的"世外桃源"。

琅勃拉邦建筑　冯晓华 摄

琅勃拉邦是老挝佛教中心，寺庙、佛塔众多，仅市区内就有 30 多座寺庙，居民笃信佛教，2 万多的人口中，有 200 多名和尚。每天清晨和尚沿街化缘是一道引人瞩目的人文风景。其中的香通寺，是琅勃拉邦最精美的寺庙，浓缩了琅勃拉邦古老的寺庙建筑风格。寺庙由琅勃拉邦国王塞塔提拉于 1560 年兴建，一直受王室保护，1887 年遭到破坏，1928 年国王西萨旺·冯进行了修复。香通寺是老挝新年时，人们最重要的聚集庆贺地点之一。

琅勃拉邦街道旁边的香通寺　冯晓华 摄

香通寺　冯晓华 摄

香通寺　冯晓华 摄

琅勃拉邦，美丽，安静，是一座让人"去火"的城，也是梦幻之地和影视之城。琅勃拉邦是老挝出镜率最高的城市，是"爱在老挝三部曲"中取景最多的城市。时间酿造的人文底蕴和亘古不变的自然风光，静谧祥和的佛教寺庙，斑斓的城市色彩，让所有的摄影师和电影人迷醉。

我们到达琅勃拉邦的第二天，正巧香通寺在举行佛寺活动，一向安静的琅勃拉邦有了一丝热闹的景象。四面八方的信徒一大早就围聚到这里，敬献礼佛。

香通寺举办佛事活动　冯晓华 摄

香通寺来拜佛的信众　冯晓华 摄

冬季，琅勃拉邦仍然有很多美丽的花，老挝人用芭蕉叶做成绿色的天然花瓶，装饰着人们敬仰的佛和佛寺。心无旁骛的虔诚，就能创造出令人惊叹的艺术。

香通寺举办佛事活动　冯晓华 摄

香通寺在琅勃拉邦老城的最南端，而位于老城北端的，是王宫。这幢建筑物的历史并不悠久，1904年，这座王宫就建在湄公河畔了，是国王西萨旺·冯的寝宫，直到1975年，废除君主制，成立老挝人民民主共和国后，王宫被改建成了博物馆。它的建筑风格集东南亚古典韵味与法国情调于一身，气势不凡，是一座精美、典雅的宫殿。

琅勃拉邦王宫　冯晓华 摄

琅勃拉邦王宫　冯晓华 摄

王宫占地面积并不大，大概一百亩，但布局精巧，每一栋建筑都有着不一样的设计，与大量的热带植物掩映在一起，庄严中透露着生机，是建筑当中的精美艺术，让人流连忘返。

琅勃拉邦王宫一角　冯晓华 摄

王宫的影剧院，现在已经成了一个偶尔展示老挝民俗歌舞的场所。不知道20世纪初这里是否也播放过法国卢米埃尔兄弟的电影。

琅勃拉邦王宫影剧院　冯晓华 摄

调研在王宫的影剧院结束了。三人行，两位伙伴常常帮助我拿笨重的摄影器材。两个平时看着柔弱的漂亮老师，其实都像一线记者，走得动路，爬得了山，访得了人，吃得了苦，还善于与人相处。

傍晚我们爬上了琅勃拉邦城中心浦西山山顶，在调研任务完结之后，我们欣赏了美丽的琅城日落。到达山顶时我已经"湿身"，汗淌得像水流，帮忙拿器材的两位年轻的伙伴还是精神抖擞。年轻真好，能吃苦，能享乐，人生一定过得韵味十足。站在浦西山顶，琅勃拉邦尽收眼底，整个城市都掩映在绿色浓密的树林之间，房屋是白色、黄色和红色的，落日渐渐没入山后，阳光从金色变成淡淡的红色，环绕着城邦的湄公河，安静得像一个柔情的美人，让人心中暗起涟漪。无论从哪一个角度去欣赏这座古城，都会发现不一样的美，停不下手中的相机。15年前我就站在这里沉醉过，这一次依然沉醉。它的魅力不减，而年纪已长的我，在这一刻，并没有变老。琅勃拉邦日落的场景，什么时候会出现在我们的影视作品中呢？旖旎的日落，有着湄公河匹配的无法言说的特殊魅力……

浦西山上远眺落日下的湄公河　冯晓华 摄

美丽的夕阳，仿佛是我们老挝影视调研之行美好的谢幕。感谢所有给予我们帮助的老挝朋友和中国朋友，尤其是老挝国家电视台台长本造·皮基先生和他的助理阿木小友，以及所有耐心接受我们数小时访问的老挝影视人和朋友，让我们能够心里安定地回家……

浦西山上远眺琅勃拉邦日落　冯晓华 摄

第七章　命运多舛的老挝平面媒体

平面媒体，指通过单一维度传递信息的媒体。老挝最早的文献要追溯到1512年编撰的《坤傅隆传》（*Phun Khun Borom*），这是用尖笔书写在棕榈叶上的巴利文文献，是老挝流传最久的"平面媒介"，其内容在1967年得以重新编辑出版。这里要讨论的是现代意义上的、公开出版发行的报纸及杂志。

第一节　老挝平面媒体的初创

老挝在14世纪曾建立历史上第一个统一的多民族国家——澜沧王国，后分裂为万象王国、占巴塞王国和琅勃拉邦王国，经历了短暂的越南管理时期。1778年后，分裂的多个王国被日益扩张的暹罗势力所统治。19世纪末期，英、法轮番入侵暹罗及其附属国，为了保全本土不沦为殖民地，暹罗放弃了在老挝的统治。1893年，法国和暹罗签订《法暹条约》（又称为《曼谷条约》），暹罗将湄公河东岸的老挝领土割让给法国[①]，老挝进入了漫长的法国殖民时期。法国殖民下的老挝被迫使用法语为官方语言，老挝人不得享有选举和被选举权，更没有言论、出版自由。[②]为了防止舆论引起社会骚乱，1940年之前，老挝极少有本国语言书写的书籍或报纸出版。

法国虽然统治了老挝的大部分土地，但法国和暹罗一直就湄公河西岸25公里的土地控制权展开着持久的较量。1893～1907年的湄公河西岸法籍民登记政策，让湄公河西岸的暹罗人越来越多地变成了法籍。1910年10月，拉玛六世继位后，为巩固暹罗王权，开始广泛宣扬"民族、君主、宗教"三合一准则。1938年12月16日銮披汶·颂堪正式成为暹罗总理，集军政大权于一身，推出了"大泰民族

---

① 法暹曼谷条约. https://mall.cnki.net/Reference/ref_readerItem.aspx?bid=R200608073&recid=R2006080730001248 [2022-12-23].

② 申旭. 2011. 老挝史. 昆明：云南大学出版社：56.

主义"政策[①]，把泰国周边国家中与泰族有着共同族源的民族统统纳入了泛泰族的范围，于是老挝的老族、缅甸的掸族、印度的泰族，中国的壮族、傣族、水族和瑶族等都被包括其中。这项政策一直持续到 1957 年銮披汶政权被推翻。为了应对"大泰民族主义"对老挝的煽动，法国殖民者一改以往的愚民和同化政策，开始煽动老挝人的民族主义情绪。20 世纪 20 年代，法国人发起、编撰和出版了第一批老挝语基础历史教科书，弱化老挝人与泰族世界的渊源，并试图把老挝与同属法国殖民地的印度支那联系起来。殖民者还在 1917 年开始组织编写老挝语教材，1920 年后开始印发老挝语教科书，并且还在一年后建立了老挝语学校——佩维学院。殖民当局还于 1939 年规定老挝语为老挝国家语言，法语为当局官方语言。这些反抗大泰民族主义的运动直接推动了老挝国家意识和民族意识的建立，也为老挝文报刊的出现奠定了基础。

1940 年 12 月至 1941 年 1 月，法泰再次爆发冲突，以巴塞和沙耶武里划归泰国收尾。法国殖民者越发感到，如果受保护国的政府不能成功地培养老挝人的独立自主的品格（至少在那些已经受过教育的人当中），那么老挝人就会日益被邻国吸引，而这种形势将会带来新的困难。[②]随后，宣扬老挝民族精神的报纸《伟大老挝》问世；同时，抗衡大泰民族主义的《老雅报》也作为法国人的机关报面世；老挝最早的老挝语和法语并用的杂志之一《奇纳瑞》也是这个时期出现的。报纸内容虽然为培养老挝人的国家意识，但这种国家意识也被严格框定在法国人的政策之内，主要是向老挝人灌输老挝的空间感，强化疆域意识。

同时期，法国人开始重视老挝人的教育，老挝在 1940~1945 年创办的学校比过去 40 年创建的总和还要多。[③]在皇家老挝政府执政时期（1947~1975 年），美国加大了对老挝中等教育援助的力度，老挝每年的入学率稳定而缓慢地增长着。到 20 世纪 70 年代，年轻男子的识字率达到了 75%，女性的识字率达到了 30%。这一数字在城市地区还要高一些，而且男女差距更小。由于法国的长期殖民影响，20 世纪 60 年代的老挝，法语依然非常流行，那时老挝高等教育的课本和教

---

① 段立生.2014. 泰国通史. 上海：上海社会科学院出版社：229.
② 本尼迪克特·安德森.2011. 想象的共同体：民族主义的起源与散布. 吴叡人译. 上海：上海世纪出版集团：172.
③ 本尼迪克特·安德森.2011. 想象的共同体：民族主义的起源与散布. 吴叡人译. 上海：上海世纪出版集团：172.

学语言还都是法语。殖民、战争和教育三重因素让20世纪60年代的老挝出现了一个善于思考的知识群体，老挝的知识阶层开始形成。另外，由中国和越南传入的共产主义思想也给老挝带来了很大影响。各方力量纷纷办报创刊，发表各自观点。

1947年11月，老挝进步党和老挝联合党成立。前者发行了机关报《人民之声报》，进步党副主席方·丰萨万还另办了一份报纸《澜沧报》；老挝联合党则创办了机关报《新老挝报》。1948年，老挝独立党和老挝民主党成立，独立党成员多为下级官吏，也有部分高级官吏和知识分子，其党首冯·萨那尼孔创建机关报《大众报》，民主党人很多是工商业者，他们也创建了机关报《老挝之声报》。[①]1950年8月13日至15日，老挝的爱国人士重新组建了"伊沙拉"，创建了机关报《解放报》；1950年8月，桑怒解放区创办了老挝爱国战线机关报《自由寮报》，是宣传抗战胜利消息的重要渠道，该报纸在1954年更名为《老挝爱国报》，1975年老挝人民民主共和国成立后又更名为《人民之声报》，1983年后更名为《人民报》。1959年老挝华人创办了《寮华日报》。[②]

1964年，美国军队开始轰炸老挝解放区，攻势十分猛烈。老挝爱国战线在奋力抵抗的同时，于1965年1月20日创办了周报《人民军报》。同年10月1日，老挝爱国战线把寮国战斗部队正式命名为老挝人民解放军，《人民军报》成为人民军总政治部主办的机关报。

这个时期，老挝反映新思想、要求社会变革的报刊不断涌现。1967年，老挝一拨出国留学归来的年轻人常聚集在一起探讨老挝的政治、经济和社会问题，探索国家出路，并创办了一份以进步和积极视角探讨老挝时事的期刊——《朋友》，表达了对老挝思想落后的深深忧虑，这一期刊甚至一度成为老挝反腐败的阵地之一。《老挝人民日报》的编辑冯·尚塔尔甚至认为自己的任务就是和腐败作斗争，报道取向大胆而鲜明。

后来对老挝影响深远的巴特寮通讯社（后发展为老挝国家通讯社）也是在这个时期成立的。1968年1月，老挝爱国战线成立了巴特寮通讯社，为老挝巴特寮电台和革命运动的喉舌《老挝人家》报纸提供新闻，争取老挝的革命胜利。

---

① 秦钦峙，汤家麟，孙晓明.1985.老挝战后大事记（1945年8月—1984年12月）.云南省社会科学院东南亚研究所：74.

② 赵长雁.2017.法泰对抗背景下老挝报业的萌芽.学术探索，（11）：133-138.

1972 年，由统治阶层的妻子们所领导的老挝妇女联合会还创办了妇女杂志《妇女》，呼吁女性的进步，助力取缔妓女运动。

1947~1974 年，老挝先后有几十种报刊公开发行，真正开启了老挝平面媒体发展的进程。1973 年，美国学者雷蒙德·纳恩在一份珍贵的文件中发现了当时在万象出版的 41 份报纸或期刊的证据，其中，11 份是日报，18 份是周刊，1 份是月刊，11 份不确定发行周期；在这 41 份报纸和期刊中，能够确定的有 16 份是老挝文，3 份是法文和英文，1 份包括了法文、英文和老挝文的内容。[1]

不得不说，老挝报刊新生的 20 多年也是老挝文化界百花齐放、百家争鸣的好时光，其中可以看到西方文化的影响，也可以看到共产主义的萌芽，既有探索国家民族出路的深刻思考，也不乏美国流行文化的痕迹。但这个时期，报刊发展的局限也是显而易见的。第一，当时的老挝缺少印刷设备，传统的手工油印、石印让报刊的制作周期长、生产效率低，纸张的缺乏和教育的总体落后都让报刊的发行难成规模。在 1945 年老挝宣布独立后的很长一段时期中，只有在万象、琅勃拉邦等主要城市中有几家手工作坊式的小型铅印厂。连老挝政府以法文和老挝文出版的《老挝新闻》都是采用油印的方式印刷，每期仅发行数百份。[2]尤其是 1973 年后期，新闻纸张的价格不断上涨，很多小报社已经难以为继。第二，记者和读者的素质都很低。1954 年，全国启蒙学校不到 180 所，学生只有 1 万多人，只有 5 所小学和 1 所中学。全国只有大约 10 个人是法国高等学校或印度支那大学的毕业生。[3]由于国内的整体贫困，读者也仅限于政府、军队或警察部门的人，而且也不是所有的官员都能买得起报纸和杂志。这些因素导致了报刊的发行量都在几百份到 2000 份之间，报社和杂志社收入微薄，能雇用到的记者多数都是只有小学文化、未经专业训练的人。就连 1975 年创刊，由万象市政府资助的《万象新闻》的每周的英文报道也只是对老挝语版内容的直接翻译，专业性不足。

学者赵长雁对老挝报刊萌芽初期的评价是："如果说 20 世纪 40 年代初创办的报刊是法国殖民当局的权宜之计，那么 40 年代末老挝涌现出的政党报刊则是老挝民族主义运动的硕果，其影响持续到今天。"[4]

---

[1] John A. Lent. 1974. "Mass Media in Laos", *International Communication Gazette*, 20(3): 171-179.
[2] 富米·冯维希. 1974. 老挝和老挝人民反对美国新殖民主义的胜利斗争. 北京：人民出版社：110.
[3] 富米·冯维希. 1974. 老挝和老挝人民反对美国新殖民主义的胜利斗争. 北京：人民出版社：24.
[4] 赵长雁. 2017. 法泰对抗背景下老挝报业的萌芽. 学术探索，（11）：138.

第二节 老挝平面媒体的重生

一、政治要求下的报刊转型

1975 年 12 月 2 日，在万象召开的老挝全国代表大会宣布废除君主制，成立老挝人民民主共和国，组成以苏发努冯为主席的最高人民议会和以凯山·丰威汉为总理的政府。[①]铁腕人物凯山·丰威汉开始在社会各界中开展媒体的整治和教化。人们的言语只能被用来要么赞扬领导人，要么谴责"帝国主义"和"叛徒"。[②]另外，老挝政府开始推行工商业社会主义改造和国有化，1975 年之前创办的独立报刊被新政权关闭或者接受改制。

其实，新政权掌权之初的舆论高压态势在老挝人民民主共和国成立之前就已经开始。1975 年 8 月 23 日，老挝人民革命党夺取了万象市的控制权，1973 年创办的私营报纸《万象邮报》被接管并改制为老挝人民革命党万象市委和市政府的机关报，改名为《新万象报》。

《老挝爱国报》也在 1975 年 12 月迁至万象市，改名为《人民之声报》，为提升自身影响力，《人民之声报》从周报改为日报，每期 4 版，印刷量增至 5000 份，并且发行地区突破了以往的主要城市而面向全国。[③]

这个时期发行的报刊还有老挝人民革命青年团中央于 1979 年 1 月创办的半月报《老挝青年报》、老挝文化新闻部 1979 年 11 月 5 日创办的月刊《万纳辛》[④]。于 1979 年 11 月 5 日创刊的老挝全国性的文艺月刊《文艺报》，主编是洪潘·拉达纳冯，主要刊登小说、诗歌、剧本、翻译作品、文艺报道等，它的宗旨是繁荣社会主义文艺创作，推动老挝民族文学的发展。[⑤]

1982 年 4 月 27～30 日，老挝人民革命党在万象市召开第三次全国代表大会，决定提高新闻传媒的质量和数量。《人民之声报》首先被要求要广泛而深刻、详

---

① 老挝国家概况. https://www.mfa.gov.cn/web/gjhdq_676201/gj_676203/yz_676205/1206_676644/1206x0_676646/ [2022-06-30].
② 格兰特·埃文斯. 2011. 老挝史. 郭继光, 等译. 上海: 东方出版中心: 158.
③ 蔡文枞. 1995. 老挝的新闻文化事业. 东南亚南亚研究, (3): 54.
④ 王以俊. 2005. 老挝新闻出版印刷业概况. 印刷世界, (7): 52.
⑤ 文艺报. https://xuewen.cnki.net/R2006110930002886.html[2017-07-30].

细地宣传、解释党的各项路线、方针、政策；宣传工人阶级思想，培养热爱祖国、热爱社会主义的美好传统，培养具有正确世界观和人生观的新人；报道在全国范围内具有共性的事件、新闻；广泛宣传在经济建设中涌现出来的新事物、新风尚；披露在工作和生活中出现的种种消极现象等。老挝人民革命党对全国的最高指示让老挝的新闻媒体为之一振，纷纷开始调整报道的方向和内容。[①]1983年3月22日，《人民之声报》更名为《人民》。

二、报刊发展中的制约因素

老挝媒体在转型发展的过程中，也面临着诸多不利因素。

由于1975年末期新政府严重的"左"倾主义错误，到1980年，老挝总人口的10%逃往国外，其中有大量知识分子和技术人员流失，并且这种流失还在继续。这几乎使老挝在接下来的10年都发展缓慢。新政权的当务之急是稳定执政秩序，一时间老挝取缔了所有向政府主张自主权的报社和杂志社等组织。老挝平面媒体的发展受到重挫。

另外，学校的教育被迫以政治教化为主要目的，处在社会主义过渡时期的老挝在教育上几乎是倒退的，师资的紧缺让老挝要在20世纪80年代早期彻底消除文盲的计划几乎成为一纸空文。20世纪90年代，老挝15～45岁人群文盲率大约是40%[②]，与20世纪70年代皇家老挝政府执政时期的水平相差无几。高等教育仍需要像以前一样依靠外国的援助和输入。

这样的时代背景导致了老挝媒体发展障碍重重。政策的管制导致平面媒体数量大幅下降；人才的大量流失和"政治正确"的要求使得报刊上的内容要么对政治避而不谈，要么报道不敢越雷池一步；识字率的停滞不前和高等教育的形式化导致了知识阶层形成缓慢，在当时不到600万人口的老挝，报刊的受众被进一步压缩了。

三、社会主义阵营的助力发展

从20世纪50年代末期到20世纪70年代中期，社会主义阵营的国家开始在

[①] 单晓红，刘娴睿. 2018. 老挝人民民主共和国传媒发展与现状//单晓红. 南亚东南亚国家大众传媒发展与现状. 昆明：云南大学出版社：160.

[②] 格兰特·埃文斯. 2011. 老挝史. 郭继光，等译. 上海：东方出版中心：175.

社会经济建设的各个方面援助老挝，其中也包括印刷业。1971年，老挝爱国战线中央委员会请求中国援建一个印刷厂，同时帮助老挝培训印刷业专业技术人员。中国政府将这个任务交由与老挝接壤的云南省实施。项目抽调了原云南人民印刷厂等9个单位的36名领导干部和技术人员，组成了"中国7102工程技术组"，赴老挝支援建设。1974年，在老挝乌多姆赛省会芒赛的山箐中建成了"老中友谊印刷厂"，老挝内部称其为"老挝爱国战线中央委员会北部印刷厂"，配套有车间、库房、宿舍和生产设备，是老挝当时最好的印刷厂。中方支援队还培训了40多名老方干部和工人，直到他们可以独立印刷出好质量的报刊后才举行项目交接仪式。中国7102工程技术组被老挝爱国战线中央委员会授予了"伊沙拉一级自由独立勋章"。[①]

社会主义阵营国家对老挝印刷厂的硬件援建和技术的指导从根本上促进了老挝平面媒体的发展。

第三节　老挝平面媒体的现代化改革

一、改革的背景

（一）政策支持和法律的完善

老挝发展的"革新"思想最早在1979年老挝人民革命党的二届七中全会上提出。老挝由于经济基础薄弱，并且在建国之初照搬"苏联模式"，采取了比较"左"的路线，虽然在开始起到了稳定社会局面和恢复生产力的作用，但却也让经济很快陷入了发展的困境。在老挝人民革命党第二次全国代表大会中，老挝人民革命党确立了新的政治纲领，提出把老挝建立成"和平、独立、民主、统一和繁荣"的国家的长期目标。借鉴中国"改革开放"的概念和路径，在1986年老挝人民革命党第四次全国代表大会中，老挝人民革命党决定坚定不移地贯彻"革新开放"的思路和具体实施"革新开放"的有关政策。这次会议标志着老挝"革新开放"的开始，开启了老挝全面发展的新局面。老挝开始实行企业体制改革和经济革新，推行承包、租赁和股份制、合作制，鼓励兴办私人企业。在政治、经济和文化上

---

① 王以俊.2005.老挝新闻出版印刷业概况.印刷世界，（7）：50.

都更加开放务实。

2008年,《传媒法》在老挝国会的批准下得以施行,2016年11月4日,修订版的《传媒法》正式执行,对老挝的媒体工作和媒体从业者提出了更为细致的要求,强化了媒体服务国家、服务社会的功能。该法的实施标志着老挝的传媒行业开始从盲目生长进入到规范发展阶段,也客观上促进了老挝平面媒体的长足发展。

(二)教育的复苏

教育的复苏也为报刊的现代化发展奠定了一定基础。这里说的教育不仅包括基础教育的普及,更包括留学的盛行、大学的兴办和出国培训。

"革新开放"后的老挝经济确实得到了快速发展,也进一步加大了社会的贫富分化,出国留学的老挝年轻人越来越多。老挝人喜欢的留学国家首属语言交流几乎没有障碍的泰国,其次是越南、中国,也有一部分留学生选择了日本和曾经的殖民国法国。在老挝驻华大使馆青年团于2019年6月15日在北京市召开第一届大青年团会中,青年团委书记冯辛·赛亚丰表示:来华老挝留学生数量有持续增长趋势,仅在2018~2019学年老挝驻北京大使馆实际管理老挝留学生人数达7271人,其中本科生3000余人、硕士生900余人和博士生100余人。[1]这些留学生回国后很多都进入政府部门和大型国有企业工作,他们把新思想带回了老挝国内,也从客观上促进了老挝与国际接轨以及老挝社会整体认知水平的提升。

1996年,老挝国立大学成立,教职员工的学术水平和实践能力不足,同时老挝学术书籍缺乏,而且学校的图书馆和各研究所的图书借阅渠道还不通畅,加上官僚保守主义让很多部门都不愿意把自己的图书资源转交大学,导致老挝国立大学的图书馆直至今天都相当简陋。尽管如此,老挝国立大学的重建对于知识分子群体的形成依然大有裨益,该学校还在2017年招收了第一届大众传媒学系学生。2020年,老挝迎来了国内第一批专业新闻人才,虽然首批毕业的学生只有16个,但也算是一个良好的开端。

老挝大众媒体中工作的记者大多数都在泰国接受过几周到几个月不等的培训,并且与外国记者保持着较为密切的联系。老挝与中国、越南也一直保持着媒

---

[1] 老挝兴起中国留学潮 2019学年在华留学生超7000人!https://user.guancha.cn/main/content?id=135179&s=fwzxfbbt[2019-06-28].

体人员和内容的交流互通。虽然这些记者所撰写的文章要经过政府的严格审查，但 1996 年之后的老挝平面媒体还是呈现出很大的进步。

（三）印刷业的发展

除了文化软实力的提升，更为关键的硬件支持——老挝印刷行业在这个时期也得到了长足发展。到 1995 年，老挝共有 10 家印刷厂，虽然规模小、设备陈旧、技术落后，但报刊的生产效率得到了大幅提升。1990 年，老挝发行报纸 48 万份，出版杂志 2.2 万册；1992 年，老挝发行报纸 58.3 万份，出版杂志 3.7 万册；1993 年，老挝的报纸发行突然跃升至 319.5 万份，此后每年稳步增长，而杂志的出版数量则保持在 2 万册左右。[1]

2003 年，老挝的印刷厂增至 54 家，其中，国家级的印刷厂有 5 家，地方的印刷厂 49 家（含私营企业）[2]。国家级的印刷厂规模较大，技术装备较好，并且一直在进行技术升级改造，能够承接大批量印刷的任务。在 2000 年前后，老挝只有一家造纸工厂——亚洲造纸工业公司、一家纸板厂——万象纸板厂，其产品质量低，并且不能满足国内需求，大量高质量纸张需要依赖进口，这也在一定程度上制约了老挝报刊的发展（见表 7-1）。

到 2011 年，老挝已经有超过 16 家出版社和 89 家印刷厂，它们分散于老挝全国各地，其中有私营性质的，也有国有性质的。[3]

二、改革的实效

在文化软实力和硬件设备双双提升的背景下，政府机关的报刊在革新开放中做出了示范。《新曙光》就是这一时期诞生的典型刊物。它是老挝人民革命党中央机关的一本理论刊物，1985 年 3 月 22 日创刊，创刊之初为季刊，后改为双月刊。该刊物主要刊登党内时政要闻，也会刊登一些评论和国际问题的文章。或许是受到革新开放的引领，这份刊物在 1992 年把封面从严肃的党旗图片改成了彩色的老挝风光照或历史照，封底也由白版改为了彩色的老挝风光照。并且从 1993 年的第一期开始刊登广告。为了更好地与国际接轨，该刊物原来还附有俄文和英

---

[1] 王以俊. 2005. 老挝新闻出版印刷业概况. 印刷世界，（7）：51.
[2] 王以俊. 2005. 老挝新闻出版印刷业概况. 印刷世界，（7）：52.
[3] 王以俊. 2011. 老挝媒体业发展动态. 东南亚之窗，（11）：61.

文的目录，后因外交政策的调整，从 1991 年第 6 期开始，不再附俄文目录。[①]

为引领平面媒体行业市场化改革，老挝人民革命党中央宣传部主办的老挝人民革命党中央机关报《人民报》在 1991 年创办了星期刊；万象市委市政府的机关报《新万象报》在 1991 年 2 月推出了周报《万象-经营·社会报》。这两份刊物都一改机关报严肃刻板的政治新闻面貌，关注老挝的社会生活变化。

1993 年之前一直由万象市政府资助的《万象新闻》也在 1994 年开始自负盈亏。但该报纸之前主要服务于政府官员，显然不符合市场需求，很快就出现了入不敷出的情况。该报不得不扩大报道面，增设了企业和人物等方面的内容。

为更好地对外树立老挝的国家形象，老挝文化新闻部下属的国有媒体机构——老挝外文出版社开始发力。外国人了解老挝的窗口《万象时报》由老挝外文出版社创办，这也是老挝人民民主共和国的第一家英文报纸。《万象时报》于 1994 年 4 月 7 日正式发行，发行之初为周报。到 1996 年，改为每周二和周五出版两次；1999 年，该报纸开办了法语版；2004 年扩展到周一至周五每天出版一次，并且增加了周六版（周末版）。

由于独立后的老挝依然受到法国文化的深刻影响，1998 年，老挝文化新闻部创办法文报纸《改革者报》，旨在促进老挝与法语国家的合作与发展。发行之初为周刊，后改为周二、周五出版，后又扩大为日报，从周一到周五出版。2007 年又增加了周六版。有时候这份报纸会被描述成居住在国外的反对派的宣传工具，在老挝具有一定的影响力。

1999 年 12 月 2 日创刊的《巴特寮报》是巴特寮通讯社以老挝文出版的一份日报，主要面向巴特寮地区出版。作为由老挝爱国战线（现老挝建国阵线）创办的报纸，它的内容不仅包括政治、经济、教育相关的国内新闻，还包括了商业、娱乐、体育、旅游等版块，在形式和内容上都更加亲民。

老挝的革新开放让老挝的平面媒体得到了质与量的双面提升。虽然直到 21 世纪初，老挝的出版物都没有统一的书号，只凭借一定级别的批文发行，但据老挝国家统计中心 2003 年公布的新闻出版业发展数据，当时，老挝全国主要报刊约有 20 种，老挝报纸发行 537.3 万份，杂志出版 3.1 万册。随着硬件设备的提升，

[①] 单晓红，刘娴睿. 2018. 老挝人民民主共和国传媒发展与现状//单晓红. 南亚东南亚国家大众传媒发展与现状. 昆明：云南大学出版社：165.

很多报刊也在 20 世纪 90 年代中期从铅排铅印改为电脑排版和胶版印刷。[①]到 2011 年，老挝已经有超过 100 种报纸和杂志，其中 9 份为日报。[②]

表 7-1 老挝报纸杂志一览表[③]

报刊名	种类	创办时间	主办单位	发刊量/份	备注
《人民报》	日报	1950 年 1 月	人民革命党中央宣传部	20000	人民革命党中央机关报，一大张，4 版
《新万象报》	日报	1975 年 9 月	万象市宣传新闻文化局	4000	万象市委市政府机关报，一大张，4 版
《人民军报》	周报	1965 年 1 月	人民军总政治部	10000	主要在军内发行，一大张，4 版
《劳动报》	半月报	1980 年 11 月	全国工会联合会	5000	两大张，8 版
《老挝青年报》	半月报	1979 年 1 月	人民革命青年团中央	3000	小报 12 版
《少年报》	月报	1982 年	人民革命青年团中央	3000	小报 8 版
《儿童报》	月报	1983 年 5 月	人民革命青年团中央	3000	小报 8 版
《老挝妇女报》	月报	1980 年	全国妇女联合会		
《人民报》星期刊	周报	1991 年 11 月	《人民报》编辑部	1200	小版 12 版
《万象-经营·社会报》	周报	1991 年 2 月	《新万象报》编辑部	1000	小版 12 版
《新曙光》	双月刊	1985 年 3 月	人民革命党中央宣传部	2000	党中央机关理论刊物
《新教育》	月刊	1981 年	教育部		
《公共卫生》	季刊	1982 年	卫生部		
《万纳辛》	月刊	1979 年 11 月	文化新闻部	8000	综合性文化艺术刊物
《寮笙之声》	不定期	1991 年	老挝作家协会		文学艺术杂志
《巴特寮画报》	季刊	1980 年	巴特寮通讯社		老挝文版、英文版
《健康》	不定期	1981 年 2 月	卫生部		
《科学与技术》	不定期	1991 年 11 月	科学院		

同时，老挝的开放政策吸引了越来越多的外来人口和游客，外文书店也开始兴起，纪念碑书店就是一个连锁外文书店，不仅售卖关于老挝各个方面的书籍，

---

① 王以俊.2005. 老挝新闻出版印刷业概况. 印刷世界，（7）：52.
② 王以俊.2011. 老挝媒体业发展动态. 东南亚之窗，（11）：62.
③ 王以俊.2005. 老挝新闻出版印刷业概况. 印刷世界，（7）：51.

也售卖来自整个亚洲的书籍。当然，这毕竟是精英人士的书店，更加被老挝百姓所接受的是二手书店。

万象街头售卖书报杂志的书店　杨颖 摄

外国的报纸杂志也偶见于老挝市场，如广受老挝人欢迎的泰国杂志《曼谷邮报》，还有美国的《时代周刊》《新闻周刊》。但这些报纸和杂志在老挝的发行量并不大，一般是5000~10000份，并且一般只在主要城市可以买得到。对于更加广袤的老挝农村和山区，成本更加低廉、接受门槛更低的广播才是人们了解新闻的主要来源。

三、改革报刊中的内容变化

大量文献显示，在1979年"革新"思想提出后，老挝社会的私营经济就已经开始复苏。20世纪80年代，早期的集体主义经济开始瓦解，私人贸易开始大行其道。老挝市场上大量涌入泰国和其他国家的着装、VCD、DVD，老挝人的着装标准、审美意识、思想观念开始发生变化。这一时期的记者和编辑思想活跃，但政府对媒体进行"一体化"管理——所有媒体都由老挝人民革命党管理，遵循老挝文化新闻部统一制定的宣传政策；报社的编辑每周都要和部级官员讨论审阅文章，进行自我批评；党和政府要求记者多写建设性文章。因此直到1998年，老挝的报纸上才开始出现批评性报道。[①]2000年1月出台的《反腐败规定》虽然赋予

---

① 阿芳.2013.老挝新闻业现状及存在的问题浅析.新闻传播，（3）：258.

了媒体监督官员腐败和滥用职权等行为的功能，但基于种种原因，监督功能不能得到很好的实现。

事实上，《万象时报》曾在1994年开设过一个观点专栏以适应外国人的大量涌入，但很快就受到了政府压制。新时代观念的改变会表现在一些日常报纸对于软新闻的讨论上，如报纸上的漫画会描述男子的不忠和官员的腐败，交通事故和暴力事件也作为负面新闻的代表常常见诸报端。

在老挝销售时间最长的新杂志之一《现代更新》诞生于新思想已经比较稳固的2000年，但它并不涉足政治领域，内容主要涉及老挝生活方式和老挝社会中民众的观念变化，如"蒲布：一个能够理解美的价值的女孩"。

2003年以后，互联网在老挝发展迅猛，电影院也开始在万象兴起，但是老挝的大众传媒依然处于老挝政府的严密监控下，老挝的报纸依然是老挝的官方喉舌，相比过去，对于外国的报道口径会更开放一些，批判性的文章也逐渐增加，但表达依然较为隐晦。批判政府部门的文章，如"问题是谁来管制警察"（《万象时报》，2003年7月18～21日），"许多地方官员侵吞国家财产"（《万象时报》，2004年5月17日）。这些看似在打"擦边球"的文章其实也暗合了老挝政府对于腐败的批判态度，对于时政，老挝报纸的态度是一如既往的。

四、互联网的加持

1998年，美国人把互联网引入了老挝。2001年之后，老挝电信产业的蓬勃发展让互联网逐渐走入了大众视野。特别是2003年老挝推出个人移动通信业务后，移动互联网在老挝发展迅猛。

互联网的冲击也让老挝政府看到了发展文化事业的重要性。2001年，老挝人民革命党第七次全国代表大会在万象举行，会议报告指出，新闻传媒和大众媒体是宣传政治思想的锐利武器，要积极引进各种先进设备，努力提高大众媒体的能力和现代化水平，同时也要鼓励文化作品和读物的创作和出版，使文化工作适应现代市场经济体制的要求。之后，老挝的平面媒体获得了较大的发展。到2014年，老挝全国共有出版物127种。[①]报纸依然是老挝最主要的传播媒介之一，共有8家日报，6家为老挝语出版，另外2家为英语出版，这些本土发行的报纸都由新

---

① 何政等.2018.2015—2016老挝国情报告.北京：经济管理出版社：145.

闻文化旅游部管理。在刊物方面，中央机关刊物依然占有一定份额，另外还有一些私人出版的刊物，如《老挝探索者》《老挝文化》《目标》等文化娱乐杂志。[①]

老挝国家图书馆中的报刊架　杨颖 摄

与从前不同的是，网络时代下的老挝平面媒体纷纷拓展了网络版，甚至是针对移动用户的推送。较早进入互联网市场的报刊也获得了丰厚的回报。

2009年1月开始，《万象时报》顺应新媒体的发展推出了手机信息服务，每天至少向受众提供5次新闻消息，广泛地报道国内和国际新闻，提供反映老挝政府政策和社会经济发展的信息。现在《万象时报》已经成为老挝经营最成功的报纸，广告收入可观。

《万象时报》网站首页（2020年7月3日）

---

① 何政等. 2018. 2015—2016老挝国情报告. 北京：经济管理出版社：145.

老挝人民革命党中央机关报《人民报》也开通了自己的网站，并且内容可谓包罗万象，包含政治、经济、文化、军事、旅游等，还提供广告服务。但是这份老挝最大、最有名的报纸的网站的单日点击量仅为一两千次。尽管传播效果不甚理想，《人民报》网站还是坚持向下反映经济社会发展，向上反映人民群众的意见和建议，同时，也积极推动东盟各国间的关系发展。相对于《万象时报》的轻快简洁，《人民报》的网页所呈现出来的是执政党机关报的庄严厚重。

《人民报》网站主页包括政治、社会经济、文化-旅游、教育-体育、合作、国外、金融-银行七大版块的内容，网站的中心位置展示着老挝的政治新闻，如"第七届国民议会第九届例会批准了四项决议""2020年6月例行政府会议的结果""总理出席第36届东盟峰会及相关会议"等。在2020年7月3日老挝《人民报》网站"注意"版块的第一事项中赫然写着"中国共产党成立"，第二项才是"全国独立日"，第三项为"中国国家主席习近平向老挝发来贺电"。可见其执政党对中国的关注和信任。相对于纸质的报纸，通过互联网呈现的《人民报》也受到了国外的更多关注。

时至今日，传统的报刊搭载互联网传播已经是老挝各大平面媒体的常规操作，但真正在新媒体版块实现盈利的却屈指可数，因为绝大多数报刊的网页版以及手机推送都仅仅是原来纸质版内容的复现。对于并不喜爱阅读的老挝民众来说，如果不能让内容更加具有吸引力，那传播渠道的拓展也不能真正改善平面媒体的生存空间。报刊的现代化发展道路绝不应该仅仅是"新瓶装旧酒"。

第四节　老挝平面媒体发展的展望

老挝平面媒体兴起于殖民战争，重生于国家的独立自主，发展于改革创新，又在互联网大潮中经受洗礼。经济发展缓慢始终是制约老挝平面媒体发展的重要原因。老挝是世界上最不发达的国家之一，依然是传统的农耕社会，工业基础相当薄弱。1986年开始推行的革新开放让国民经济在1991~1996年保持了7%的高速增长。虽然受到1997年亚洲金融危机的严重冲击，但在政府一系列宏观调控措施的保障之下，老挝国民经济迅速提振，还在后面十多年间保持了稳步增长。但由于基础太过薄弱，据老挝人民革命党第十次全国代表大会公布数据，虽然2015

年老挝实现了国民经济年均增长 7.9% 的预期目标，但 2015 年的 GDP 也只有 128 亿美元，人均年收入 1970 美元。[①]2016 年，老挝经济增速为 7.02%，GDP 为 159 亿美元，人均 GDP 为 2408 美元。[②]2017 年的经济增长率为 6.9%，财政收入为 22.6 万亿基普，约 27.2 亿美元，财政支出为 30.6 万亿基普，约 36.9 亿美元。[③]2018 年的 GDP 为 179.54 亿美元，人均 GDP 为 2542.49 美元。[④]2019 年，老挝国内保持平稳发展态势，经济增长率为 6.4%。[⑤]国家的总体贫困导致平面媒体在人才、技术、物资供应等各个方面都受到长期的制约。

1993 年之前，除了少数私人报刊，媒体都由政府资助。1993 年 6 月，老挝人民革命党中央政治局通过第 36 号决议，允许媒体刊登商业广告；1994 年，政府允许地方报纸自负盈亏。在人口基数小、人均收入水平极低的老挝，这项政策对大多数平面媒体来说是挑战大于机遇。同时，老挝政府还规定，报纸刊登广告不能超过总版面的 1/3。不少报纸随后纷纷倒闭，当然也有少数平面媒体顺应时代潮流发展而获得新生的例子，如《万象时报》依托新媒体人胆创新获得了丰厚的经济回报，但这属于极少数。

另外，老挝的平面媒体虽然从 1980 年后有了较大的发展，但人才的奇缺是老挝媒体发展始终没有得到根本解决的问题。在老挝报刊诞生的初期，各党派和爱国进步人士纷纷通过报纸发出自己的声音。在国家出台新闻出版业诸多规范后，"戴上镣铐跳舞"的报刊更因为专业新闻人才的匮乏而相互模仿和抄袭。加之邻国泰国的刊物可以在市场上买到，内容和刊印的质量都远远优于老挝本土刊物，识字的老挝人也几乎可以做到无障碍阅读。这给老挝本土平面媒体带来了很大的竞争。虽然中国、泰国、越南等国依然对老挝提供媒体从业者培训，但由于本土条件的局限性，他国经验并不能完全有效地运用于老挝。人才的培养还是要从本土的教育着手。令人欣喜的是，我们看到老挝国立大学第一届大众传媒学系毕业生已经进入社会，今后源源不断的专业人才输入一定会给老挝平面媒体的发展注入更强的力量。

---

① 王璐瑶. 2016. 老挝人民革命党十大规划党和国家未来发展. 当代世界，（3）：44.
② 2016 年老挝经济增速为 7.02%. http://la.mofcom.gov.cn/article/jmxw/201704/20170402566148.shtml[2017-04-27].
③ 2017 年老挝经济增长率 6.9%. http://la.mofcom.gov.cn/article/jmxw/201803/20180302723834.shtml[2018-03-26].
④ 2010—2019 年老挝 GDP、人均国民总收入、人均 GDP 及农业增加值占比统计. https://www.huaon.com/channel/distdata/634751.html[2020-07-26].
⑤ 卫彦雄. 2020. 老挝：2019 年回顾与 2020 年展望. 东南亚纵横，（1）：53.

报纸和杂志多年来被认为是夕阳产业，在电子信息技术并不发达的老挝也不例外。2016年1月，老挝人民革命党第十次全国代表大会确定的发展方向是"推动绿色农业与加工业相结合""推动服务业和旅游业发展""鼓励创新和科技应用"。[①]媒体的发展并没有得到政府的特别重视，作为科技创新和应用的必然产物，基于移动互联网的新媒体被越来越多地应用于老挝人的生活场景中，传统的平面媒体经过广播电视和新媒体的双重冲击之后，早已不再占主流。除了具有政府背景和官媒属性的报刊，自负盈亏的老挝平面媒体呈现出冰火两重天的不同境遇。

拥抱媒体的融合发展早已成为老挝报人的明确方向，老挝国家通讯社的短波新闻传输早被卫星系统取代，各大报刊也不缺乏自己的网站和Facebook主页。但如何与国家的社会经济发展有效结合，如何在互联网时代精准定位用户，如何有效搭建技术平台到达用户……老挝的平面媒体同样面临着世界上其他国家也正在探索的问题。就老挝而言，加强对媒体融合发展的引导和投入，加大传媒教育的保障力度，挖掘老挝文化的内在精髓和价值，引导传媒聚焦国内发展的热点和痛点，要融合的不仅是渠道，也不单单是内容，考虑在适应新媒体传播形态的基础上，发挥平面媒体原有的优势，在内容的创作理念和表现形式上下足功夫，才能真正做到媒介的融合。老挝政府应着力让平面媒体找准发展的方向，树立融合的信心，这样才能让报刊更好地发挥传统优势，服务老挝社会经济文化的建设。

---

① 老挝人民革命党十大规划党和国家未来发展. https://www.fx361.com/page/2016/0328/493984.shtml[2016-03-18].

第八章　活力十足的老挝新媒体

电信行业是一个国家的神经系统，是政府与民众沟通的重要桥梁，也是老百姓生活互联互动的关键。同时，电信行业的发展也对老挝经济社会的发展具有重要的带动作用。老挝电信行业的发展起步晚、基础薄弱。在 2017 年国际电信联盟（International Telecommunication Union，ITU）发布的《衡量信息社会报告》中，老挝在全球 176 个经济体中排在第 139 位，其信息与通信技术发展指数（IDI 值，涉及信息化基础设施、信息化使用、知识水平、信息消费等维度）为 2.91，尽管与 2016 年相比上升了 5 位（2016 年排在第 144 位），但总体上属于较落后国家序列。[①]

1992 年，老挝从外国引入固定电话。一年后，移动电话出现在了老挝，而老挝自己的电信产业是从 1994 年才起步的。而且由于当时技术水平的限制，起初的老挝电信业务就是固定电话、传真、电报等传统业务。经过了 20 多年的发展，老挝的新媒体不仅从无到有，而且深入老挝人生活的方方面面。这里将从老挝通信业、因特网、移动互联网和传统媒体的新媒体之路几个角度，力求全面呈现老挝新媒体的发展状况。在此之前，相关的政策、法规、文件将会被讨论。

第一节　老挝通信业发展的一只看不见的手

一个国家新兴行业，尤其是高科技领域行业的发展，离不开国家的总体布局。政策、法规和各项文件的发布对老挝的新媒体发展起到了引导和规范的作用。

1997 年 11 月 28 日，老挝政府颁布了《关于引进、使用和管理因特网络的第 116 号总理令》，打响了老挝建设因特网的第一枪。1998 年底，美国全球电信电子有限公司（Globecom Electronics Limited，又名 GlobeNet）得到老挝政府的批准

[①] Measuring the Information Society Report. https://www.oecd-ilibrary.org/content/publication/pub-80f52533-en [2017-11-17].

开始经营因特网接入业务，可以被认为是老挝互联网正式存在的开始。[①]老挝电信行业的管制机构是老挝邮电部，负责制定信息政策、管理通信设施、网络安全、管理电信市场等方面的工作，包括发放无线电通信设备和频率许可证。

1999年9月、2000年3月老挝总理办公室相继出台了《关于国家因特网管理委员会组织及活动的决定》《关于因特网在老挝的组织、服务、使用的决定》等多部文件，对即将成立的老挝国家因特网管理委员会工作开展的方方面面作出了详细的预想和规定。2000年4月24日，老挝政府出台了《关于成立国家因特网管理委员会的决定》，决定正式成立老挝国家因特网管理委员会（Lao National Internet Center, LANIC），为老挝即将铺开的网络架设和服务保驾护航。该委员会由交通运输邮政建设部、新闻文化旅游部、内政部和外交部以及科学技术和环境委员会共同组成，负责制定相关的政策法规以及对老挝全国因特网的管理。虽然当时因特网在老挝的覆盖面和影响力还很小，但老挝总理办公室、老挝国家因特网管理委员会还是在2000年9月、10月发布了《关于授权国家因特网管理委员会检查和管理在使用因特网过程中的错误倾向》《关于在老挝提供因特网服务和使用因特网的禁止内容》等公告，对浏览和制作网页应遵循的原则进行了详细的规定。[②]这些政策法规为老挝因特网接下来的发展以及民众对因特网的使用起到了保驾护航的作用。

2001年，老挝政府正式颁布了第一部《电信法》，2002年开始开放电信市场，同时在该领域引入外资。2003年，老挝开始发展个人通信业务。2008年，3G网络业务在万象开通，为老挝的电信业开启了整体提升的大门。3G直接开启了老挝移动数据卡上网的业务，为了提升对新生领域的指导和监管，老挝邮电部密集出台了多项法律法规和政策文件。2008年开始实施《传媒法》，2016年修订版《传媒法》正式执行，该部法律规定了老挝媒体的责任与义务。老挝邮电部2011年颁布《电信法》（修正），对老挝的国家电信政策、原则、法律范围、电信资源、电信企业和电信管理等因特网和传统电信的方方面面做出了相应的规定。2013年颁布了《邮政法》（修订），2015年颁布了《打击网络犯罪法》，2016年颁布了《信息通信技术法》，2017年颁布了《无线电频率法》，2017年又颁布了《电子数据保护法》。

[①] 黄勇.2005.老挝网络发展的历史、现状与前景.东南亚纵横，（5）：34.
[②] 黄勇.2005.老挝网络发展的历史、现状与前景.东南亚纵横，（5）：34.

出台的法令和文件包括：2012年出台的《互联网和域名管理和使用法令》，2014年出台的《基于互联网的信息管理法令》和《无线电频率法令》，2016年出台的《互联网数据中心法令》，2018年的《认证机构法令》。[①]此外，邮电部还出台了一系列相关政策文件，包括2014年针对网络域名的监管文件；2015年针对电信业的许可、编号、竞争的三份文件，还有关于互联网服务提供商企业许可的文件和网吧服务的文件；2016年针对信息通信技术设备进口和分配的指导文件；2017年针对信息通信技术硬件安装和维修服务的规范文件和软件业务运营与互联网内容中心运营的文件。

近年来老挝政府在信息产业的布局，还得提到合作国都非常关注的《2016—2025年ICT战略发展计划及2030年前发展愿景》（ICT即信息与通信技术），该战略的牵头单位是老挝邮电部，于2015年制定，是老挝正在实施的ICT以及数字领域的国家战略，计划在2030年前，让邮政和电信服务融入现代工业，使其成为经济社会可持续发展的强劲推动力和重要手段，使老挝成为连接地区和全球的枢纽，提升全民数字建设的参与度。这份文件提出，老挝发展数字经济的着重点主要集中在信息通信基础设施、新技术创新、人才培养等方面。具体措施包括出台相关的法律法规、发展智慧城市、建设国家电力调度数据网、启动全球首个400M eLTE应急通信网、深入推进"老挝一号"通信卫星项目。[②]

法律法规、法令文件、政策和发展规划的出台有力地保障了老挝通信行业的快速发展，成为引导和监督老挝通信业发展的一只看不见的手。

第二节 跳跃式发展的老挝通信业

2001年，老挝国内第一部《电信法》实施生效。2002年，老挝开放通信市场，允许外资投资电信行业。2003年，老挝推出个人移动通信业务。2008年，万象市在老挝首先开通了3G网络业务，标志着老挝进入3G时代，也标志着智能手机、数据卡上网在老挝兴起。

但2003年的老挝拥有手机的人非常少，移动通信费非常昂贵，手机业务也不

---

① 参见：https://mtc.gov.la/index.php?r=site/contents&id=5[2021-12-30].
② 老挝ICT产业. http://cadea.caih.com/res/news/detail/1193279488[2018-08-28].

普及。随着老挝社会经济的发展，移动通信市场也不断加速发展，移动业务用户2002年仅为几万户，到2010年就接近400万户。但2010年的移动用户还主要集中于老挝相对发达的地区，如万象、琅勃拉邦、沙湾拿吉。因为政府的不断投入和招商引资，老挝通信业得到了快速发展。2012年，老挝电信公司在万象发布了商用的LTE网络，让老挝开启了4G时代。这样快速的发展态势在东盟国家中仅次于新加坡。

据老挝邮电部公布的数据显示，2015年老挝3G信号传输基站数量为3874个，2016年有4095个，到了2017年数量达到了4668个，老挝全国78%的村庄都能够上网。老挝的4G网络也在逐步建立，从2015年只有295个4G基站，到2017年有1748个，意味着老挝全国43%的村庄都能接入高速互联网。2017年，老挝活跃的互联网用户数量达到270万，而同年有370万人被归类为移动电话用户。[1]2018年，在总人口701万的老挝，移动用户数量大约565万，是总人口的81%。互联网用户达270万人，是总人口的39%。活跃社交媒体用户达270万人，占总人口的39%。移动社交媒体用户达260万人，占总人口的37%。[2]

接下来的几年，智能手机渐渐进入老挝人的生活，也渐渐改变着老挝人获取信息的方式。在工业化程度很低的老挝，老挝政府给予了电信业极大的重视，良好的政策环境让老挝电信业异军突起。目前，老挝国内主要有老挝电信公司（LTC）、老挝电信企业（Enterprise of Telecommunications Lao，ETL）、星通讯（Unitel）和维佩尔通讯老挝公司（Beeline）四家电信运营商，据2017年调研数据，当时LTC的市场份额约为55%，星通讯约占30%，ETL占10%，Beeline占5%。[3]这四家电信运营商的业务范围大致相同，都涉及移动通信、固话和互联网服务。四家运营商的商业竞争也由来已久，它们推出的各项优惠政策让老挝民众成为最大受益者。这四家电信运营商的发展历程也是老挝通信业发展的重要组成部分。

一、老挝电信公司（LTC）

翻译阿力手里拿着一部屏幕已经碎裂的iPhone 6 Plus，里面装着LTC的电话

---

[1] 老挝4G网络正快速发展，覆盖范围扩大. http://dy.163.com/v2/article/detail/DRGV7IG30534067W.html，[2018-09-12].

[2] WeAreSocial：2019年数字东南亚之老挝. http://www.199it.com/archives/836988.html[2019-03-07].

[3] 紧邻中国的老挝，通信运营商发展如何？https://baijiahao.baidu.com/s?id=1627595427349825234&wfr=spider&for=pc[2019-03-10].

卡。对这个收入可观的老挝本地年轻人来说，LTC 为他提供着国内最优质的电信服务，LTC 的电话号码也最为主流，LTC 的品牌优势从某种程度上也诉说着阿力自身的优势。

LTC 是老挝第一家电信企业，是老挝政府和泰国 Shinawatra 集团于 1996 年合资成立的，总部位于万象，老挝占股 51%，泰方占股 49%。成立之初，该公司面向政府机关和普通民众提供固定电话及传真业务。两国在此项目的合作年限为 25 年，经营全面通信业务。

2000 年 8 月 30 日，老挝邮电部把 LTC 分成了两个公司，即 LTC 和 ETL。LTC 其电话号码以数字 5 开头，主要负责对外提供移动通信、移动网络、宽带上网和企业服务。ETL 电话号码以数字 2 开头，后来发展成了 LTC 的竞争对手。

2006 年，LTC 投资 2500 万美元进一步开发老挝北部的光缆网络和手机网络，并在之后的四年中，每年至少投入 2000 万美元用于光缆和手机网络的开发和架设。这个项目在启动时，计划到 2010 年让老挝电信的网络覆盖老挝所有的山区和森林。当我们 2019 年底去巴色城不远的农村做客时，居然可以收到 LTC 的 4G 信号，并且可以和远在中国的家人通视频电话，只是偶尔信号不佳、视频卡顿或者断断续续，然而对于身在异乡调研的人来说，这移动网络信号还是给我们带来了莫大的安慰和安全感，这与在万象的感受完全不一样。

2007 年，老挝政府首次提出要在首都万象拓展 3G 业务。2008 年，LTC 成为老挝国内首家提供 3G 网络服务的公司，该业务依然首先落地万象。

2012 年，LTC 首次发布了商用的 LTE 网络，相当于老挝电信进入了 4G 时代。老挝成为东盟国家中第二个开通 4G 网络的国家。

在 2012 年 11 月万象召开的第九届亚欧峰会上，LTC 宣布将于当月推出 4G 业务。老挝的 4G 解决方案是由中国华为公司提供的。而 4G 网络信号扩大到其他省份则是 2017 年初的事了。

截至 2017 年，LTC 拥有移动用户约 300 万户，固话用户约 4.5 万户，宽带用户约 2500 户。年业绩收入约 3 亿美元。[①]

到 2019 年，LTC 已经拥有各类用户 350 万，用户数居于老挝四家电信运营

---

① 紧邻中国的老挝，通信运营商发展如何？https://baijiahao.baidu.com/s?id=1627595427349825234&wfr=spider&for=pc[2019-03-10]。

商之首。①但 LTC 主要布局在万象和全国的主要城市，在小城市和农村的覆盖率还比较低，LTC 在全国范围内的业务拓展面临着较大的困难。

二、星通讯

星通讯的电话号码以数字 9 开头，前身是老挝国防部下属成立于 2001 年的电信运营商老挝亚洲电信公司（Lao Asia Telecom，LAT），2009 年，越南军用电子电信公司（Viettel）与老挝亚洲电信公司收购了老挝电信公司的 GSM 网络而持股 49%，两家公司合资成立了星通讯，并推出品牌 Unitel②。老挝亚洲电信公司继续以 59%的股权控股星通讯，并且成为老挝政府推行国家关键电子政府系统的合作伙伴。同时，星通讯也提供移动网络和固定网络、宽带业务和企业类服务。

老挝亚洲电信公司早在 2003 年 12 月 10 日就开始向公众提供通信服务，但盈利能力并不强。来自越南的资金和技术逐渐扩大了星通讯的覆盖范围和用户数量，但却没有完全解决负债的问题。比如，2009 年至 2015 年，该公司的用户数量就从 0 增加到了 250 万户，但是低端客户较多，消费能力不足，而其固定网络用户在 2017 年还不足 5 万户，造成了客户多、盈利少的状态。为了扩大市场，星通讯新增建设的基站费用还得通过银行贷款解决，这使得星通讯一直处于负债状态。

但是从 2015 年开始，星通讯拥有了 4000 个电信基站，网络覆盖地理范围最大，覆盖老挝 95%的国土，成为老挝最大的电信运营商之一。2017 年 4 月，星通讯又和老星公司合作顺利完成业务转型，利用"老挝一号"通信卫星 C 频段转发器让其通话业务覆盖了老挝全境。星通讯成为继 LTC 之后，第二个与"老挝一号"通信卫星合作的当地电信运营商。到 2019 年底，星通讯已经在老挝设立了 8000 个基站、3 万公里电缆，并且其 3G、4G、4.5G 网络覆盖了老挝所有省市，用户量突破 300 万户。③

同时，星通讯也是老挝比较新锐的电信运营商。2012 年，华为使用其设备为老挝开通了 4G 服务，多年来，华为不断与老挝当地扩大合作。2015 年星通讯在老挝也推出了商用 4G 服务，虽然比起中国的 4G 网速相差较大，但也远远快于当

---

① 老挝通信运营商发展情况简介. http://www.ynoiec.org.cn/htmlswt/nobody/2019/0314/news_5_344671.html，[2019-03-14].

② START TELECOM. https://www.startelecom.ca/about-us/[2019-10-23].

③ Unitel——越老经济合作的成功典范. https://cn.qdnd.vn/cid-6153/7224/nid-564834.html[2019-10-24].

时还处于 3G 时代的许多老挝电信公司，可以支持网络应用程序的音视频通话；2019 年 2 月，星通讯在老挝推出 eSIM 卡服务，使得老挝成为东盟十国中第七个提供当时世界最新通信技术的国家；依托越南军用电子电信公司的成熟技术，星通讯在 2019 年底推出了 5G 试点，星通讯成为在老挝开展 5G 服务的首家网络技术公司。ETL 在 2019 年 11 月才宣布在老挝推出 4.5G 网络服务。

三、老挝电信企业（ETL）

ETL 电话号码以数字 2 开头，于 2000 年从 LTC 独立出来在万象挂牌成立，注册资金 850 万美元。它的成立标志着老挝拥有了第一家政府全资控股的电信企业，资产隶属老挝财政部。

2011 年，ETL 的电话拨号上网资费颇高，下行网速为 1536Kbps 的宽带月租为 3 200 000 基普，约合人民币 2510 元，另外还需要支付 650 000 基普（约合人民币 510 元）的安装费；选择最慢的下行速度 128Kbps 也需要支付每月 660 000 基普的费用，安装费 650 000 基普（表 8-1）。这对于普通的老挝家庭来说是一笔巨大的开支，因此，2011 年老挝的互联网普及率较低。

表 8-1　老挝 ETL 电信 ADSL 资费[①]

速率		月费/Kbps	一次安装费/基普
下行速率/Kbps	上行速率/Kbps		
128	64	660 000	650 000
256	128	1 150 000	650 000
512	256	1 550 000	650 000
768	384	1 950 000	650 000
1024	512	2 500 000	650 000
1536	512	3 200 000	650 000

2016 年 8 月 31 日，老挝政府与中国京信集团的全资子公司香港迦福控股有限公司（简称迦福控股）签署协议，将 ETL51% 的股份出售给了迦福控股，ETL 更名为 ETL 有限公司。至此，ETL 也变为了中老合资的第一家电信公司。这次合作表明了老挝政府改革 ETL 公司的决心和毅力。中老双方的共同建设让 ETL 的

---

① 老挝 ETL 电信 ADSL 资费. http://blog.sina.com.cn/s/blog_7b984a7b0100sds9.html[2011-04-12].

技术水平大幅提升，经营通信、光纤网络和无线宽带等业务。2017年，因为ETL债务危机，老挝政府不得不把其剩下的49%的股份卖给了京信集团。

相比起LTC和星通讯，ETL的用户规模要小得多。截至2016年，ETL拥有80万移动用户和1.8万固定网络用户、3万宽带用户。

2018年1月29日，ETL有限公司和京信通信系统（中国）有限公司在ETL老挝总部举行"FTTH固网、2G和4G网络建设项目设计，采购，安装工程总包（EPC）合同"签约仪式，项目总金额为1.1亿美元。这个项目的竣工让ETL拥有了国际化标准的语音及4G数据服务。

四、维佩尔通讯老挝公司——Beeline

Beeline是老挝的四大运营商之一，电话号码以数字7开头。Tigo是该公司的前身。[1]2011年3月9日，Tigo公司的部分股权被总部位于荷兰阿姆斯特丹的俄罗斯电信巨头维佩尔通讯公司（VimpelCom）（2007年3月VimpelCom更名为VEON并发布了新的Logo）所收购，经过变革后改名为Beeline，主要对外提供移动通信、移动宽带、宽带上网服务等电信业务。Beeline的基站主要集中在万象以及各大省会城市，因此其规模是老挝四家电信运营商中最小的。

维佩尔通讯公司虽然是国际七大电信巨头之一，在技术、人才、管理、资金上都具有优势，但Beeline作为最后进入老挝的电信企业，又离集团总部非常遥远，在老挝国内的竞争显得力不从心。变革后的Beeline采取激进的低价促销策略，开始运营的一段时间内资产负债率就高达70%。并且因为低价促销，Beeline在2011年时遭到了LTC和ETL的联合抵制，导致Beeline用户一时间无法与其他网络用户正常通信。

截至2017年6月底，Beeline只有28万移动用户，固话宽带用户不足9000家。[2]2017年，维佩尔通讯公司发布公告称，出于集团剥离非核心资产的计划，将转让所持有的Beeline所有股份，老挝政府又以2200万美元回购了维佩尔通讯公司持有的Beeline的78%的股权，这家公司变成了100%的老挝大型国有企业，对外提供移动通信、移动和固定宽带等业务。截至2017年9月，该公司拥有超过26万的手机注册用户和2200个有线互联网用户。

---

[1] 老挝通信行业浅析. http://la.mofcom.gov.cn/aarticle/jmxw/201209/20120908362032.html[2012-09-27]

[2] 老挝通信行业浅析. http://la.mofcom.gov.cn/aarticle/jmxw/201209/20120908362032.html[2017-11-01]

老挝第七个五年规划制定了老挝电信行业的发展规划，计划电信网络及服务覆盖农村 90%的区域，电话覆盖率达 80%，建设光缆全长 17 200 公里。2012 年，老挝加入了 WTO；2015 年，东盟共同经济体成立。这些有利条件推动着老挝的整体社会发展，也倒逼老挝加速法律法规的完善，使得老挝的产品发展、服务和投资环境等方面都得到了显著的提升。老挝一方面积极引入外国发展经验和先进技术，另一方面改善国内发展环境、提高法律透明度。因为老挝实行社会信息化发展战略，老挝电信行业在政策层面得到很多倾斜和优惠，对于电信行业的政策保障和管理规范先行，为电信企业的发展提供了更多的机遇和空间。

目前，四家老挝电信运营商经营着大致相同的业务，竞争非常激烈。电信行业是一个需要大量前期投入的行业，然而老挝的总体消费能力很低，老挝国内市场显然无法完全支撑老挝电信企业的长远发展，于是拓展海外市场、增强国际竞争力，成了老挝相对较强的电信企业下一步发展的必然选择。但在老挝电信企业还基本依靠外部技术与核心人才的当下，通往世界舞台的路上还有诸多版块需要改进，比如硬件设施、经营模式、管理模式、人才培养……

第三节　互联网新媒体激发传统媒体新活力

海外留学归国的精英在老挝政府机构的公务员系统中并不鲜见，所以虽然老挝国内整体发展缓慢，精英们却有着明确的发展目标和方向。他们早就看到互联网是世界发展不可逆转的潮流，所以在正式引入互联网企业之前就开始着手建立互联网管理的政策法规。1997 年 11 月 28 日，老挝政府颁布了《关于引进、使用和管理因特网络的第 116 号总理令》[①]，提出必须对因特网的引进和使用进行严格的监督管理，并提出将成立一个专门的机构来管理网络工作。

由于经济发展水平和教育水平长期低下，老挝的民众一直到 20 世纪 90 年代末期才开始初步接触因特网。进入 21 世纪，老挝政府对电信企业的政策鼓励也促使了网络的快速发展，于是本土企业加外商投资的模式使老挝的因特网遍地开花。

老挝互联网真正的发展始于 1998 年底，美国公司 GlobeNet 被老挝政府批准

---

① 黄勇. 2005. 老挝网络发展的历史、现状与前景. 东南亚纵横，（5）：34.

在老挝经营因特网接入业务。考虑到大规模自主落地的成本压力，GlobeNet 最初使用的是无线网络技术，信号覆盖范围小、速度慢，只有在当时的老挝首都万象市区的一些机构和网吧可以使用到因特网。这显然不是 GlobeNet 进军老挝市场的目标。几个月后，GlobeNet 即向老挝政府施压，迫使老挝 LTC 涉水因特网领域，这家老挝传统的电信公司通过电话线路连接因特网的方式在短时间内大大扩大了因特网在老挝全境的覆盖范围。

英国智能设备生产商行星电脑公司（Planet Computers）通过和老挝拉内象网络公司（LanexangNet）的合作成为老挝的第二个因特网服务供应商。[①]同样是电话线接入加无线连接的方式，并且行星电脑公司还最先在老挝实现了拨号上网，而老挝拉内象网络公司也依托行星电脑公司成为第一个在老挝采用甚高数据速率数字用户线（Very-high-data-rate Digital Subscriber Line）接入因特网的公司。ETL 在 2003 年才开始涉足网络服务，乘着技术发展的浪潮，ETL 一开始进入网络市场就采用了电话拨号上网，借助在万象有线电视网业务方面的优势，该公司不久后就通过有线电视网络接入了国际互联网。

从老挝因特网建立之初，一些政府机构就开始建立网站，对于新闻发布最为敏锐的老挝新闻文化旅游部就是最早一批建立自己机构网站的部门。网站从一开始只具有比较简单的新闻阅览功能逐步发展到具有机构展示、办事通道、站内信息查询等功能，中间经历了颇为漫长的过程。在老挝互联网开办之初，老挝文不能在网页上正确显示，因此大多采用英文编写，并且网站的功能也非常有限，而老挝的英语普及率并不高，所以多数民众只能望洋兴叹，加之电脑在当时也很少，因此这些网站的访问量也非常低。1998～2003 年，老挝的网站数量很少，发展较为缓慢。

据老挝邮电部 2011 年公布的数据，到 2011 年 6 月底，老挝通信光缆总长度达 4.1 万公里，移动电话通信基站 4644 个，可以覆盖老挝 17 个省（市）的 138 个县，3G 网络已经覆盖了 2000 个自然村落；全国的累计注册电话号码已经达到了 540.2 万个，其中，手机号码 17.7 万个。但 2011 年的老挝互联网普及率仍然很低，只有 5%，累计发放互联网账号 2.6 万个，网民不到 50 万人。[②]

---

① 黄勇. 2005. 老挝网络发展的历史、现状与前景. 东南亚纵横，(5)：33.
② 老挝电信业快速发展. http://www.c-fol.net/news/content/4/201108/20110826085645.html?btwaf=62034357 [2011-08-26].

2011年7月1日是老挝电信行业发展的一个重要节点，从那一天起，老挝开始执行全国统一的话费标准，有关专家认为应同时出台统一的互联网费用标准进而促进经济发展，但是直到2022年这项呼吁也没有得到实现。

以无线网络为开端的老挝互联网行业似乎早已预示了多年后移动互联网的大规模兴起。老挝邮电部部长坦萨迈·贡玛西在"2018老挝信息、通信技术博览会"开幕式上曾表示，老挝计划于2030年步入数字化社会。2017年，老挝ICT产业快速发展，老挝新增5000余家ICT公司，ICT基础建设持续发展，全国的移动信号覆盖率将会达到100%。老挝政府还制定了《2016—2025年ICT战略发展计划及2030年前发展愿景》、《电子政务系统发展规划（至2020年）》等，出台了一系列法律法规，为ICT产业持续健康发展创造了良好的环境。

2019年，老挝邮电部把在老挝推出5G的权利交给了市场。依托越南军用电子电信公司的技术，星通讯在2019年底推出了5G试点。在此之前，越南和泰国等东盟国家已经在老挝部分城市推出了非正式的5G服务。

但2020年伊始，在全球蔓延的新冠疫情迫使传统的老挝社会提前开始了数字化社会的进程，老挝人开始改变劳动方式和消费方式。外出限制迫使人们在网上进行交易，也迫使政府和企事业单位把各种会议搬到了线上，虽然对实体经济产生了冲击，但是也有助于企事业单位节省运营和办公成本。老挝邮电部甚至在2020年3月份建议电信公司调整互联网套餐价格以确保老挝的家庭运转和教育工作的开展。

网络基础的奠定为互联网媒体的发展提供了平台。隶属于老挝政府的广播电视系统也搭上了这波发展的潮流，但对于经费并不宽裕的政府部门，老挝广播电视的新媒体发展之路并不像本身就诞生于互联网中的移动社交应用那么顺利。

一、老挝广播电视的新媒体发展之路

（一）举步维艰的传统广播电视

1960年8月13日，老挝国家广播电台开始播音，由三个节目起家——一个新闻节目、一个音乐节目、一个农业节目。时至今日，该电台发展为6个频道：FM103.7、FM97.3、FM 95、FM 94.3、AM MW 567和SW 6130（AM）。[1]全国

---

[1] 张帅. 2019. 中国-老挝媒体合作传播研究. 广西大学硕士学位论文.

的广播电台更是发展到了 63 家，信号覆盖全国 95%的领土。老挝有 18 个省（市），每个省（市）都有自己的广播电视台，但它们与新媒体的融合发展之路却因为资金和人才的匮乏举步维艰。

在我们采访老挝国家广播电台相关负责人的过程中，问及市场份额，他们表示并没有做过确切的统计，只是从身边人的反应中知道收听广播的人数越来越少了，广播只在农村地区的民众生活中常常出现，因为农村经常停电，可以更换电池或者提前充电的广播接收机为他们提供了缺电状态下的信息服务和文化生活。随着智能手机在老挝的普及和网速的提升，老挝的广播媒体纷纷开始了自己的新媒体布局。老挝国家广播电台在新媒体发展方面要远远完善和领先于老挝的 17 个省台。老挝国家广播电台拥有自己的网站和手机应用程序，在老挝国家广播电台的网页中，可以直接点击收听各个频道的节目，还可以听到越南、法国、英国、泰国、中国、柬埔寨等国家的新闻以及老挝赫蒙族等民族语广播。

老挝国家广播电台首页

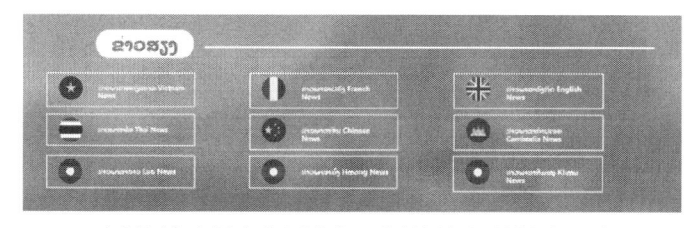

老挝国家广播电台网站中 9 种外语新闻的播放通道

网站的新闻版块更新及时，可以看到老挝最新的时政新闻，也能在首页看到基普对各种外币的汇率。但从内容上看，老挝国家广播电台的网站并没有走出不同的路线与基调,而是电台内容的高度再现。既没有更符合互联网群体的版块设置,也没有为电台的老用户增添互动的版块,从网页中也没有看到关于点击量的统计,而且相关负责人叙述时并未提及这个国家媒体网站。

老挝国家电视台在老挝的传统媒体中占据绝对优势,在民众中也有着良好的媒体公信力,但据其工作人员透露,老挝国家电视台还没有自己的应用程序,台领导正在计划开发这样的一款应用程序。这样的信息让我们一度为老挝的广播电视业发展捏一把汗,但当我们在占巴塞调研时,情况出现了新的变化。

占巴塞是老挝南部最发达的省份,其首府巴色也是老挝南部最大的城市。但占巴塞1968年才有广播节目,主要内容都是转发万象传来的老挝国家广播电台的节目。之前由于国内局势的关系,广播内容大多是关于战争、侵略与反侵略的内容,现在的广播节目则是对于国家政治经济和娱乐等内容的报道。

占巴塞省级广播电台的台长很自豪地向我们介绍了占巴塞的广播不仅比电视台广告收入多,而且发展也更为超前。介绍间,这位身穿天蓝色衬衣的中年台长拿出了自己的手机,点开了一个应用程序向我们展示占巴塞省级广播电台的移动端手机应用程序 Champasak Radio Station,并告诉我们该应用可以在应用商店里面下载。占巴塞省级电视台则没有自己的手机应用程序或网站,这让特官索台长有些尴尬。特官索台长连忙补充道,占巴塞省级电视台的节目会上传到 Facebook 上,并且有 14 035 人关注这个账号,有的节目能在 Facebook 上获得 100 多万的点击量。说到这样的数据,特官索台长脸上露出一丝自豪。在一个总人口只有 70 多万的省份,要获得这样的点击量靠的是节目的实力。虽然占巴塞的广播电台和电视台在新媒体发展的表现上都有各自的亮点,但是它们并没有因为这些转发和应用程序而获得额外的收益。

占巴塞省级广播电台台长展示应用程序　杨颖　摄

工作人员展示 Facebook 上占巴塞省级电视台的节目　杨颖　摄

老牌广播电台的新媒体布局不仅仅是开辟另一种传播通道，也是对现有传播能力不足的有效弥补。琅勃拉邦省文化旅游厅的官员表示，本省的调幅（AM）信号虽然覆盖泰国、越南和老挝北部，在琅勃拉邦市区能够比较清楚完整地收听到，但在更为广袤的山地和农村地区，信号就不一定那么稳定了。由于人力、财力的限制，琅勃拉邦的电台和电视台并没有开发自己的应用程序和网站，都是由工作人员在 Facebook 上转播和转发。老挝传统媒体对于新媒体的适应还处于被动阶段——仅仅是把广播电视现有的节目搬上了 Facebook，既没有在 Facebook 上做专门的推送，也没有针对新媒体传播的特征来开发制作新的节目。

工作人员展示老挝国家电视台和琅勃拉邦省级电视台的 Facebook 主页　杨颖　摄

老挝电视台的情况和广播电台相似。因为隶属于老挝新闻文化旅游部，属于政府部门，其职工也是政府的公务员。在老挝革新开放之前由政府全额拨款支付电视台开销，现在则逐渐转变为政府拨款发放工作人员的工资，而电视台的运营费用需要靠电视台的广告营收维持。老挝国家电视台副台长透露，老挝国家电视台在2019年有60万美元的广告收入。这样的收入要维持一个国家电视台的运转显然捉襟见肘，老挝国内也缺乏传媒方面的人才，所以对老挝的广播电台和电视台来说，设备更新和节目制作都长期停滞不前，媒体融合也没有实质上的进展。老挝国家电视台在琅勃拉邦、乌多姆赛、占巴塞和沙湾拿吉四个省设有电视台的基站，电视信号覆盖全国。并且老挝国家电视台也建立了自己的网站，通过"lntv.gov.la"可以观看LNTV1和LNTV3的节目。老挝国家电视台最受欢迎的节目还是新闻节目，电视台直播后，老挝国家电视台网站会在稍后更新，LNTV3的节目甚至在网站上有直播。但老挝国家电视台的领导在介绍本台节目的时候却没有最先提到电视台在网站方面的建设，而是强调了老挝国家电视台的节目都会在Facebook和YouTube上及时更新。现在直接看电视的观众越来越少了，更多的观众是从这两个社交媒体上观看国家电视台的节目的。在老挝国家电视台的网站"联系我们"一栏中直接给出了Facebook和YouTube的链接作为电话、传真和邮件之后的又一正式沟通渠道。

在拥抱移动用户的举措方面，占巴塞省级广播电台走在了前列，相比之下，省级电台和电视台的高度自治权得以凸显。事实也确实如此，琅勃拉邦省文化旅游厅的官员表示，省台从2019年开始可以直接对接其他国家的电台和电视台寻求合作，比如他们非常希望能够和云南广播电视台合作，培训、项目共建都可以，前提是云南广播电视台可以提供资金和技术支持。虽然老挝对于媒体发展的政策正在走向宽松，但到目前为止，能够有效利用这样政策的省级台也并不多见。也许在不远的将来会看到老挝的传统媒体主动寻求外部合作的努力。老挝国家电视台的台长助理茂斯先生也表示，国家台下一步有发展自己的网站和手机应用程序的打算，但具体的发展时间和计划并未出炉。

老挝第一个私人频道——老挝之星电视台、2013年开播的TV Lao、2012年开播的Lao PSTV和2010年开播的MV Lao都有自己的网站。其他的一些省级台都没有开办自己的网站。至于独立的应用程序，对于这些媒体来说都还是将来时。

（二）海外广播和电视的网络覆盖

海外的广播电视节目主要通过三个渠道覆盖老挝本土，第一个是通过本土广播电视的购买和引入，搭载本土广播电视信号网络入户。如老挝国家电视台在 2019 年就有 9 个外购节目，占全台节目总数的 36%。其中就包括从中国引入的动物科普节目、农业知识节目和一些中国影视作品。时任老挝国家电视台副台长布骆姆提到，从 CCTV-7 引入的节目尤其受欢迎，让老挝民众学到很多农业知识。

第二个是通过媒体传播企业整套落地外国节目。如老数公司就通过电视网络在老挝落地了 68 套节目，据老数公司总经理黄文昊说，其中有 10 套是中国节目，其余 50 多套是来自其他国家的节目。在电视节目的落地方面，老数公司提供的无线电视不需要安装，也不存在雷雨天气引起的信号衰竭问题。这在一年有四五个月处于雨季的老挝有着很大的优势，也使得老数公司在老挝的市场占有率达到了 50%。

第三个是通过互联网，以独立网站或社交网络的方式接入老挝群众。传统的单向传播已经不能够满足现代用户日益多元的需求，哪怕是在相对传统的老挝社会，电视的开机率仍在下降，收音机听起来也更像是这个时代之前的事物。无论是声音还是影像，都更多地以移动互联网为载体出现在老挝人的生活中。

在老星公司工作的周国涛先生说，因为工作的关系，他会经常关注在老挝落地的各种节目。提到广播频率，他很奇怪我为什么还会关注频率的问题，因为他在万象可以通过"英语电台"应用程序收听全世界的广播，根本不需要记住某某台的频率，看手机屏幕上的电台菜单名字就可以轻松"调频"，更可以在搜索栏中直接输入指定电台的名字直接找到想听的电台。遗憾的是，在这上千个电台中，笔者并没有找到老挝的电台。

无疑，这样的手机应用程序已经打破了老挝上空的电波封锁，让老挝人可以听到大千世界的声音。但在老挝的民众中，这种操作并不普及。经济和文化的限制使得大多数老挝老年人不会想到去听外国广播；对于老挝的年轻人来说，信息更加多元丰富的音视频综合媒体才是他们的首选，并且他们也不需要去专门购买电视机或者广播接收机，一部已经是几千元人民币左右的智能手机和随处覆盖的 Wi-Fi 就可以很好地满足他们的需求。这些年轻人最常用的社交应用程序 Facebook 不仅为他们提供了信息交互平台，也为他们提供了全世界的海量媒体信息，其中不仅仅包含世界上大多数国家的音视频节目，甚至还有音视频、图片导入的购物链接。

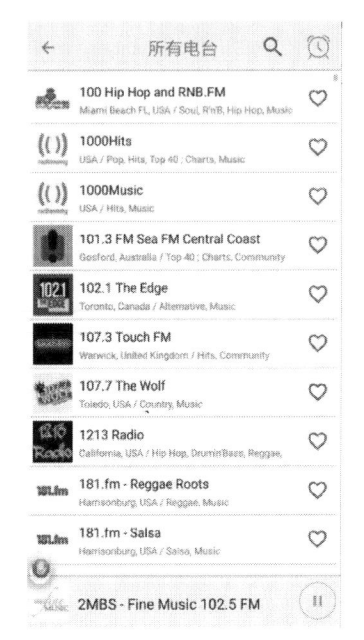

"英语电台"应用程序中部分电台截图

可以说,在一个月活跃用户几近 30 亿人的用户生产内容平台,已经没有传统意义上的主流,传统的广播电视虽然也把自己生产的内容及时上传到 Facebook,但是这些并不具备互联网思维的传统节目显然对追求时尚和自由的年轻人没有太大吸引力。

二、PC 媒体的发展

全球第一台便携式微型电脑"奥斯本 1 号"的设计者李·费尔森斯坦因为受到一名越战老兵的影响,在 2006 年辞掉了医疗器械设计工作,倡导成立了 Jhai 基金(Jhai Foundation),为老挝边远山区人民提供廉价的计算机产品以改善他们的工作和收入情况,李·费尔森斯坦是老挝个人电脑(Personal Computer,PC)普及的先驱。但时至今日,在老挝会用电脑的人还是不多。

政府机构和部分公司会为必要岗位的员工提供办公电脑,网吧在一定程度上满足了老挝人使用电脑的需求,但是网费依然比较昂贵,如老挝金三角经济特区的网吧针对会员的收费是每小时 15 元。走在万象、巴色和琅勃拉邦的街头,网吧并不常见,倒是卖手机和电话卡、上网卡的门店四处林立。在对阿木、阿力的访谈中我们了解到,老挝会使用电脑的人并不多,因为智能手机可以发即时信息、发邮件、听歌、看电影，已经能够完全满足他们的日常信息需求了。在经济发展程度较好的地方尚且如此，老挝的其他省市可见一斑。在万象、巴色、沙湾拿吉等地都有电脑专卖店，相对于老挝其他地区，万象的电脑专卖店比较多，可供选择的机型也比较多。但不像中国的电脑专卖店和手机专卖店会把店面的很多空间用于展示笔记本电脑，万象的电脑专卖店的机型以台式为主，而手机店里通常看不到电脑的展示。大学生们是电脑操作学习的主力军，但主要是依靠学校的机房，有个人电脑的学生很少。

原因也显而易见，时至 2022 年，老挝的普通公务员月收入大约是人民币 1200 元，但老挝固定宽带的市场价格是中国国内的 5 倍左右，在家安装固定宽带或光纤显然是一件很奢侈的事情。虽然移动网络的价格也不便宜，但几十元一个月就够用了，并且可以选择大小不同的流量卡随时随地自由充值，费用要比安装宽带划算得多。

2019 年星通讯在万象的固定宽带价格　阿力　摄

2019 年，星通讯所提供的固定宽带价格最便宜的是 12Mbps 国内速率的套餐，每个月 110 元左右；60Mbps 国内速率的宽带则是每月 2752 元。而中国移动同期 100Mbps 的光宽带价格每月仅 78 元，并且不需要宽带安装费，如果包年价格会更便宜。如此高昂的价格也决定了在人均收入很低的老挝，家庭宽带是只有少数人可以享受的服务。

此外，老挝社会几乎跨越了个人电脑时代，直接进入了移动互联网时代。以传统农业为主要生产方式的老挝民众也不需要电脑办公，智能手机的出现完全解决了他们的互联需求，这也是老挝个人电脑不普及的一个重要原因。

三、手机移动客户端的发展

国家电信的高速发展也推动着老挝国民的生活快速进入移动互联网时代。在我们调研或午饭的等待时间，总能够看到老挝年轻的小伙子们捧着手机，专注地盯着屏幕。阿木在 Facebook 所关注朋友发表的链接上浏览着男士的彩色 T 恤，看着手机中朋友试衣的视频展示，阿木脸上露出了可爱的微笑。阿木说他也常常购买朋友在社交应用程序上推荐的东西，是朋友，也是社交应用程序，把很多本地不常有的东西带到了他的视野中。翻译阿力则表示自己更喜欢来中国出差时一次性购买很多衣服、箱包，平时去泰国也会买很多（因为万象与泰国仅一桥之隔，通关费用也只需要 20 元人民币左右，很多生活在万象的人会到选择更丰富、商品更优质的泰国去购物）。阿力的手机常常被电影霸屏，在长途旅行的商务车上，阿力用手机看电影的姿势慵懒自在，我们明白了为什么阿力说自己很少去电影院，与中国国内民众通常选择腾讯视频、爱奇艺等专业视频平台不同，阿力是通过 Facebook 观看这些电影的。他说很多热门电影都可以在 Facebook 上找到，既不需要付费，也不需要专门留出上电影院的时间，插上手机自带的耳机就可以沉浸在电影的世界中，"手机电影"是更多老挝职场人士的选择。这个说法在我们几次去电影院随访和调查中都得到了印证——去电影院的大多是在校大学生和高中生。

进入老挝的首都万象，可以在街边大大小小的店铺中看到不少经营手机和电话卡、流量卡的店，离我们住所大约三公里的中国城里，一家用老式的玻璃货柜围成的手机店中放着各种品牌的手机，其中我一眼便望见了自己曾在 2009 年使用过的诺基亚 5130，拥有着小屏幕大键盘的类似机型在玻璃货架上放了好几排，看上去成色都还比较新。店家是个穿着时尚的中年老挝女人，还有一个留着长长直发的漂亮女孩，大约 20 岁出头的样子。大概是一眼就认出我们是中国人，在下午的光景来到中国城显然是要买些什么，她们眼中流露出期待的眼神。阿力上前几句简单的交谈后，中年女人不知从哪里拿出三张电话卡，熟练地把卡片的卡芯部分裁剪下来，不失礼貌地接过我手上的华为 P30，不到一分钟的时间，她就帮我把老挝 LTC 的电话卡装好了。张倩的电话也被迅速安装了老挝 LTC 电话卡。接下来该选择流量卡的类型了，由于我们在老挝只待两周，阿力为我们选择了更加划算的电话卡+流量卡的通信方式。他自己也是这么用的，在一周 3G 和三天 3G 的流量卡中他选择后者，为此，阿力也动员我们："3G 很快就用完了，不够的！三天 3G 有时候都会不够用，不够可以再充。"于是我们决定一次性多买些三天 3G 的流量卡，希望在回程之前可以不用再为流量不足跑一趟。

阿力转身对老板说了几句话，中年女人从手边一个柜台的中间一层拿出了一沓四五厘米见方的纸质卡片，这是老挝电信专用的流量卡，操作起来颇为麻烦，要不是身边有这位中文流利的老挝翻译，我是断然不会选择这样的流量充值方式的。为了给张倩和我的手机充流量，阿力分别用我们的手机拨打了老挝电信的服务电话，在一番选择后再输入长达近 20 位的流量卡序号，几分钟后，我们这三天的流量有保障了。但是每隔三天我们得重新充一张流量卡。

因为在国内购买了中国移动的老挝流量，我得以在老挝继续自如地使用中国移动的服务，免去了换卡的麻烦和使用老挝电信语言不通的障碍。中国移动的服务在老挝相对靠北的万象一直信号都不错，甚至中国移动的 4G 上网速度有时还快于老挝电信。但是由于调研安排的需要，我们在几天后驱车前往老挝南部城市巴色，在愈加往南的过程中，我的手机信号开始时断时续。在通往巴色的二级路上，老挝电信的卡有时也没有信号，但持续时间不会太长。而后在巴色的两天里，我的电话持续无信号，好在老挝电信的 4G 信号在巴色很稳定，于是在闲暇的时候，调研队友的 LTC 的 4G 热点让我得以与家人取得联系报平安。

几天调研下来，我们和翻译阿力渐渐熟悉了，杨颖得以近距离观看他使用手机的情况，也得到阿力勉强同意查看他手机上安装的各种应用程序。WhatsApp 是阿力常用的社交应用程序，据韩国贸易投资促进署的一份报告，WhatsApp 是老挝本土开发的最受欢迎的应用程序，因为这款应用程序能够读取手机通讯录上的电话号码，并通过 OTT 业务让用户可以仅仅通过很少的流量就和通讯录上的号码轻松通信，让新近的手机应用程序迅速和当地人的生活轻松对接。WhatsApp 让老挝民众节约了不少电话费，也让传统的电信运营商面临不小的竞争压力。

Facebook Messenger 也提供类似的服务，它是一个由 Facebook 运营的基于网络通信应用程序，是老挝人第二常用的手机应用程序。Facebook Messenger 不仅可以提供老挝民众间的交互，它还与老挝大多数公司和机构运营的 Facebook 页面链接，使得对公业务交流开展起来更加方便。Facebook Messenger 的普及也证明了 Facebook 的受欢迎程度，Facebook 登陆老挝的时间更久，是老挝人的装机必备，在韩国的调查报告中，其受欢迎程度居于第三位。东南亚厂商 Garena 在 Facebook 发行了移动射击游戏 Garena Free Fire，类似于我国腾讯公司推出的《和平精英》，在老挝迅速火爆，以至于 Garena Free Fire 成为老挝第四受欢迎的手机应用程序。

短视频分享应用程序 TikTok 近年来在东南亚迅速崛起，老挝的年轻人也越来越多地爱上了用短视频的方式记录自己的生活和想法，在 TikTok 上的时尚达人、搞笑达人、才艺达人的一条短视频常常会获得数十万的点赞和数百条评论。一些新锐的表达、动作、唱腔等也会引来一众模仿。老挝的年轻人也在短视频共享社区中传播知识、个性，创造自己的流行文化。

TikTok 中的老挝时尚达人

TikTok 中老挝年轻人的传统文化展示

另外，因为和泰国毗邻，并且老挝人和泰国人几乎可以无障碍交流，在泰国最受欢迎的手机通信应用程序之一 Line messenger，也是老挝民众常用的一款手机应用程序，使用这款应用程序的老挝人主要是与泰国人有联系以及常常从泰国购物的人。除此以外，风靡全球的视频应用程序 YouTube、手机拍照美颜应用程序 Ulike、视频编辑应用程序 iMovie 以及费用结算应用程序 BCEL One 都是老挝人常用的手机应用程序。虽然目前在老挝移动支付并不普及，但人们可以利用手机应用程序查询信用卡和借记卡的交易情况，也可以用手机应用程序交水电费、电话费等。

2019 年是老挝移动支付大面积落地的一年。2019 年 7 月，老挝外贸银行同中国银联合作在老挝开展了二维码扫码支付业务，银联应用程序的用户可以通过该程序在老挝当地扫描商户二维码进行支付。支付宝、微信支付也于 2019 年底落地老挝。

从老挝目前的智能手机普及率和老挝人常用的手机应用程序来看，新媒体已经深入老挝民众生活的方方面面，他们通过 Facebook、YouTube、TikTok 等国际化的应用程序接触到了世界上最新、最流行的创意，也成为幽默和知识等方面线上社区的创作主体，很多年轻人也在近几年的智能手机使用中逐渐习惯用文字、图片、视频记录和分享自己的生活和创意，他们会和全世界的年轻人同样唱一首歌、模仿同一个动作、拍一样的搞笑桥段……甚至在这些隔空互动中使用同样的角度、类似的情态和场景，而其中又不可避免地表现出各种老挝元素，如老挝的自然风光、民族服饰、当地建筑和老挝的语言文字，这是属于老挝贡献给世界的独特表达。新媒体已经成为老挝民众与世界文化互动的另一个维度，这个线上维度甚至要比线下世界有着更多的可能性，也更加深入。因为这样的互动重塑着年轻一代的性格、思维方式和审美趣味，改变着他们的世界观，甚至为他们带来收入，成为他们的工作和生活方式。

翻译阿力常把流量卡带回家给侄儿侄女们用，因为家里的小孩子们都能熟练地使用手机，而且对这些手机应用程序如痴如醉。阿力的侄儿侄女们和爷爷奶奶一同住在外面搭棚卖小吃、里面放家具住人的平房中，当大人们忙于生计的时候，孩子们只需手指在屏幕上滑动，一条条展现着与他们生活迥然不同的生活方式的短视频就在眼前呈现出来。他们围着一台手机讨论着、笑着、模仿着，这小小的屏幕就是他们通向世界的一扇窗，让"眼前"与"远方"突破了时空的阻隔奇妙地融合在他们的生活中。操作简单的手机游戏也是孩子们喜欢的，在游戏的世界中，成人社会的运行规则和生存逻辑被灌入其中，为了让游戏能够很好地进行下去，孩子们在潜意识中逐渐默认了这些规则，比如，富有经验的团队组合让你更加容易取得成功；要尽量收集对自己有用的资源，哪怕暂时用不着；螳螂捕蝉，黄雀在后……

我们难以断定，与父母、祖父母相比，这些移动应用程序是否会伴随老挝孩子更长的时间，但我们可以确定的是，这些伴随着老挝移动互联网发展而成长起来的年轻一代必然在思维逻辑和文化情感层面与他们的父辈、祖辈产生了很大的区别。并且年轻一辈之间的差异要大于他们的父辈之间、祖辈之间的差异。因为在互联网的世界中，他们可以选择的游戏类型、视频类型、音乐类型要远远比老挝街头或是田间地头的丰富得多。这样的先锋、个性、差异也将给老挝社会的明天带来更多的可能性。

1981 年，人类进入了 PC 互联网时代。2000 年，人类又创造性地把移动通信和互联网结合起来，于是出现了移动互联网。从 1998 年才真正开启网络时代的老挝几乎跨越了 PC 互联网时代，绝大多数老挝人对于互联网的认识几乎是与智能手机的认识相伴而生。这导致了老挝国内的网站并没有得到充分的发展，老挝国内媒体也几乎没有经历 PC 网络用户的洗礼。从传统广播电视的角度来说，他们抱着传统的节目走进了移动社交媒体领域，没能找到在这新领域中的突破思路。

而老挝的新媒体发展可以说才刚刚开始、方兴未艾，1998 年到 2011 年是老挝移动网络打基础的 13 年，不仅在全国的主要地区建成了移动网络，也培养出一代移动互联网用户。2012 年 4G 服务在老挝的商用让音视频在手机上得以流畅的播放，移动互联网的魅力真正展现在了老挝人的面前。2012 年到 2022 年的 10 年间，曾经的青少年们在 4G 的陪伴下成长为新一代的老挝年轻人，互联网嵌在他们的生活中，他们成了"没网不行"的新一代。他们对于互联网的使用也不再是被动地接受，而是主动地参与和表达。这让我们可以预期，在不久的将来，老挝的本土网站和移动手机应用程序也将会百花齐放。老挝的新媒体也将会在老挝的社会经济中发挥越来越重要的作用。

第九章　老挝影视传媒的对外关系

第一节　法国、越南与老挝大众传媒的关系

一、法国统治下艰难萌芽的老挝大众传媒

来到老挝的第二天，我们来到了老挝国立大学调研，国立大学位于万象，是老挝的顶尖学府，但是校园面积并不大，跟我国北方一个市级高中差不多。学生们身着统一的深蓝色校服，一张张青春洋溢充满求知欲的脸很是吸引人。大众传媒学系主任说，该系成立于2017年。我们来到了大众传媒学系的实验室参观，发现老挝人居家赤足的习惯在这里完美地保留了下来，实验室的卫生情况干净整洁得令我们惊讶，学生们对于简单的实验、实践设备也很爱惜。老挝的传媒业起步艰难、发展滞后，学生们能有这样的环境来修习传媒专业，实属不易。

老挝国立大学大众传媒学系学生　张倩　摄

老挝国立大学大众传媒学系学生　张倩　摄

公元1353年,老挝历史上第一个统一王朝出现,史称澜沧王国。1707～1713年,澜沧王国分裂为万象王国、琅勃拉邦王国和占巴塞王国。18世纪末,暹罗征服了万象、琅勃拉邦、占巴塞三国,直到1893年,法国占领东南亚半岛,老挝与越南一起,成为法国的殖民地。法国对老挝在各方面的管控都与其他殖民地并无二致,在政治上,扶持傀儡政权,"以老治老""分而治之",经济上实行原材料掠夺和税收压榨措施,文化教育方面则以愚民政策和同化政策为主,强行推行法语。后来,老挝又沦为美国的殖民地,境遇并无改善。颠沛曲折的历史使老挝的生产力落后,文化教育水平低下,老挝大众传媒得以萌芽,是各方势力角逐的结果。

19世纪末,法国代替暹罗成为老挝的统治者,暹罗并不甘心,与法国进行了长久的关于湄公河沿岸领土的争斗。暹罗国王拉玛五世进行了一系列涉及政治、经济、军事、文化、教育等各个领域的现代化改革,为现代泰国的建立奠定了基础。国王拉玛六世继续深化拉玛五世的改革,在思想上向西方学习,借鉴基督教国家的"上帝、国王和国家"思想,提出"民族、君主、宗教"三合一的国家思想,即"忠于其一,即忠于其他;反对其一,便是反对其他二者",激发民众忠于君主、忠于民族、忠于宗教的意识。拉玛六世还是一位很成功的宣传家,大众传媒是其进行民族意识宣传的主要渠道,"据不完全统计,拉玛六世先后以十多个笔名在泰国报纸上刊登文章309篇,其中将近一半都是以'读者来信'的形式发表,内容以灌输泰民族意识、效忠君主思想为主"[①],这样的举动对斗争中一直居于上风的法国来说无疑是不小的刺激,法国人开始通过重写老挝历史、宗教改革、统一文字等方式进行反击,弱化老挝人与泰国泰族世界的历史渊源,而将其与同属英国殖民地的印度建立联系。1939年,在拉玛七世统治时期,暹罗改国名为泰国,宣扬"大泰民族主义",即"把泰国周边国家中与泰族有着共同族源的民族,例如中国的壮族、傣族、水族和瑶族等,老挝的老族、缅甸的掸族和印度阿萨姆邦的泰族等,统统纳入泛泰族范围"[②]。此举对老挝人民产生了极大的煽动效应,严重威胁了法国人的统治,再加上法国在欧洲战场的失利和日本明显偏向泰国的调停,本属法统的巴塞和沙耶武里重新划归泰国,让法国在东南亚威信扫

---

① 黄瑞真. 2008. 拉玛六世的民族主义与排华思想及其影响. 南洋问题研究,(2):72-80. 转引自赵小雁. 2017. 法泰对抗背景下老挝报业的萌芽. 学术探索,(11):135.

② 格兰特·埃文斯. 2011. 老挝史. 郭继光,等译. 上海:东方出版中心:230.

地，于是法国当局一改以往推行法语、同化老挝民众的殖民措施，制造了针对"泰雅"（大泰国）运动的"老雅"（大老挝）运动①。正是在这样的背景下，老挝大众传媒诞生了，报刊作为"老雅"运动的主要舆论阵地成为最先萌芽的大众媒体。法国殖民当局创立了《伟大老挝》《老雅报》作为主要宣传武器，同时期创办的还有老挝最早的双语（老挝语和法语）杂志《奇纳瑞》及老挝知识分子报《巴特寮报》。

法国人开启了老挝的民智，对抵抗"泰雅"起到了一定效果，但是老挝民众的民族意识觉醒之后，便也开始了对抗法国殖民统治、争取民族独立的斗争。其间，老挝社会各个阶层纷纷成立爱国组织，政党报刊也在这一时期涌现。1947年，代表无产阶级的老挝进步党、联合党成立，创办了一系列政党报刊，如《人民之声报》《澜沧报》《新老挝报》等。1948年，代表官员和知识分子的老挝独立党、民主党成立，创办《大众报》《老挝之声报》。1950年，代表老挝各地爱国力量的"伊沙拉"获得重建，创办《解放报》。这一时期政党报刊尽管纷纷涌现，但发展却十分缓慢。长期被殖民的经历留下的后遗症，就是老挝的教育水平低下，20世纪50年代初，老挝全国只有5所小学和1所中学，举国上下只有约10名大学生，均毕业于外国，可想而知这样的教育水平对于以识字能力作为门槛的报刊来说意味着什么，所以老挝的报刊业发展受到了巨大限制。同时，教育水平低下也使得老挝传媒人才匮乏，再加上广播电视媒体设备昂贵、技术复杂，老挝广播电视事业的发展也受到了很大制约。

二、越南垄断老挝新闻在职培训

老挝与越南关系在近代十分"亲密"，老挝是越南的"兄弟"国家，在政治、外交等方面都深受越南的影响，越南领导人胡志明逝世时，老挝执政党曾降半旗致哀。有学者分析老越亲密感形成的诸多因素，老挝与越南有2000多公里的共同边境线，无论老挝还是越南，这条边境线都是其国内最长的陆地边境线，老挝有多个省与越南接壤，这是促成两国"亲密"的地理因素；在历史因素方面，19世纪，老挝与越南同是法国殖民地，曾经共同抗击过法国和后来的美国殖民统治，结下了深厚的革命友谊；意识形态因素可以说也起到了重要的作用，老越两国都

---

① 格兰特·埃文斯. 2011. 老挝史. 郭继光，等译. 上海：东方出版中心：230.

是社会主义国家,意识形态相似,政治上合作广泛而深入,从中央到地方,多个部门和组织都有定期互访。尽管在老挝人民革命党第三次全国代表大会后,老挝实施相对独立的外交政策,但是老方意识到伴随着两国不断扩展的共同利益领域,发展巩固与越南的特殊关系对老挝来说可以实现利益最大化[①],因此两国关系的亲密度有增无减。1962 年,老越建交;1977 年,双方签订《老越友好合作条约》,以法律形式确定两国特殊关系;1983 年,老越签署 24 份双边合作协议,涉及文化、教育、农业等多个领域;1997 年,两国签订《老越全面友好合作条约》,为两国文化、经济等多个领域的深入合作创造条件。

我们在调研老挝新闻教育时得知,老挝的新闻教育主要有专业高等教育和在职培训两大类,新闻专业高等教育起步较晚,2017 年才在老挝国立大学开设大众传媒学系,招收第一批学生。在职培训的历史则较为悠久,且为越南垄断。每年,越南政府或民间都会组织多期老挝媒体从业者培训,每期培训有 30 余人参加,由老挝各级省市广播电台和电视台选派的代表组成。或是代表赴越参加培训,或是邀请越南老师赴老面授,费用均由越方承担,培训内容涵盖新闻采编的各个环节、各个层面。老挝国家及省市广播电视和电视台的领导和业务骨干,大多接受过越南的新闻业务短训,甚至到越南、俄罗斯留学攻读相关学位。

第二节　泰国节目在老挝

一、老泰关系

老挝广播影视业起步较晚,发展滞后,因此对外传播力不强,而国内受众的注意力也主要被外国的广播影视节目占据了,尤其是与老挝仅一河之隔,但娱乐产业相对发达的泰国。

泰国古称"暹罗",国土面积 51.3 万平方公里,人口有 6617 万,因土地肥沃,资源丰富,13 世纪就已经成为湄公河流域一个较为强大的统一国家,与老挝的关系有着所有邻国都容易面临的边境战争和领土争端。老挝与泰国在历史上多次发生边境冲突,自老挝 1975 年独立以后的十余年时间,两国高层间互访较少。

[①] 方芸. 2010. 革新开放以来老挝与越南特殊关系的新发展. 东南亚纵横,(1):44-50.

冷战后，泰国奉行"推行全方位的多元化外交，以经济外交推进地区合作为主要目标，对老挝继续奉行差塞总理提出来的'变印度支那战场为市场'"的外交政策，积极发展与老挝的项目合作，在对老挝投资的众多国家中，泰国因为语言和文化上的优势，赴老商人数量一直有增无减。

翻译阿力说，泰国人经常否认曾经侵略过老挝，而且歧视老挝人。格兰特·埃文斯在其著作《老挝史》中描述：泰国人中的很大一部分"沉浸在现代化的热潮中，视老挝人民为伊桑地区人民的延伸，是经济落后国家的乡巴佬，并且将老挝人作为玩笑的笑柄（对此，老挝人自然是相当敏感的）"[①]。台长助理阿木，在中国留学时认识了一个泰国女孩，两个人陷入热恋，后来因异地而分开，阿木在老挝是国家电视台的工作人员，这是一份稳定且正式的工作，也让阿木享有一定的社会地位，他也考虑过为了女朋友到泰国发展，但他发现老挝人在泰国一般很难找到好的工作机会。阿木的泰国女朋友也出于各种原因不愿定居老挝，两人不得不分开。尽管如此，他们彼此之间仍然保持着友谊。虽然民众有着各种各样的情绪，但是20世纪末，由于泰国的经济发展迅速，旅游市场相对成熟，商品性价比较高，老挝又取消了对本国民众的旅游限制，因此很多有一定经济实力的老挝人在休息日常常到泰国度假、消费，体验商品经济带来的新鲜与刺激。

二、泰国广播在老挝颇受欢迎

观察家往往忽视泰国的广播事业，虽然人们不需要在该国待多久就能意识到广播对泰国人的重要性。这是一位久居泰国的美国记者的发现。广播在泰国有着举足轻重的作用，政府使用广播发布政令、公告等。1927年，曼谷王朝邮电局开始尝试无线电广播，被称为"实验广播电台"，1931年1月25日，泰国国家广播电台诞生，[②]其播送的第一个节目是国王对人民的广播讲话，这些背景使泰国广播从诞生之初就具有了浓重的官方色彩。学者周生说，泰国是一个多次发生政变的国家，而政变成功与否，能否控制泰国广播电台就是一个十分重要的因素了，发生政变的消息和公告，几乎是泰国国家广播电台的独家新闻。而政变如果流产或失败，在广播电台播送政变有关新闻的播音员，事后就要被法庭审判或定罪。

---

① 格兰特·埃文斯.2011.老挝史.郭继光，等译.上海：东方出版中心：215.
② 周生.1983.泰国的广播电视事业.现代传播，（3）：96.

这一切都是泰国人和居住在泰国的外国人所皆知的常识了。[①]1955年6月24日，曼谷电视台正式开播，拉开了泰国电视事业的序幕，使泰国成为东南亚首个播放固定电视节目的国家。

近年来，泰国广播电视事业发展迅速，目前有两百多家广播电台和电视台。泰国法律规定广播电视事业应该由政府经营，但是也有很多私人资本进入其中。如今，这两百多家广播电台和电视台中有3/4属于商业广播电视，以提供新闻、娱乐节目为主，依赖广告盈利生存，剩下1/4属于公益广播电视，由政府或基金会拨款。泰国的广播电视节目在老挝几乎可以全部被收听到，并以其发达的娱乐节目和时效性强的新闻节目最为老挝受众喜爱。翻译阿力说，2019年老挝地震发生八分钟后，他在车上收听泰国广播，得知了这一消息，而老挝媒体则在地震后四个小时才向公众报道。

老挝电视台转播的泰国节目　张倩 摄

老挝之星电视台是老挝第一个私人频道，与泰国合办，虽然只有一个频道，但是在老挝当地较有影响力，节目内容主要是介绍老挝文化教育和播放泰国影视剧、综艺节目，信号覆盖老挝和泰国部分城市。

三、泰国电影院掀起观影潮

抵达万象时，我们调研了万象中心电影院，这是一座装修很现代的影院，爆米花、饮料、娃娃机等一应俱全，与我们在中国见到的电影院并无二致。万象中心电影院是泰国投资建设的，经营很有策略，以特价票的形式主打学生场，培养

---

① 周生.1983.泰国的广播电视事业.现代传播，（3）：96.

消费群体。工作人员说，周一至周五，上座率可以达到50%。毋庸置疑，在泰国老板手中的电影院，片源皆由泰方提供，注定以泰国、西方的电影为主。我们在电影院墙上的海报中看到了当时还未在中国上映的《花木兰》！虽然这部电影只是由中国演员参演，但也让我们感到兴奋，工作人员告诉我们，三四个月才会有一部中国电影获准上映。

老挝万象中心电影院电影放映单　张倩 摄

从服务员拿给我们的当日（2019年12月17日）电影放映单中可以看出，12月中旬有七部电影上映，均为欧美电影和泰国电影，以老挝语、泰语播放为主。

12月2日，我们在艾顶电影院看了一部老挝喜剧电影，男一号是泰国著名影星，女二号是泰国演员，女一号虽是老挝人，但是靠在泰国参加综艺选秀节目走红。在观影前，屏幕上出现了数个广告，主要内容包括汽车、饮品、新电影介绍等，泰国广告占比六七成，余下的是西方企业的产品广告或新电影广告。影片一开始将故事发生地设在了泰国，从沙滩上一对相爱的男女嬉戏开始。男女主角双方家庭不是传统意义上的门当户对，因此恋情受到女方的家人阻碍，男孩的母亲告知了男孩自己原是老挝富家千金、为爱私奔泰国的过往，于是男孩踏上了寻找外公一家的旅程，故事地点转回到老挝，剧情也由此拓展开来。没有摆脱老套的善有善报、恶有恶报及有情人终成眷属的大团圆结局，故事并不新鲜，情节也不够曲折，男女主获得美好结局主要是靠人品和运气，但这部电影传递了符合老挝人民口味的文化价值观，再加上商业元素的有效运用，比如启用颜值颇高的演员，以喜剧形式呈现，给人以轻松愉快的视觉享受。我们选择的场次是晚上6点钟，正是老挝人民的晚饭时间，但是观影厅内座无虚席，在整个观影期间，场内多次爆发笑声，可见这部电影受欢迎的程度，看电影早已成为老挝年轻人日常休闲娱乐的常用方式之一。

四、泰国与老挝的不对称传播

泰国政府常常通过吊销执照、制定限制媒介内容生产的法律法规、施行新闻审查、把控信源等方式对国内的报刊实施严格管控。1978~1984年，泰国军政府掌权，很多外国记者被驱逐出境。2001年，泰国一家电视台播出了对总理的批评言论，节目刚刚播出一半，就被切断。泰国对外国媒体和外国节目的进入，实行严格的把关政策，并且设置层层障碍，防止外国文化输入。老挝的节目制作水平不如泰国，再加上泰国的"严防死守"，老挝广播电视的信号虽然可以覆盖到泰国，但在泰国几乎没有受众市场。

五、泰国广播电视节目在老挝盛行的原因

复旦大学的老挝留学生阿芳通过实地访问和焦点小组的方法，对老挝不同年龄段的受众调查得知，少儿（3~14岁）喜欢看泰国台胜过老挝台，泰国3频道和7频道转播大量日本动画片，因此深受老挝儿童喜爱；青年人（17~30岁）收看泰国节目更多，钟爱泰国综艺节目、新闻节目、体育节目和电视剧；中老年人（45岁以上）喜欢看老挝本国的电视节目，主要收看本国的体育节目和新闻节目，因为本国节目让他们可以"回味往事"，有更强的贴近性和情怀感。[①]阿芳的实地调查为我们了解老挝受众的收视习惯和喜好提供了第一手资料，但是对于较为关键的30~45岁受众，却缺乏相关数据。

出现这一现象的原因，一方面是老挝电视台的节目内容主要是政治、交通，较为乏味，且重播率较高，早间新闻报道的内容，到晚间又重复播出，而且老挝本国生产的影视剧数量稀少，无法引起受众兴趣。另一方面则是泰国节目在老挝传播具有独特优势，其中，主要有六方面原因：第一，泰国节目质量较高，受商业资本驱动，以市场为导向，注重迎合受众需求，且泰国的影视业较为发达，因此其电视剧、娱乐节目等能够引起受众兴趣。第二，泰老两国地域相邻，从老挝首都万象去泰国只需跨过一道湄公河。由于广播电视信号的"溢出传送"效应，在老挝当地很容易接收到泰国的广播电视节目。第三，对于老挝人民来说，收听

---

① 阿芳. 2013. 老挝国家电视台的现状与发展建议. 复旦大学硕士学位论文：28-30.

收看泰国广播电视节目的门槛较低。老挝本国经济实力有限，电视行业发展受到很大制约，节目生产制作能力低下，从国家层面来说，泰国节目无须老挝付费购买，可省去一大笔费用，对普通受众而言，只要用很少的钱购买一个"小锅盖"，就可以收看电视节目，接收门槛低。第四，老泰两国文化相近，语言相通。两国曾经多次爆发边境战争，泰国获胜居多，很多老挝人被掳掠到泰国成为奴隶，在泰国的老挝人数量庞大，甚至超过老挝本土的民众数量。18世纪末至19世纪末，泰国（当时名暹罗）占领了琅勃拉邦王国、万象王国和占巴塞王国长达百年之久，因此两国在文化、服饰、语言、习俗等方面有颇多相似之处，普通老挝民众都能听懂泰国话，泰国节目对于老挝受众来说，天然摒除了语言障碍。第五，老挝政府的包容心态也促进了泰国节目在老挝的普及。外国电视节目可以弥补本国电视节目的生产力不足，同时对民众有一定的教化作用，因此老挝政府并不排斥外国节目在老挝的盛行。第六，别国节目难以撼动泰国节目在老挝的地位。我们在老挝调研的几天，电视上基本上都是泰国的节目，我们采访的几位老挝人表示，老挝人更愿意看泰国电视剧和泰国综艺节目，而他国节目则很少收看，语言不通是一方面，另一方面是对其他国家的电视节目内容缺乏兴趣。虽然大众传媒可以通过信号覆盖等手段实现在对象国的落地，但是传播效果好不好，归根结底还要看当地受众的接受度和认可度，受众才是媒介产品的消费者，是对外传播的目标，是媒介市场的主体。以中国为例，中国部分外宣节目制作手法单一，缺乏共情，缺乏故事化描述，我们在老挝调研时也发现，对于创作手法单一的风光片、宣传片，老挝受众并不感兴趣。但作为农业国家，老挝人对中国的农业节目，尤其是CCTV-7的《致富经》类节目好评度较高。老挝人将电视视为提供信息、娱乐和知识的工具，他们利用电视获悉信息，了解大事小情，他们利用电视获取知识，为日常生活和农业生产提供切实可行的帮助。因此，我国的对外传播应该号准对象国受众的脉，因地制宜，因需设置，增强针对性，才能取得良好的宣传效果。

第三节 与中国媒体的合作渐入佳境

"关系亲不亲，关键在民心"，"一带一路"倡议离不开政策沟通、道路联通、贸易畅通、资金融通和民心相通，大众传媒具有传递信息、传播文化的功能，是实现"五通"的重要桥梁,在国与国的关系建构中,媒体是记录者、见证者,也是传播者和推动者,是两国实现深度合作的有力载体和见证。老挝与中国山水相连、政治相似、文化相近、民族相通,是中国的重要邻国。政治上,中老两国意识形态相近;经济上,中国在资金、技术、人才等各个方面均对老挝提供了大力支持。因此探究中老大众传媒的相互关系与影响具有十分重要的意义。

一、中老媒体战略合作步入新阶段

20世纪80年代至21世纪初,是中老媒体合作的萌芽期。1989年,中老两国关系正常化后,在传媒领域的交流实现了零的突破,2001年伴随着中国-东盟自贸区的建设,中老媒体合作日渐增多。2002年9月,首届中国-东盟媒体合作研讨会在北京召开,中国表示将积极配合东盟一体化战略,并向老挝提供特殊优惠关税待遇,标志着中老媒体合作从国家层面拉开序幕。2004年8月,在广西南宁召开第二届中国与东盟媒体合作高层研讨会,中国国务院新闻办公室领导、老挝新闻文化旅游部领导及媒体代表与会。2007年9月,召开第三届中国-东盟媒体合作高层研讨会。2007年12月18~20日,在云南昆明召开以"加强中国与东盟各国之间的电视交流合作,促进各方共同发展"为主题的中国-东盟电视合作峰会,会议通过了《2007年中国-东盟电视台合作峰会共同宣言》,宣言指出:电视在当今时代具有最广泛的观众群。中国和东盟各国的文化各具特色、丰富多彩,加强电视合作,促进中国和东盟各国不同民族文化的交流、借鉴,有利于文化多样性的发展。[1]2008年4月,由中国国家广播电影电视总局主办的以"交流、合作、发展"为主题的中国-东盟广播电视高峰论坛在北京召开,中国与东盟十国的100多位广电机构代表与会,发表了《中国-东盟广播电视高峰论坛北京声明》。2008年10月,中国-东盟新闻部长会议在广西南宁召开,中国国务院新闻办公室、老挝新闻文化旅游部、广西壮族自治区人民政府代表参会。

2009年起,中老媒体合作从传统媒体拓展至新兴媒体,合作项目逐步落实,影响范围逐渐扩大,并建立了两国媒体合作的制度规范。2009年10月22日至24日,中国国家广播电影电视总局与广西壮族自治区人民政府联合主办的中国-东盟电视交流论坛在广西南宁召开,以"深化合作,共创未来"为主题,东盟各国代

---

[1] 李庆林,张帅. 2018. 中国-东盟影视合作研究. 新闻研究导刊,9(20):20.

表就行业政策、媒体融合、经济危机背景下电视业发展以及中国与东盟电视领域合作等议题展开讨论，老挝国家电视台与广西电视台签订合作协议，"中国-东盟电视节目展播周"活动也在论坛期间举办。2009年11月，首届东盟和中日韩（10+3）新闻部长会议在老挝万象召开，老挝新闻文化旅游部部长蒙胶在会上表示愿意进一步加强中老媒体合作交流，丰富合作内容，拓宽合作领域，促进区域稳定发展。[1]

2013年，随着中国"一带一路"倡议的提出，中老两国在战略意识方面具有较高共识，媒体领域合作更加广泛、深入，呈现出"全方位、多层次、宽领域"的合作态势。2016年，澜沧江-湄公河合作首次领导人会议在海南三亚召开，有包括中国、老挝在内的六国领导人参会。会议发表了《澜沧江-湄公河合作首次领导人会议三亚宣言》，其中强调了媒体领域的合作战略——"鼓励媒体、智库、妇女、青年等交流，打造六国智库联盟和媒体论坛，继续举办澜沧江-湄公河青年友好交流项目"[2]。同年9月7日，中国-东盟广播影视合作圆桌会议在广西南宁举行，强调"凝聚'一带一路'共识，促进媒体深度合作"，与会代表们就三个专题"加强政策沟通和新闻报道合作、提升广播影视内容合作水平、促进广播影视互联互通和产业合作"展开讨论，并签署《中国-东盟广播影视深度合作行动倡议》。2017年，2017澜沧江-湄公河合作媒体峰会在北京举行，中老两国签署了《澜沧江-湄公河合作媒体联合宣言》，当时的人民日报社社长杨振武说："各国主流媒体可以通过开展跨境联合采访、新闻资源共享、人员互访交流等合作方式，共同挖掘'澜湄合作'这座新闻富矿。"[3]时任老挝国家电视台台长帕西·琼哈尼丰提出，希望能在资料信息、广播、电视、报刊等领域多联系，共同传播分享信息，必要时要召开媒体领域的会议，形成相互协助的机制。[4]2017年9月，为期两天的中国-东盟网络视听产业合作发展论坛在广西南宁举行，论坛主题为"海上丝绸之路·网络新空间·视听新机遇"，旨在探索老挝、中国及其他东盟各国在"一带一路"倡议下共同打造网络视听新渠道，推进媒体融合发展的路径，这是中国与东盟各国首个网络视听领域的高端论坛。

---

[1] 张帅. 2019. 中国-老挝媒体合作传播研究. 广西大学硕士学位论文：17.
[2] 澜沧江-湄公河合作首次领导人会议三亚宣言（全文）. https://www.gov.cn/xinwen/2016-03/24/content_5057018.htm[2016-03-24].
[3] 人民日报社社长杨振武：同饮一江水 命运紧相连. http://media.people.com.cn/n1/2017/1220/c120837-29719374.html[2017-12-20].
[4] 张帅. 2019. 中国-老挝媒体合作传播研究. 广西大学硕士学位论文：19.

二、广播领域合作更上一层楼

抵达老挝万象的第一天，是星期天，我们见到了翻译阿力，一个朴实、很有风度的老挝小伙，阿力说自己的祖上来自中国广西，他自己曾经在云南西双版纳留学。老挝执行周末双休制，所以我们没办法到媒体机构去调研，阿力就开着私家车载着我们在万象市里逛逛，我们一边跟阿力了解情况，一边听着车载广播里的歌曲。阿力说，广播在老挝很盛行，在农村，没有电视的家庭很多，他们依靠广播收听新闻、娱乐节目，在城市里，有车的人越来越多，因此车载广播也是他们经常收听的。我们问阿力在老挝是否听过中国电台的广播，阿力说他经常会听，因为可以练习汉语，可惜他用车载广播调试了几次，并没有调到中国电台的频率。中国广播节目在老挝的播出早在 2006 年就已经开始了，主要由中国国际广播电台负责，在老挝政府层面收获赞誉较多，但是在老挝民众间的传播效果不尽如人意。

2006~2016 年，是中国国际广播电台转型的十年，实现了从单一传播向综合、立体传播的发展，实现了从北京录播到万象直播的跨越，并获得了老挝政府颁发的"友谊勋章"，被老挝政府视为"老挝媒体的一部分"。

2006 年，万象调频台 FM93 开播，主要有老挝语、英语、汉语三种语言的节目，是中国国际广播电台在亚洲地区开办的第一家海外城市电台，2011 年改版为老挝语单一语种播出，在早、中、晚黄金时段播出，其中，流行音乐、汉语学习、中国文化等节目收听率最高。同时，中国国际广播电台创办双语杂志《悦生活》，打造老挝语网站；推出实景体验式汉语教学系列短片《哥儿俩》，受众覆盖率超 1000 万；推出《为你读诗》音画视频节目，把中国古诗译成老挝语，由老挝名人与普通百姓共同参与朗读，浏览量近 2000 万。2015 年，中国国际广播电台以专家供稿等形式，协助老挝国家广播电台开办汉语节目，每天播出半小时。目前，中国国际广播电台与老挝主要媒体，如国家电台、巴特寮通讯社、《人民报》等建立合作，是礼尚往来，亦是现实需要。

中国国际广播电台在老挝的传播秉持的宗旨是"中国内容，老挝化表达"，注重对当地受众的调研，避免由内向外传播常常会犯的主观主义错误，使用老挝语进行传播，针对当地受众需求制作有针对性的节目和内容，例如国际台万象调频台由 2006 年创办之初的三语传播，至 2011 年变为老挝语单语传播，在当地受众收听的黄金时段着力打造适合当地受众的新闻和娱乐节目。同时，中国国际广播电台注重吸纳老挝媒体人才，组建本土团队，增强节目的贴近性，进行本土传播，注重对老挝传媒人才的培训培养，打造主持人、播音员中的老挝本土"明星"，利用品牌化和明星效应扩大节目影响力。在立足传统广播媒体的基础上，中国国际广播电台重视新媒体平台建设，布局融媒体、全媒体传播战略。此外，中国国际广播电台还注重深耕细作，坚持合作传播，以良好人脉为基石提升影响力，中国国际广播电台从开播起，就十分注重维护与老挝政要的良好关系，中国国际广播电台代表团曾经受到老挝前国家主席朱马里在私宅中的接见，朱马里表示自己是中国国际广播电台的粉丝，听了十年中国国际广播电台的节目。万象调频台开播十周年之际，时任老挝国家主席本扬题词并致贺信，赞扬中国国际广播电台的传播贡献，称其为"沟通中老两国的心灵之声"。[1]

老挝广播合作最典型的例子就是与中国国际广播电台的合作，自1956年12月15日，中国国际广播电台老挝语广播节目创办后，每天坚持播出两次（首播为老挝时间19:30，重播为老挝时间21:30），每次1小时。2006年11月19日，万象调频台FM93开播后，每天播出包括老挝语、汉语、英语的节目12.5小时，其中老挝语节目6.5小时，主要节目类型涵盖新闻、音乐和综艺。2011年，中国国际广播电台万象节目制作室成立，一方面可以更好地支持老挝人民广播电台，另一方面也让中国国际广播电台的节目实现本土化运作，更加接老挝的地气，同时，实现每天直播节目时长6.5小时[2]，更加充实了节目内容，也加深了中老两国人民之间的沟通了解。

中国国际广播电台万象调频台与老挝本土广播相比，有一定优势，获得了一定传播效果，拥有较为庞大且较为固定的粉丝群体，收听群众数量超过老挝本土节目。在2014年12月13~21日老挝第十届全国运动会期间，中国国际广播电台作为唯一有报道权的外国媒体，发出大量稿件和图片，其中的两篇文章——《看老挝人怎么玩转全运会》《老挝全运会上的亮丽风景线》——获得了大量点击量和转载量，受到老挝新闻文化旅游部领导的高度评价。[3]

中国国际广播电台还搭建了一个较好的广播传播平台，为中国国内其他电台的节目落地老挝提供了平台支持，广西人民广播电台"广西北部湾之声"就借助

---

[1] 华春玫. 2017. 试论国际传播的双向作用——以国际台在老挝传播为例. 国际传播，（1）：76-83.
[2] 阿芳. 2013. 老挝国家电视台的现状与发展建议. 复旦大学硕士学位论文：11.
[3] 华春玫. 2017. 试论国际传播的双向作用——以国际台在老挝传播为例. 国际传播，（1）：82.

中国国际广播电台在老挝建立的万象调频台播出自制节目。"广西北部湾之声"的前身是广西对外广播电台，建立之初以播报中国和广西的新闻为主，传播的主要对象国为越南，后来开始在东盟各国逐步设立记者站和办事机构，采取"强强联合，借船出海"战略，开启了对东盟多国的传播新格局。

1957 年，云南人民广播电台和昆明军区政治联络部成立"对云南境外国民党军残部广播"，节目内容针对外逃至老挝、越南、缅甸等东南亚国家的国民党残余官兵，旨在"宣传社会主义的优越性和祖国建设成就，报道残部人员家乡的变化和亲友安居乐业的情况，阐释中央对台湾的方针政策和云南境外国民党军残部人员的政策"[①]，该电台于 20 世纪 80 年代停办。1983 年 1 月 3 日，云南开设"云南境外侨胞广播"，目标受众为东南亚华侨同胞，节目以介绍家乡建设新风貌和寻亲、送家信、介绍侨胞的亲朋近况为主，其中《可爱的家乡》和《亲友信息》两个节目独具特色，该广播于 1988 年停办[②]。1986 年 10 月 1 日，云南广播电视台国际频率国际广播成立，2007 年更名为"云南人民广播电台香格里拉之声"，中国对东南亚广播体系除了中国国际广播电台和广西人民广播电台"广西北部湾之声"外，又添加了"香格里拉之声"这一独立发射覆盖的广播利器。2020 年 6 月 11 日，国家广播电视总局批准香格里拉之声广播呼号调整为云南国际广播。包括越南语、华语两个语种。主要任务是宣传我国对外方针政策，宣传我国在国际事务中的政治主张，发中国声音，讲云南故事，掌握话语权；宣传云南社会、经济、文化、对外交往等发展状况，展示云南良好的海外形象。使之成为世界了解云南、云南走向世界的窗口。语种相对单调，缺乏老挝语、缅甸语、泰语等语种广播节目，是云南国际广播目前的局限，增加节目传播的语种及有效性，拓展节目受众的广度，应是其未来的发展方向。

三、电视领域合作多面开花

1992 年 10 月 1 日，CCTV-4 正式开播，这是中国第一个面向海外传播的 24 小时国际卫星电视频道，到 2022 年底，在 90 个国家和地区实现整频道落地，使得中国电视的国际传播工作取得跨越式发展，开启了中国电视外宣事业的新天地。

---

① 杨姣. 2015. 1949—1990：云南对东南亚的传播交流史. 国际文化与传播，（3）：33.
② 云南地方志编纂委员会. 1996. 云南省志·广播电视志. 昆明：云南人民出版社：103.

老挝行政区域包括 17 个省和 1 个直辖市，自北向南分为上寮、中寮和下寮三个部分，其中上寮的琅南塔、乌多姆赛、丰沙里三省与中国云南省接壤，中国云南与老挝有 710 公里长的共同边境线，中国云南在与老挝的媒体合作中具有天然的地缘优势。在古代中国，云南与老挝就有着零散的连接，1897 年，双方搭建由中国云南思茅至老挝勐阿营的国际电报线路。[①]新中国成立后，在中央政府的战略规划下，我国与老挝实现了系统性的联通，从陆路、水路、航路打通与老挝的道路连接。1961 年 12 月 8 日，老挝王国政府在云南昆明设立领事馆，为参加云南省外事活动提供便利，也利于广泛深入地了解云南的经济建设情况，同时增强老挝在云南的信息传播。后因老挝内战爆发，该领事馆关闭。20 世纪 80 年代末，中老恢复邦交，双方开设多个口岸方便经贸、信息、人员往来，老方开设了帕卡、磨丁、班海口岸，中方对应开设了曼庄、尚勇、勐满口岸。

中国云南与老挝的媒体合作经历了从无到有、从零散到系统的过程，从被动宣传到主动传播，从单打独斗到寻求合作，既是为两国外交关系、外交政策服务，也是媒介技术不断进步的时代需求。自 2003 年开始，云南电视台就与老挝国家电视台商谈共建数字电视的可行性，2005 年，地面数字电视现场技术在老挝万象试验成功，2007 年 1 月，由云数传媒、老挝国家电视台、老挝科技发展有限公司共同投资的老数公司成立，标志着老挝数字电视网建设项目的开端。2007 年 11 月 15 日，地面数字电视万象发射站建立，当天试播成功。2010 年 5 月，老数公司开始采用 DTMB 标准进行传输，为老挝的数字电视工程再次添砖加瓦，据 2010 年底的统计数字显示，该公司"在老挝万象累计发展国标地面数字电视收视用户已超过 2 万户，收视人群超过 12 万人。公司将通过 5~10 年的努力，完成数字电视信号覆盖老挝 80%以上面积的远景目标"[②]。2012 年，老数公司在琅勃拉邦、占巴塞、沙湾拿吉三省实施中国 AVS 标准，使当地居民可以收看包括 CCTV-4、云南广播电视台国际频道、BBC、NHK 等多个国家的 42 套数字电视节目，至此，老挝"一市三省"的 DTMB 地面数字电视网络格局正式建成。目前，老数公司业务范围主要覆盖万象、占巴塞和琅勃拉邦，用户总数达到 19 万，培养老挝本地受众，为老挝人民带来更为高级的视听享受，也让中国的数字电视平台在老挝的市

---

① 云南地方志编纂委员会.1996.云南省志·邮电志.昆明：云南人民出版社：196.
② 朱佳.2014.发挥好云南在对老挝传播中的特殊作用——对云南广播电视台国际频道电视剧运作的思考.中国广播电视学刊，（6）：71.

场中更具竞争力。此外，伴随着数字电视在老挝的规模越来越大，中国政府的资金投入也会大幅增加，因此公司打算走一条可持续发展的经营模式，采用商业化运作模式，变单纯依靠政府资金扶持为自我创收，通过举办老挝选美、歌唱选秀等商业节目来进军娱乐市场。老挝数字电视网建设项目是老挝媒体联合外国媒体进行项目建设的典型案例，以外媒作为投资主体，采用市场化运作方式，满足了老挝受众的收视需求，得到了老挝政府的高度肯定。

2013 年 8 月 30 日，云南广播电视台国际频道正式开播，这是云南省第一个，也是目前唯一一个面向南亚东南亚传播的电视频道，节目内容涵盖新闻、电视剧、纪录片、生活服务和娱乐节目，频道开播时信号覆盖大洋洲、北美洲、南美洲、南亚、东南亚的多个国家。2014 年 1 月 25 日，云南广播电视台国际频道在老挝正式落地，覆盖万象、占巴塞、沙湾拿吉、琅勃拉邦四个省。

2015 年 10 月，云南广电传媒集团与东南亚多家影视机构构建"南丝路影视联盟"，其中包括与老挝国家电视台签订协约。老挝国家电视台台长本造·皮基表示，通过与云南广电传媒集团的深入合作，双方优势互补、互利共赢，老挝国家电视台将会制作出更多节目，共同制作的影视节目将会更加增进两国人民间的相互了解，促进两国友谊进一步发展。①

我国除了云南以外，广西也与老挝地缘相近，广西作为中国面向东盟的桥头堡，是中国-东盟博览会的永久举办地，20 世纪 60 年代中国帮助老挝建立的"中央干部子弟学校"校址也选在了广西南宁。此外，从广西到老挝有直达货运列车，因此广西也是中老媒体合作的重要省份。2014 年 11 月开始，老挝国家电视台先后与中国中央电视台、广西人民广播电台、云南广播电视台签订在新闻生产、技术支持和人员培训等方面的合作协议，合办《中国剧场》栏目，老挝受众可以在本地收看 CCTV-4 和 CCTV-9 两个频道。2017 年，中国政府通过基础设施建设、设备技术支持、人员交流培训、新闻资源共享等方式援建了 LNTV3，使得曾经一度停播的 LNTV3 焕发新的生机，节目质量和数量大幅提升，收视率不断攀升。

2016 年 9 月，广西人民广播电台与老挝国家电视台继《中国剧场》栏目之后，再次达成合办《中国动漫》《中国农场》栏目意向，一个月后，该栏目在老挝成

---

① 李庆林，张帅. 2019. 中国与老挝媒体合作探究. 对外传播，（5）：33.

中国援助老挝国家电视台三频道升级改造项目展板　张倩　摄

中国援助老挝国家电视台三频道升级改造项目展板　张倩　摄

功落地。随后，云南广播电视台也采用了这一合作模式。2018 年 11 月，老挝国家电视台与湖南广播电视台达成合作共识，中方积极为老挝提供专业培训及技术支持，双方共同制作电视节目，实现重大活动、大型节目等文化资源的共享互通。同年，湖南广播电视台与老挝国家电视台合拍《湘商闯老挝》纪录片，该片描绘了在老挝经商的湖南人的人生故事，注重从老挝民众的视角来讲述中国故事，既展现了湘商的奋斗历程，也着重刻画了老挝百姓对湘商的帮助，促进两国人民民心相通，获得老挝新闻文化旅游部副部长沙万坤·拉沙蒙的高度评价。①

四、影视文艺项目合作日渐增多

我们在老挝国家电视台调研时，国家电视台二楼走廊里一幅巨大的电影海报吸引了我们的注意。这是中老合拍的首部电影《占芭花开》的宣传海报。这部电影通过两段、两代中老人民之间的跨国恋情，展现了人性的美善，见证了中老两

---

① 湘商闯老挝. http://www.zgjx.cn/2019-06/23/c_138155770.htm[2019-06-23].

国的友谊，于 2019 年 9 月 18 日在老挝首都万象举行全国公映启动仪式，为 2019 年中老旅游年献礼。老挝计划创作的首部电视剧——《占芭花下的约定》是与中国云南皇威传媒有限公司合作，双方签订了合作协议，将共同摄制。

老挝与中国的影视项目合作由来已久，早在 2005 年底，由老挝国家电视台、中国中央电视台、缅甸广播电视台、越南电视台、柬埔寨国家电视台、泰国大众传媒第九电视台联合制作的大型人文地理类纪录片《同饮一江水》正式开机，并于两年后完成。该片涵盖 20 多个选题，200 多个拍摄点，旨在倡导"和平、友谊、合作、发展"的理念，讲述了湄公河流域各个国家丰富的自然资源、多彩的人文景观，涵盖老挝热带雨林居民、中国广西桂林渔民、云南传统手工艺人、泰国老年驯象师等 40 多个人物及他们的生活。

2016 年，老挝国家电视台联合广西电视台、五洲传播中心共同打造了纪录片《光阴的故事》[1]，并在中老建交 55 周年的纪念日当天，分别在老挝国家电视台、中国中央电视台播出。该片得到老挝国家主席本扬的高度赞扬。

增强国际传播力就要学会用国际语法来讲故事，不仅仅要由中国来讲，也要由外国人来讲，甚至是以中外合作的方式来讲，以此增进相互了解，加强相互协作，共同打造具有较强国际传播力的旗舰媒体。中国和东盟各国合作的一大特色就是影视作品的联制联播，联合制作，在各自所属媒体平台播出。同时鉴于影视作品在表现民族文化、生活习俗、地域风貌等方面有文字无法比拟的优点，影视作品的联制联播是将中老两国合作的战略指导思想落实到行动上的具体体现。[2]

中老两国无论是政府还是民间，都举办过丰富多彩的文艺活动，增加了两国人民的文化互动和友好往来。老挝湖南商会主办的湖湘文化进老挝文艺演出于 2018 年 12 月 26 日在万象举行，这场文艺演出属于民间活动，但是受到了老挝政府的重视，老挝领导人宋沙瓦·凌沙瓦以及其他政府官员出席了晚会。中国-东盟联合中心、云南省委宣传部、安徽省委宣传部三方联合举办"东盟十国主流媒体采访活动"，旨在加强中国与东盟的媒体合作，促进双方互相了解、合作共赢。云南省文化厅和老挝中国文化中心共同举办"文化中国·七彩云南"文艺演出，以庆祝中老建交 55 周年。广东省文化厅、老挝中国文化中心共办"广东文化丝路

---

[1] 张倩. 2022. 命运共同体视域下中老合拍纪录片的文化认同建构研究. 电影评介，（12）：34.
[2] 李庆林. 2019. 中国-东盟传媒合作的问题与对策研究. 东南亚纵横，（4）：75-81.

行"活动。中国湖北省文化厅、老挝新闻文化旅游部、老挝中国文化中心共同举办"天涯共此时"中秋文艺晚会。

五、传媒教育合作前景广阔

老挝国立大学是老挝的最高学府，成立于 1996 年。大众传媒时代的到来，媒体的作用愈发重要，再加上学校相关领导走访泰国、越南时发现各国均开设了传媒专业，因此老挝国立大学决定从文学历史学院集结人手，成立大众传媒学系，2016 年下发了成立大众传媒学系的通知，2017 年，受到老挝新闻文化旅游部资助，获得老挝教育部批准的老挝国立大学大众传媒学系正式成立。截至 2019 年 12 月，该专业共设置 4 间教室，4 个年级，在读学生 118 人，2020 年第一批学生毕业。系主任告诉我们，这个专业很受年轻人喜欢，他们也在逐年扩大招生规模，第一年报名人数有 40 人，16 人被录取，2019 年报名人数增加，仅万象市就有 50 人，其中 30 人被录取。该系有 9 位专任教师，其中 5 人曾经在俄罗斯高校学习新闻专业，回国后当过记者。在 20 世纪 80 年代，老挝曾经有大量学生留学俄罗斯，学习传媒相关专业，系主任介绍说，有一批毕业了 300 多人，但是只有 5 人选择了做记者，其他人都改行当了翻译。大众传媒学系现有课程涵盖新闻采编类、语言表达类、摄影摄像类、影视制作类、剧本创作类。但由于建系时间短、教师数量少、资金设备不足，该系在科研方面尚未步入正轨，只是选派教师代表外出参加了 3 次学术交流，其中有一次是到印度，有两次到中国——2017 年到贵州、2018 年到广西——参加学术交流会。他国来该系的培训也是屈指可数，只在 2009 年，大众传媒学系尚未从文学专业独立出来时，总部设在曼谷的一家联合培养机构（Unit School）委派新加坡籍教师来做过两次短期培训。

中老新闻教育合作具有广阔的前景，陈东霞分析中老新闻教育开展良好合作有"两个基础一个障碍"，一是老挝的开放态度基础，"老挝对开展教育的国际合作持开放态度"，老挝国立大学目前已经与中国 35 所大学签订了合作办学协议，他们希望与中国大学的新闻专业师生交流互访，进行短期培训，为老挝学生提供攻读硕士研究生的机会。二是双方合作具有良好的政治基础，基本理论相同，意识形态相似，新闻体制相仿，中老的合作要比老挝与西方国家的合作更有共识。一个障碍是双方语言交流方面的障碍，懂汉语的老挝人少，懂老挝语的中国人也有限，双方短期培训可以借助翻译，但是长期学习，就需要有一定语言基础。①此外，中老新闻教育合作还需要打破越南对老挝新闻培训的垄断。

第四节　外媒传播对老挝的影响

一、泰国媒体对老挝的影响

泰国媒体有效地弥补了老挝本国媒体节目数量和质量的不足，极大地满足了老挝人民获取信息、娱乐等的媒体需求。同时，泰国媒体也帮助了他国文化在老挝的传播。但是，泰国广播电视节目在老挝的盛行，也带来了一系列问题。

（一）泰国成为他国文化入老的中介与把关者

云南广播电视台国际频道老挝译制基地负责人振才告诉我们，中国86版《西游记》电视剧曾经被老挝引进，但由于老挝版本配音演员语气语调平淡，角色划分不明，《西游记》在老挝并未引起很大的关注。后来泰国译制的《西游记》版本因制作精良，在老挝获得了巨大成功，《西游记》中的人物故事也深入老挝民众的心，在老挝万象著名的香宽公园里，就有受《西游记》启发而建成的雕塑。

佛像公园（Buddha Park）位于老挝万象东南约25公里的湄公河畔，又名香宽公园或香昆寺公园，翻译阿力介绍说这座公园由本勒亚·苏利拉于1985年建造，其中汇集了来源于印度教和佛教的雕塑，但是又与之并不完全一样。阿力说，这里面的很多雕塑都融入了苏利拉的个人想象，就像猪八戒的雕像，其设计灵感来源于《西游记》——既然孙悟空可以捉妖保护师父平安，那么猪八戒一样可以做得到——因此设计了猪八戒捉妖的塑像，为了凸显猪八戒的能力，苏利拉还为他设计了多个手臂，这又是受启于千手观音。

在香宽公园中，除了八戒捉妖雕塑，另一尊受中国文化影响的雕塑是天狗吃月。苏利拉给月亮刻画了五官，赋予它强烈的拟人色彩，并使其被充满印度教雕塑风格特征的天狗牢牢咬在嘴里。

---

① 陈东霞. 2019. 老挝新闻教育现状与中老新闻教育合作前景. 青年记者，（6）：96-97.

香宽公园内的猪八戒捉妖雕塑　张倩　摄

天狗吃月雕塑　张倩　摄

（二）泰国节目商业性浓，良莠不齐

老挝人羡慕泰国的经济发展水平，关于泰国的发达与文明的信息都可以从泰国影视剧、新闻节目、综艺节目中获得，但与此同时，这些节目也传达出泰国的另一面——吸毒、卖淫、拐卖人口、婚姻破裂等，充斥着许多少儿不宜的内容。泰国是资本主义国家，与老挝在国家意识形态方面有显著差异，很多思想意识都受西方国家的影响，并把西方思想通过电视节目传递给老挝受众。泰国曾经在19

世纪末至 20 世纪中叶先后与日本、美国结盟，因此得以在东南亚和法国殖民势力进行对抗。泰国的广播电视事业同样受到西方影响，泰国第一座黑白电视台由美国援建，四年后，日本援建了泰国第一座彩色电视台。泰国外交部的对外广播——"自由亚洲之声"与"美国之音"有一定渊源。"自由亚洲之声"一部分时间播放泰国外交部制作的节目，另一部分时间则是转播"美国之音"的广播节目，而且该台使用的频率据说是美军远东广播电台的波段，因此被戏称为"美国之音"的亚洲中转台。①

泰国节目在老挝的普及一定程度上不利于老挝青少年树立正确的三观，诱导青少年产生叛逆心理和行为，学生言行粗暴无礼、服饰不得体、无法专心学业等现象增多。翻译阿力说："我不敢一个人去泰国，泰国治安太差了，经常抢人，然后卖掉，有很多老挝人都被泰国人拐卖了，很少能找回来"。相信阿力对泰国的这种印象一方面来源于所见或所听的拐卖人口犯罪案例，另一方面就来源于泰国媒体呈现的不良信息，这导致部分老挝民众产生了刻板印象。

（三）不利于老挝本国语言文化的保护

在泰国，只有在靠近老泰边境线上的少数人口可以听懂老挝语，但是不能写也不会说，但在老挝，因为常常收看泰国节目的关系，不分地域、年龄、性别、职业，几乎全民都能读写泰语，朋友之间的面对面互动、收发短信等也几乎都会使用泰语。许多老挝人提出了自己的担忧，长期在收看泰国节目、收听泰语流行音乐的背景下生活和成长，对本国文化的传承十分不利，"如果小孩子他们也常常跟我们一起看泰国电视台，那以后老挝语要怎么办呢？因为有一些语句他们分不出来哪个是泰语，哪个是老挝语"②。

泰国媒体对老挝的影响不仅体现在生活层面，而且渗透到了媒体层面。老挝电视台、电台的播音员、主持人常常会在节目中使用泰语。媒体记者、编辑常常从泰语媒体上摘录各类新闻素材，经简单加工，翻译成老挝语就用于本国媒体上，甚至在报刊上常常出现原封不动的泰语词句。为应对泰国文化对老挝本土文化的侵蚀，2004 年，老挝新闻文化旅游部颁布法令，禁止在老挝的公共场所——机场、

---

① 周生.1983.泰国的广播电视事业.现代传播，（3）：100.
② 阿芳.2013.老挝国家电视台的现状与发展建议.复旦大学硕士学位论文：36.

酒店、车站、餐厅、商场等播放泰国节目。[①]

二、中国媒体带来的影响

（一）塑造了中国在东南亚国家的良好国际形象

来到万象，你会惊讶于道路两旁数量众多的中国店铺，如手机店、汽车店等等，万象还有一座中国城，聚集了大量中国游客与主要来自湖南、浙江、云南等地的商人和移民。资料显示，改革开放初期在老华人大约3万人，20年时间，这一数字增长到12万。越南《西贡解放报》曾发文污蔑中国，强调所谓的"中国移民威胁论"，文章称中国移民将对老挝构成威胁，这间接影响了部分老挝民众对中国的态度。

伴随着中老联合发射"老挝一号"通信卫星，以及中国援建的中老铁路、湄公河水电站、老挝南欧江梯级水电站等惠民项目的实施，经由媒体的大量宣传报道，老挝人民感受到了中国的善良与真诚，对中国的印象大为改观，他们认为中国给老挝提供了切实的帮助。我们在老星公司调研时，工作人员介绍说，2016年东盟峰会举办期间，"老挝一号"通信卫星帮助国防部指挥中心实现了实时监控，确保了安防工作的顺利开展。2018年7月23日，老挝阿速坡省一座水电站大坝坍塌，附近6个村庄遭遇洪水袭击，两个村庄受灾严重，死亡多人，数百人失踪，6000多人无家可归。救援指挥中心借助"老挝一号"通信卫星实现了通信保障，使得前线抢险救援及时有序开展。

2016年，湄公河流域国家遭遇了严重旱灾，中国政府打算从云南景洪水电站开闸放水，此举是为了帮助这些国家渡过危机，但却遭到了外国媒体的误读和诽谤，于是中国媒体果断发声，在媒体联盟和国际朋友圈上做出解释，阐明初衷，扭转了舆论方向，得到东盟国家的理解，第三天东盟所有国家纷纷为中国在景洪的放水举动点赞。[②]这些客观、及时的报道，消除了各国的误解，释放了善意，塑造了中国良好的国家形象。

（二）"汉语热"悄然兴起

越来越多的老挝人热衷于学习汉语，因为来老挝投资、旅游的中国人日渐增

[①] 刘琛.2010.老挝电视传媒：历史，身份与意识形态.国际新闻界，（3）：125.
[②] 张帅.2019.中国-老挝媒体合作传播研究.广西大学硕士学位论文：14.

多，翻译收入不菲，并且可以为自己创造更多的机会。此次我们到老挝调研的随行人员，除了年纪较大的司机师傅外，翻译阿力和老挝国家电视台台长助理阿木都有到中国留学的经历，阿力曾经到西双版纳职业技术学院留学，阿木曾经在山东大学留学，攻读硕士学位。云南广播电视台国际频道老挝译制基地负责人振才，曾经在昆明理工大学留学。读书期间，认识了云南皇威传媒有限公司总经理皇甫波，进而发展了自己的中国影视剧译制事业，同时兼营中老贸易。2019年，振才还投资了万象市中心的一块面积不小的土地，计划未来做更大的传媒及贸易公司。据统计，截至2018年，老挝共有14 645人在我国各个高校留学，居于赴中国留学人数排行榜的第八位，在东盟国家中成为仅次于泰国、印度尼西亚的第三大留学中国的国家。[1]

（三）促进中老两国经贸合作

伴随着媒体的报道关注，较强的舆论引导效应逐渐形成，促进了"注意力经济"的生发，对中老两国的边境贸易、经济合作起到了巨大的推动作用，也带动了老挝旅游热的中国潮。老挝新闻文化旅游部公布的《2017年老挝旅游统计报告》显示，2012年赴老挝旅游的中国游客有20万人，2017年达到63.9万人。中国游客数量在老挝外国游客总量中的占比也明显上升，2013年为6%，2017年则增至16%，2019年更被打造为中国-老挝旅游年。[2]同时，中国人为老挝人提供了就业机会。在琅勃拉邦的法国街上，商铺大多是外国人开的，其中中国商人的店铺占了很大比例，主要从事旅游纪念品的经营。老挝当地人大多不愿意辛苦创业，中国商人雇用的店员多来自贫困的乡下。我们购买旅游纪念品的一家店铺，老板是中国湖南人，姓朱，在琅勃拉邦经营木制工艺品、佛像等旅游纪念品12年，娶了一位老挝妻子，他的店铺雇用了两名老挝员工。员工们很喜欢这份工作，因为他们既可以在家务农，又可以有一份打工收入，生活质量提高不少。

第五节　老挝媒体对外合作面临的困境

东盟一体化为老挝提供了前所未有的发展机遇，地处大湄公河次区域国家中

---

[1] 张帅. 2019. 中国-老挝媒体合作传播研究. 广西大学硕士学位论文：20.
[2] 张帅. 2019. 中国-老挝媒体合作传播研究. 广西大学硕士学位论文：19.

心位置的地理位置，成为老挝的优势，使老挝由"陆锁国"变为"陆联国"，促进各成员国之间的联系。老挝新闻文化旅游部专门成立了国际宣传小组，致力于发展老挝的大众传媒业，尤其是国际传播方面。这样做一是可以向国际国内提供全面、深层的信息，宣传老挝的政治、经济、文化；二是发挥大众传媒沟通内外的重要桥梁作用，增强湄公河流域各个国家的交流；三是老挝政府拟定了多个经济特区，需要外国投资和援建，大众传媒通过有效宣传和高质量的服务，可以吸引更多外资注入，助力老挝经济发展；四是通过大众传媒向世界人民介绍老挝，有利于将老挝的旅游业推向国际，因此老挝新闻文化旅游部加大了在大众媒体上对旅游的宣传和经济投入力度。在此背景下，老挝大众传媒行业迎来了快速发展的机遇。但是因为老挝传媒起步晚、资金有限，因此传媒在对外合作中面临诸多困境。

一、引进节目不能满足老挝受众需求

老挝与外国广播电视媒体合作的节目，数量较少，不能满足播出需求，市场竞争力有限，因此老挝媒体以引进外国节目为主，但是这就导致了另一个问题——外国节目是否能满足老挝受众需求。国际传播往往是由内向外的传播，容易具有主观倾向，较少考虑接受国的文化、习惯、受众心理等因素。在实际操作中，对外传播要关注外国普通百姓的收听收视需求，兼顾外国受众的文化习惯，采用他们易于接受的媒体表现形式来传播。很多与老挝文化有一定差异的国家，节目制作地点常常设在本国，不甚了解老挝目标受众的需求，较少对老挝受众进行专业的精细划分和市场调研。广西人民广播电台"广西北部湾之声"是我国开办时间较长的区域性国际广播频率，采用英语、泰语、越南语、普通话、广东话五种语言播出，覆盖面较广，曾与国内几家调查公司洽谈合作以期在对象国展开调查，但都无法获取收听数据。正如时任"广西北部湾之声"副总监罗成分析的，由于对外宣传的效果（收听率、收视率等）考察的实施难度较大，需要进行对对象国受众的定量定性分析，语言是一大障碍，另外也会受到当地法规和受众接受调查的风俗习惯等限制，所以采编人员往往"只讲报道数量，少讲报道技巧；只关注稿件'上天'，无所谓新闻'落地'；只追求报道表面上的'轰轰烈烈'，不追求报道的实际效果"[①]，较少考虑受众的实际需求和当地的社会文化特点。长

---

① 罗成. 2015. 广播电视外宣节目的受众定位. 中国广播电视学刊，（7）：32-35.

此以往，传播效果不理想也就不难理解了。

二、资金有限，设备维护、技术学习与创新现窘境

长期受到殖民统治，老挝教育水平低下，经济发展滞后，政治动荡，政权曾经更迭频繁，成为制约老挝社会发展的主要因素。媒体的发展需要经济的大力支持，老挝政府无力负担，只能依赖外国援助，但是媒体设备技术含量较高，需要专业人士操作和定期维护，老挝缺少这方面的人才，外国专业技师又不可能常常来老挝维护设备，因此很多设备都处于闲置或损坏状态。我们在老挝国家电视台的演播大厅，看到了许多处于这种状态的中国援建设备。

老挝媒体运营及人员工资靠政府拨款，但是老挝政府因自身经费有限，无法"厚待"媒体，老挝媒体从业者属于公务员，但是月平均工资只有大约200美元，最高约500美元，这一数字在我们调研的老挝国家电视台、国家广播电台，占巴塞省级电视台、省级广播电台，琅勃拉邦省级电视台、省级广播电台都得到了证实。一线采编人员积极性不高，也是制约媒体发展的因素之一。此外，老挝政府因其政治性质和需求，无法给媒体彻底松绑，为了激发媒体的商业活力，老挝政府也尝试逐步"解绑"，1993年6月，老挝人民革命党中央政治局通过第36号决议，宣布媒体可刊登商业广告，1994年，政府允许地方报纸自负盈亏。可惜受困于各种因素，老挝媒体的营业额并不理想。

我们在老挝新闻文化旅游部调研时，发现老挝官方对其媒体行业的现状也有较为客观的认识：老挝大众媒体在新闻的内容和类型方面还不能满足新时期政治任务的需要，老挝的大众媒体在管理节目方面还没有很丰富的经验，某些节目由负责人和节目制作人随心发挥，在媒体中播放的歌颂文化传统和好人好事的歌曲还不多。作为主流媒体，在揭露一些歪曲的事实，抨击日常生活中的邪恶势力和团体方面还不够深刻全面。在管理和发展大众传媒事务中，对各项政策的宣传、联系和执行做得不够好。

三、人才培训起步晚，人才储备有限

人才问题长期影响着中老两国媒体的合作与发展，老挝传媒人才、翻译人才都十分欠缺。自2010年起，对传媒人才的培训才引起老挝官方的重视。我们到老挝新闻文化旅游部调研时，工作人员拿出了当年的年度工作报告，上面记载了老

挝广播电视部门党委会组织在 2012 年 10 月 16 日签署了关于组建广播电视部门"三建工作"责任领导小组的决定，以部长为组长，任用数名副组长，整个小组共计 27 人，为市级和村级的记者、编辑、广播系统工作者和报刊工作者提供短期培训。2019 年开始对进行"三建工作"的 22 个市的广播站、电视台，43 个市的广播系统，管理报刊分配工作且同时进行"三建工作"的 24 个市，拥有广播系统的 109 个村和设立记者站的 63 个村进行培训。并投入上亿基普为基层记者站购买办公设备和广播设备。自 2013 年 7 月起，老挝新闻文化旅游部开始在全国各地市进行"三建"实验，建立广播站，120 个村落在 4 个月内全部建立完成。2014 年 2 月 17 日到 2014 年 4 月 4 日，老挝高等教育传媒专业开设记者培训，同时为达成"三建"目标向 51 个市级"三建"项目提供了用于采编等新闻工作的电子设备（Aircard）。经过一番努力，老挝广播电视系统从业人员数量有所增加，但是各级广电机构，无论在人员数量还是质量上，都依然有较大缺口。

人才培养、培训不仅仅是为满足两国媒体发展的需要，也是两国沟通的桥梁。跨国培养的人才，可以将从他国接受到的教育、文化等进行编码转码，再向本国民众进行传播，实现他国信息在本国的有效转换，并能增加信息的影响力，从而实现将"信息流"变为"影响流"，例如老挝前副总理宋沙瓦·凌沙瓦是中老两国友好往来的推动者，能说一口流利的中文，在他任期内，老挝卫星、中老铁路等合作项目顺利开展。传媒从业者因为工作的关系，更容易成为桥梁人群，发挥更大的影响力。越南一直主导和控制着老挝传媒从业者的在职培训，中国对老挝媒体人才的培训起步较晚，从 2016 年才逐渐开始，三年时间组织了 7 次培训，举办地三次在北京，三次在昆明，一次在湖南长沙，在北京以在高校的理论讲授为主，在昆明以到媒体实地参观考察为主。这样的培训方式可以让学员们充分做到理论联系实际，理论指导实践。历次培训，以老挝学员赴华居多，无形中增加了培训成本，如果安排我国教师到老挝授课，可以节约资金，增加培训频次。

四、监管困境：对内严格，对外无力

威尔伯·施拉姆等提出关于报刊的四种理论：威权主义理论、自由至上主义理论、社会责任理论和苏联共产主义理论。威权主义理论源自 16、17 世纪的英格兰，后在西欧国家广泛推行，这一制度理论认可政府对传媒的控制，传媒要为国家服务；与之相反，自由至上主义理论认为，"个人的快乐和幸福才是社会的目标"，大众传媒的首要功能是促进个体的利益；作为对自由至上主义理论的修正，社会责任理论强调传媒对社会承担责任，苏联共产主义理论以马克思主义作为理论根基。[①]作为社会主义国家的老挝，其媒体业所有权掌握在老挝人民革命党手中，媒体的角色是党的宣传员。老挝人民革命党对媒体的管理较为严格，无论是"36号决议草案"（1993年6月19日提出），还是"16号决议草案"（1995年3月31日提出），都在不断强化新闻媒体的宣传功能，为国家消除贫困和经济建设服务，不允许批评执政党和政府。直到1998年左右，媒体上才逐渐出现批评报道，但是数量也非常稀少。2000年1月，老挝政府颁布《反腐败规定》，允许媒体发挥舆论监督功能，揭露批评官员滥用职权、贪污受贿等腐败问题，但这一美好的愿景却很难落实。[②]

目前有50多个国家的近300个节目落地老挝，这对老挝的媒体监管来说是一个巨大的挑战。作为老挝大众传媒的监管单位，新闻文化旅游部称其主要是在外国节目落地前签订法律条约，在节目播出过程中采用由电脑抽查的方式监管，群众举报也是监管的主要方式。在网络媒体、手机媒体领域，目前尚无具体的监管措施出台。

五、战略方面：官方主导，活力不足

目前，中老两国的媒体合作主要集中在官方层面，从两国的媒体会议或论坛级别就可看出来，如中国-东盟新闻部长会议、中国-东盟媒体合作高层研讨会、东盟和中日韩（10+3）新闻部长会议等，这些会议的主办方基本上都是政府部门，与会各方也大多是政府人员。从举办的各种文艺活动来看，老挝也以政府部门主导的居多，民间自办的较少，其中一个重要因素是老挝大众传媒掌握在政府手里，民间商业传媒并不发达，因此也无法举办频次多、规模大的跨国媒体活动。以官方为主导的媒体活动可以最大限度保证活动的意识形态主流性，但是也容易带来缺乏活力的问题。老挝的媒体市场因本国媒介资源的匮乏而成为各国节目竞演的舞台，官媒活动与他国商业媒体活动相比，竞争力要逊色一些。

新中国成立后，我国云南与东南亚各国的联系日趋紧密，其中尤以缅甸、越

---

① 弗雷德里克·S.西伯特，西奥多·彼得森，威尔伯·施拉姆. 2008. 传媒的四种理论. 戴鑫译. 北京：中国人民大学出版社.
② 阿芳. 2013. 老挝国家电视台的现状与发展建议. 复旦大学硕士学位论文：8，38.

南、老挝三国为甚，20世纪五六十年代，举办了多次多种类型边民联欢活动，如双方政府组织的边民联欢、边境军队组织的联欢、节庆日边民自发联欢等，搭建了双方百姓的情感交流平台，有助于增强彼此间的沟通和理解，同时边境居民们往往在联欢后更乐于彼此往来、探亲，边境街市也更加热闹，商品交易数量和品类也显著增加，边民纠纷相应减少，可以说，边境联欢获得了良好的传播效果和经济效益，中方和外方领导人均给予高度评价。但中老两国的民间交流相较于中国与其他邻国来说，比较冷清。

老挝新闻文化旅游部的内部工作报告显示，老挝政府越来越意识到大众传媒领域国际合作的重要性，"加强与国际传媒的联系，保证信息行业的安全和稳定，培养有坚定的政治品质的人才，让大众传媒与时代共进"，"促进政府和私人的合作并加强与国外的合作，拓宽对新闻工作的投资"是2025年老挝新闻文化旅游部的总体目标和发展战略。为此，老挝大众传媒领域拟从技术、基础设施建设等方面为媒体间的国际合作创造条件。首先，老挝大众传媒行业拟"不断发展完善有关无线电广播、电视的设备器材与技术，从模拟系统转变为数字系统，与国际接轨"。其次，为了实现扩大地区合作，连接国际媒体舞台的战略，使老挝与其他国家具有广泛、长久、稳定、安全的媒体合作关系，建立连接亚洲和世界各地区的新闻媒体转播站，提高共同发送媒体信号的执行能力。同时，加强老挝媒体的服务功能，为国内外传媒行业产品做宣传，积极举行合作交流活动。最后，为了实现国家和个体的合作，促进国外资本在老挝媒体的投资及扩大投资，建立国家和个体之间、国内外媒体之间的协同联络站，在全国各区域，从中央到地方各级建立行业协同联络站，使老挝的新闻资讯传播更广，吸引更多国外援助。

六、老挝与外媒合作集中于传统媒体领域，新媒体领域有待开发

中老媒体在广播方面的合作以中国国际广播电台、广西人民广播电台、云南人民广播电台与老挝国家广播电台为主，中国其他省级电台尚未开展与老挝在广播方面的合作业务。电视业务则受到了中国更多省级电视台的重视，除了央视，广西台、云南台、湖南台等都相继与老挝国家电视台开展合作。目前看来，两国合作主要集中在传统媒体领域，在新媒体方面的合作则稍显不足。这里所指的新媒体领域并非传统媒体在互联网上的平台，而是伴随着新的媒介技术手段而产生的，互联网与手机等自媒体的原生领域，如各类新闻客户端、社交应用程序、视

频网站等。由于具备容量大、高效便捷、资讯丰富及时、互动性强等特点，新媒体平台的用户数量与日俱增，网民甚至成为具有一定社会影响力的群体。网络新媒体中蕴藏着巨大的传播机遇，以新媒体为主要传播手段的"数字外宣"已经成为不可不追寻的潮流。老挝民众的智能手机普及率日益提高，我们到老挝国立大学调研时发现，学生几乎人手一部智能手机，平时他们也常常使用 Facebook、Youtube、Twitter 等社交应用程序进行社交和娱乐。传播是一柄双刃剑，缺乏监管的媒体可能就会造成失控。老挝官方对新媒体的信息把关缺位严重，我们在老挝新闻文化旅游部调研时，副厅长仁邦纳孔先生说，老挝现在没有能力监管新媒体的信息，这就使西方意识形态在新媒体领域的渗透成为可能。中国人常用的社交应用程序是微信、微博和 QQ，社交应用程序的不同给两国人民的新媒体联通带来不便，也给两国媒体的新媒体合作增加了难度。此外，游戏类新兴动漫产业在文化传播中发挥的作用越发重要，但是却并未得到老挝政府的重视，从 2016 年起，中国与东盟联合举办多次电子竞技活动，如 2016 年的中国-东盟电竞动漫文化节、2018 年首届中国-东盟电竞校际联赛、2018 中国-东盟电子竞技大赛、2022 年中国-东盟·南宁电子竞技邀请赛等，老挝既没有参与活动组织，也没有派选手参赛。

参考文献

阿芳. 2013. 老挝国家电视台的现状与发展建议. 复旦大学硕士学位论文.
本尼迪克特·安德森. 2011. 想象的共同体：民族主义的起源与散布. 吴叡人译. 上海：上海世纪出版集团.
蔡文枞. 1995. 老挝的新闻文化事业. 东南亚南亚研究，（3）：53-60.
格兰特·埃文斯. 2011. 老挝史. 郭继光，等译. 上海：东方出版中心.
何政等. 2018. 2015—2016老挝国情报告. 北京：经济管理出版社.
华春玫. 2017. 试论国际传播的双向作用——以国际台在老挝传播为例. 国际传播，（1）：76-83.
孔沙万，李丛. 2018. 老挝媒体概况. 中国投资，（3）：72-73.
李庆林，张帅. 2018. 中国-东盟影视合作研究. 新闻研究导刊，9（20）：19-21.
罗成. 2015. 广播电视外宣节目的受众定位. 中国广播电视学刊，（7）：32-35.
覃海伦. 2012. 老挝电影发展历程及前景探析. 东南亚纵横，（6）：62-66.
单晓红. 2018. 南亚东南亚国家大众传媒发展与现状. 昆明：云南大学出版社.
杨姣. 2015. 1949—1990：云南对东南亚的传播交流史. 文化与传播，（3）：14-36.
张帅. 2019. 中国-老挝媒体合作传播研究. 广西大学硕士学位论文.
章旭清. 2018. 论构建东南亚电影共同体的可能性. 当代电影，（7）：92-96.
赵长雁. 2017. 法泰对抗背景下老挝报业的萌芽. 学术探索，（11）：133-138.
John A. Lent. 1974. "Mass Media in Laos", *International Communication Gazette*, 20(3): 171-179.

后　　记

老挝是中南半岛上一个曾经鲜为人知的国家。但它又是一个让人一见难忘的魅力国度。它的环境和人都让人感觉到简单，而且干净，自然环境和人文景观充满了别样、安详的美，它是东南亚唯一的内陆国家，四周是中国、越南、泰国、柬埔寨、缅甸，旖旎的湄公河穿流而过，也让老挝链接起了多种文化，就连美食都兼容了中南半岛诸国的特色、历史，也让欧洲的美食在这里驻扎。老挝是世界上最贫困的国家之一，然而，老挝又是世界上幸福指数最高的国家之一。简单、干净，并幸福着，这是老挝给我们的最深印象。这个国家，本身就具有一种单纯静谧的气质，是一个酝酿着梦幻的地方，这也是艺术喜欢栖息的地方。2020年，我们很有幸，能在老挝发展的一个特别的阶段，首次梳理了它的广播影视传媒史，之后又进行了一些补充，虽然有诸多遗憾，但通过这次调研，老挝给我们心里种下了美和关于传媒影视艺术的希望。

从最初似乎一无所有的惶恐到今天有些遗憾的平静，太多的人给了我们太多的帮助，让我们的计划终于完成。感谢给了我们调研邀请和支持的本造·皮基先生；真诚指点我们的师长孙剑英先生、覃信刚先生；云南广播电视台国际频道总监张晶女士，云南广电传媒集团有限公司综合办公室、会务督办室主管康文元先生；前期不断帮助我们联系老挝相关部门的卢颖女士；一路陪伴我们调研，解决问题的阿木和所有给予我们调研认真帮助的老挝国家电视台、国家广播电台、老挝国家电影局、老挝新闻文化旅游部、老挝国立大学的老挝朋友，以及老数公司和老星公司的中国朋友；还有为我们翻译的云南师范大学华文学院的张国存、刘亚蓉、夏佳佳；为我们寻找英文资料的王雯老师；帮助我们翻译英文资料的传媒学院的学子向苗、许燕；为我们收集资料的传媒学院的学子汤春娜、汤璞、朗尚仪和昆明蹊径文化传播有限公司的高佳爱；在后期写作中不断被我们叨扰的沙呷女士、朱佳女士、杨尧先生……正是由于所有人的无私帮助，才让老挝影视调研组完成了这次美好的任务。

2022年12月19日